DROEMER

MAHMOUD AL-ZEIN

DER PATE VON BERLIN

Mein Weg, meine Familie, meine Regeln

DROEMER

Mit Ausnahme von Personen des öffentlichen Interesses wurden die Namen der hier Geschilderten aus Sicherheitsgründen geändert.

Besuchen Sie uns im Internet:
www.droemer.de

Aus Verantwortung für die Umwelt hat sich die Verlagsgruppe Droemer Knaur zu einer nachhaltigen Buchproduktion verpflichtet. Der bewusste Umgang mit unseren Ressourcen, der Schutz unseres Klimas und der Natur gehören zu unseren obersten Unternehmenszielen. Gemeinsam mit unseren Partnern und Lieferanten setzen wir uns für eine klimaneutrale Buchproduktion ein, die den Erwerb von Klimazertifikaten zur Kompensation des CO_2-Ausstoßes einschließt.
Weitere Informationen finden Sie unter:
www.klimaneutralerverlag.de

FSC
www.fsc.org
MIX
Papier aus verantwortungsvollen Quellen
FSC® C083411

Originalausgabe Oktober 2020

Ein Imprint der Verlagsgruppe
Droemer Knaur GmbH & Co. KG, München

Covergestaltung: Isabella Materne, München
Coverabbildung: Jan Kopetzky Photography
Satz: Adobe InDesign im Verlag
Druck und Bindung: CPI books GmbH, Leck
ISBN 978-3-426-27837-6

2 4 5 3

Alles hat seine Zeit –
die Geschäfte, das Vergnügen, der Lohn, die Rache.
Nur für die Familie, für die ist immer Zeit.

Inhalt

Der Sturm

»Reichen die Wurzeln tief,
muss man den Wind nicht fürchten.«
(Libanesisches Sprichwort)

Dezember 2003, Berlin: Schwarze Wolken, Donner, schneidender Wind. Regen durchdringt mein Jackett, der Orkan bläst mich fast um, ich bin nass bis auf die Haut. Aber ich laufe weiter. Der Sturm hält mich nicht auf. Im Gegenteil. Ich bin der einsame Kämpfer, der sich dem Tosen der Naturgewalten entgegenstellt und mit ihnen tanzt, statt sie zu fürchten. Das war ich immer, und ich werde es bei jedem Unwetter aufs Neue. Mit jeder Regenböe, die mir ins Gesicht peitscht, wird mein Schritt entschlossener und mein Kopf klarer. Das war mein Ziel, als ich raus bin: klarkommen nach dem Ärger der letzten Wochen – der Messerstecherei im *Jungle Club,* den tödlichen Schüssen auf den SEK-Beamten Krüger, den Skandalschlagzeilen, die den Ruf meiner Familie in den Dreck gezogen haben. Al-Zein. Dieser Name steht in Berlin für Macht, Stärke und Einfluss. Irgendwann schrieb die Presse mal über mich, ich hätte in der Stadt mehr zu sagen als der Oberbürgermeister. Viele nennen mich »El Presidente« oder »Pate von Berlin«. Ich selbst habe mir solche Titel nicht ausgedacht. Sie bedeuten mir nichts. Für mich zählt nur, dass ich meinen Weg gehe, meinen Prinzipien treu bleibe und meinen Einfluss geltend mache. Um Dinge zu regeln, für Ruhe zu sorgen und Frieden zu schaffen. In meiner Familie, unter meinen Brüdern, für Berlin. Meist erreiche ich mein Ziel, doch auch mir entgleiten manche Situationen und geraten außer Kontrolle. Wenn das passiert, warte ich auf das nächste Unwetter, werfe mich voll hinein und denke nach. So wie jetzt.

Während sich die Straßen von Kreuzberg mit Pfützen füllen und die Gossen in reißende Ströme verwandeln, gehe ich mit mir selbst ins Gericht. Was habe ich falsch gemacht? Was nicht gesehen, wo die Kontrolle verloren? Die Spaziergänge durch den Regen sind ein Ritual, das mir hilft, aufzutanken und Kraft zu sammeln. Regen spült Probleme weg. Wenn er mich einmal durchgewaschen hat, kann ich wieder ruhig schlafen und von vorne anfangen.

Als ich nach einer Stunde im Unwetter meine Wohnung in der Großbeerenstraße erreiche, fühle ich mich durchgefroren, aber gestärkt. Ich bin bereit, die Dinge ins Reine zu bringen. Noch ahne ich nicht, dass die Uhr tickt. Dass Kripo und Presse bereits meinen Sturz vorbereiten. Dass schon bald Polizeihubschrauber über meinem Haus kreisen und Einsatzkräfte den Eingang umstellen werden, um mich zu verhaften. Wie es dazu kommen wird? Auch das ahne ich noch nicht. So ganz habe ich die Regeln in Deutschland nie verstanden. Weil sie mir nie jemand beigebracht hat. Oder weil sie nicht meine eigenen sind.

Neuanfang

(1982 – 1987)

»Shu fi?« – »Was geht?«

Die Männer meiner Familie haben mir grundlegende Werte vermittelt – dass man nur auf dem rechten Weg siegreich sein kann; dass das Unrecht, das man anrichtet, irgendwann zu einem zurückkommt; was falsch und was richtig ist. Diese Lehren prägten mein Leben von Anfang an. Allerdings dauerte es eine Weile, bis mir klar wurde, was sie im Kern bedeuten. Ich musste es erst herausfinden. Und zwar ohne die Hilfe meiner Familie. Auf die harte Tour.

Eine andere Welt

Eine Menschenansammlung wie die vom 10. April 1982 hatte der Flughafen von Beirut in seiner knapp 30-jährigen Geschichte selten erlebt. Alle waren da und brüllten durcheinander – meine Jungs, meine Eltern, meine Geschwister. Mittendrin im Tumult meine Frau und ich – beide 16 Jahre alt. Wir waren der Grund für den Menschenauflauf. Unsere Freunde und Familien waren gekommen, um sich von uns zu verabschieden. Weil wir in den Urlaub fliegen wollten. Oder besser: in den Urlaub fliegen *sollten*. Zu Al-Ammu, meinem Onkel väterlicherseits, nach Deutschland. In den letzten Wochen hatte mir mein Vater ununterbrochen in den Ohren gelegen.

»Du musst endlich mal raus aus Beirut«, hatte er gesagt. »Du musst abschalten, zur Ruhe kommen, sonst bringst du dich noch selbst um. Ein Urlaub in Deutschland wird dir und deiner Frau guttun.«

Normalerweise hörte ich nicht auf meine Eltern. Wir stritten zwar ständig, aber am Ende machte ich trotzdem immer, was ich wollte. Das hieß in meinen Jugendjahren, dass ich entweder mit Baumaterialien handelte, zerstörte Häuser wiederherrichtete oder mit einer kleinen Miliz, die ich zusammen mit meinen Brüdern und Freunden aufgestellt hatte, unsere Lebensräume verteidigte. All das war nötig. Seit Mitte der Siebziger herrschte Bürgerkrieg im Libanon. Meine Heimatstadt Beirut versank in Chaos und Anarchie. Muslime gegen Christen, Nationalisten gegen Internationalisten, Schiiten gegen Sunniten, Palästinenser gegen Israelis … Es gab endlos viele Gruppen, die sich in jenen Jahren im Libanon gegenseitig bekämpften. Ich kannte es kaum anders. Es war so, seit ich elf oder zwölf war. Zu Beginn des Bürgerkriegs hatte ich miterlebt, wie das Haus meiner Eltern zerstört wurde, wie man Menschen auf offener Straße geköpft, erschossen und angezündet hatte, wie die Stadt vom Militär in einen muslimischen Westteil und einen christlichen Ostteil getrennt worden war. Meine Familie war muslimisch. Eine Woche lang waren wir bei Bekannten im Ostteil untergetaucht, dann in ein verlassenes Strandbad im Westen der Stadt geflohen, das zum Auffangbecken der meisten muslimischen Kriegsgeschädigten geworden war.

Es war ein karges, gesetzloses und gefährliches Leben, das für uns Straßenkinder von da an den Alltag prägte. Die Erwachsenen waren dermaßen mit Überleben beschäftigt, dass unsere Ausbildung und Schule zur Nebensache wurden. Vielmehr half ich meinem Vater, seine Geschäfte wieder aufzunehmen – er hatte eine Holzfabrik und handelte mit persischen Teppichen –, während ich mir nebenbei meine eigenen aufbaute. Weil es in Beirut offiziell nichts gab, wurde unter der Hand mit allem gehandelt. Man konnte gutes Geld machen, besonders wenn man Beziehungen ins Ausland hatte. Die hatte ich. Ein Freund meines Vaters, ein Christ aus Zypern, versorgte mich mit Baumaterialien, Maschinen, Türen und Fenstern, die ich für den Wiederaufbau von zerstörten Häusern verkaufte oder selbst verarbeitete.

Das war die eine Seite meines Beiruter Alltags. Die zweite war die Miliz. Nachmittags traf ich mich mit den Männern aus dem Viertel und der Umgebung am Strand. Insgesamt waren wir vielleicht 250 Mann. Wir hatten eine große Kaserne und ein Schiff von den Palästinensern. Unsere Truppe gehörte zur Marine der Fatah, der »Bewegung zur nationalen Befreiung Palästinas«. Allerdings waren wir die meiste Zeit auf uns selbst gestellt. Wir rüsteten uns für den Widerstand, richteten Stützpunkte in verlassenen Häusern ein, schoben Wache, kauften Waffen, hatten Maschinengewehre, Handgranaten, Kanonen. An so was zu kommen war damals in Beirut nicht schwer. Weil jeder mit allem handelte, gab es einen blühenden Schwarzmarkt. Außerdem wurde viel geschmuggelt. So ist das nun mal im Krieg.

Trotz aller Einschränkungen und Härten mochte ich mein Leben. Aus heutiger Sicht ist das wahrscheinlich schwer zu verstehen, aber ich kannte es nicht anders: Schießereien, Kämpfe, Verfolgungsjagden, dann wieder Party, Freunde und ein Hoch auf das Leben, Hamdulillah! Alles war in Bewegung, das Dasein ein ständiges, aufregendes Ringen von Spannung und Entspannung. Angst hatte ich selten. Jedem Kampf, den es auszufechten galt, stellte ich mich bereitwillig. Kämpfen lag mir im Blut, ich suchte förmlich die Auseinandersetzung mit unseren Gegnern. Für mich dienten Konflikte dazu, die Dinge ins Reine zu bringen, Fronten zu klären, mich selbst zu beweisen. Außerdem ging es darum, unseren eigenen hart erstrittenen oder wiederaufgebauten, aber nach wie vor von Zerstörung bedrohten Lebensraum zu verteidigen. Ich fühlte mich unbesiegbar.

Meinen Eltern erzählte ich wenig darüber, was ich den ganzen Tag trieb, aber sie bekamen trotzdem vieles heraus. Ich bereitete ihnen zunehmend Sorge. Im Herbst 1981 beschloss mein Vater, dass es Zeit war, mir Vernunft beizubringen. Ohne mein Wissen traf er seine Entscheidung: »Wir verheiraten Mahmoud, dann muss er Verantwortung übernehmen und macht keinen Blödsinn mehr.«

So heiratete ich meine Cousine. Ich kannte und mochte sie. Wir dachten nicht viel darüber nach, was es bedeutete, Eheleute zu sein oder welche Verantwortung das Jawort mit sich brachte. Heiraten war ein üblicher Schritt auf dem Weg zum Erwachsenwerden. Alle taten es, also auch wir. Das war der Lauf der Dinge. Die Hochzeitsfeier war schnell organisiert. Es gab keine lange Verlobungsphase, keine Einladungskarten, keine aufwendigen Vorbereitungen. Stattdessen wurde mittels Mundpropaganda im Viertel verbreitet: »Mahmoud heiratet, nächste Woche ist Hochzeit.« Damit war die Sache offiziell. Die Feier gestalteten wir im Rahmen unserer begrenzten Möglichkeiten. Wir richteten eine Lagerhalle her, die mein Vater und ich mit aufgebaut hatten, bemalten die Wände neu, schleppten von überall Tische und Stühle heran, bauten ein Podium für Musiker und Sänger auf, kümmerten uns um reichlich Essen und Getränke.

Am Tag der Hochzeit hatte sich die nüchterne Halle in einen Festsaal verwandelt. Tee, Kaffee und Dschallab flossen in Strömen, die Tische bogen sich unter Tellern und Schüsseln mit Couscous, Sambusak, Muhammara und gegrilltem Fleisch. Das ganze Viertel war auf den Beinen. Die Jungs von der Miliz feuerten zum Jawort mit ihren Kalaschnikows und AK-47 in die Luft. Beim anschließenden Fest spielten und sangen befreundete Musiker einen Mix aus türkischen, kurdischen und arabischen Liedern, den ich bis heute als die Musik meines Lebens empfinde, wir tanzten im Kreis bis tief in die Nacht. Es war eine rauschende Feier. Doch sie ging vorbei. Danach ging das Leben einfach weiter – weiter wie zuvor.

Damals war es mir nicht bewusst, aber eigentlich war ich zu diesem Zeitpunkt nicht bereit für eine Ehe. Ich war jung, es herrschte Krieg, ich wollte mich nicht binden, eine Familie gründen und Verantwortung übernehmen. Die Hoffnung meines Vaters, dass ich durch die Hochzeit ruhiger werden würde, erfüllte sich nicht. Eher trat das Gegenteil ein. Ich wurde noch wilder. Daran konnte auch die Tatsache nichts ändern, dass meine Frau im Frühjahr 1982 schwanger wurde. Denn ihre Schwangerschaft konnte den Krieg nicht aufhalten – und ebenso wenig meine Bereitschaft, zu kämpfen. So kam es zu jenem schicksalhaften Vorfall, der meinem Leben eine völlig neue Richtung geben sollte.

Ein paar Tage nachdem ich erfahren hatte, dass meine Frau und ich unser erstes Kind erwarteten, wurde die Kaserne unserer Fatah-Miliz am Strand bombardiert. Bombenangriffe waren damals in Beirut und Umgebung nichts Ungewöhnliches, aber dies war das erste Mal, dass es einen der Stützpunkte meiner Truppe traf. Bis zum Angriff war es ein geschäftiger Abend. Die Bewohner von Beirut gingen am Strand spazieren, grillten, musizierten oder fuhren mit ihren Autos die Küstenstraße entlang, als sich plötzlich das Dröhnen von Kampffliegern näherte. Dann wurden auch schon Bomben abgeworfen. Sie schlugen auf dem Kasernengelände ein, und sofort brach Tumult los. Passanten rannten um ihr Leben, Autofahrer sprangen aus ihren Wagen und ließen sie achtlos auf der Straße stehen, sogar zwei Kameraden von der Miliz, die einen

Jeep mit einer Kanone auf der Ladefläche bewachten, nahmen reflexartig Reißaus und brachten sich in Sicherheit.

Ich selbst nahm die Angst und Panik der anderen Menschen wie durch einen Schleier wahr. Nachfühlen konnte ich sie nicht. Ich wäre nicht im Traum auf die Idee gekommen, mich zu verstecken. Für mich gab es in diesem Moment nur eines: meine rasende Wut. Ich wollte Rache nehmen für den feigen Angriff auf unser Hauptquartier, koste es, was es wolle.

In der Mitte der Küstenstraße rannte ich schreiend und fluchend zwischen den verlassenen Autos hindurch, lud im Laufschritt meine Kalaschnikow durch und feuerte auf die am Himmel davonjagenden Kampfflieger. Das war natürlich völlig sinnlos. Die Jets waren viel zu schnell und zu massiv, als dass ich sie mit einem einfachen Maschinengewehr hätte vom Himmel fegen können. Aber darum ging es auch gar nicht. Wäre ich ohne Waffe unterwegs gewesen, hätte ich den Piloten Steine, Büchsen oder was auch immer hinterhergeworfen, einfach nur, um etwas gegen die Eindringlinge zu unternehmen. Daran, dass ich mich durch meine Schießerei in Lebensgefahr brachte, verschwendete ich keinen Gedanken. Meine Wut war übermächtig. Ich folgte ihr blind.

Dann war das Magazin der Kalaschnikow auf einmal leer. Aber meine Wut brodelte noch immer. Als ich mich hastig umsah, fiel mein Blick auf den Jeep, den meine Kameraden bei ihrer übereilten Flucht hatten stehen lassen. Und auf die Kanone auf der Ladefläche. Ich sprang auf den Wagen, machte die Kanone feuerbereit und schoss drauflos. In den Himmel, den Angreifern hinterher, ins Nichts. Die Schüsse kamen schnell und heftig, ich musste mich am Abzug festhalten. Da die Kanone für die Flugabwehr konzipiert war, war sie für meine Zwecke viel besser geeignet als das Maschinengewehr.

Aber die Flieger waren schon zu weit weg, um sie noch zu erreichen. Ein Glück, sage ich heute, doch damals zählte für mich nur der nächste Schuss. Wieder feuerte ich so lange, bis die Munition durch war. Danach herrschte Stille. Der Rauch verwehte, die Menschen kamen nach und nach aus ihren Verstecken, meine Wut legte sich.

Was ich zu diesem Zeitpunkt nicht wusste: Auch mein Vater und mein Onkel Al-Ammu, der gerade aus Deutschland zu Besuch war, waren unter den Passanten, die sich nach den Bombeneinschlägen hinter einer Mauer in Sicherheit gebracht hatten. Von dort aus beobachteten sie meinen Wutrausch, sahen, wie ich mein Leben in Gefahr brachte. Danach waren sie sich einig: »Der Junge muss so schnell wie möglich hier raus. Der bringt sich sonst um.«

Es war Al-Ammu, der mich dazu überredete, ihn in Deutschland zu besuchen. Eigentlich hatte ich keine Lust auf diese Reise. Ich hatte doch alles. Meine Jungs, meine Geschäfte, mein schönes, wildes Leben. Was sollte ich im Ausland? Mir war zwar klar, dass seit einigen Jahren viele Libanesen nach Nordeuropa auswanderten, um den Wirren des Bürgerkriegs zu entkommen – auch Akhi, mein großer Bruder, und Al-Ammu hatten sich nach Deutschland abgesetzt, weil ihnen die Luft im Libanon zu dünn geworden war –, aber ich selbst hatte nie das Gefühl, wegzuwollen. Für mich zählte nur eines: Beirut und seine Bewohner brauchten mich. Das hieß, ich konnte hier nicht weg. Auch nicht vorübergehend. Ende der Diskussion.

Es gab damals nicht viele Leute, die mich von dieser Überzeugung hätten abbringen können. Al-Ammu war einer der wenigen. Er war ein Mensch von Format und Autorität, in meiner Familie genoss er hohes Ansehen. Auch bei mir. Seit ich denken kann, hatte mich seine Fähigkeit beeindruckt, Dinge zu regeln. Wenn er, ein hochgewachsener Mann mit Schnurrbart, schwarzem Sakko und scharfem Blick einen Raum betrat, verstummten die Menschen, und wenn er seine tiefe Stimme erhob, hörten sie zu. Das imponierte mir. So wollte ich auch sein. Bevor Al-Ammu nach Deutschland ausgewandert war, hatte er in Beirut oft Streitereien zwischen Gruppen und Familien geschlichtet, also Blutvergießen verhindert. Wie man hörte, tat er jetzt das Gleiche in Nordrhein-Westfalen, wo er inzwischen lebte. Darüber hinaus war er ein guter Diplomat. So schaffte er es nach langen Gesprächen schließlich doch, mich zu einer Reise nach Deutschland zu überzeugen: »Hör mal, Junge, du musst auch mal was anderes sehen von der Welt. Außerdem kannst du dann deinen großen Bruder besuchen und deiner schwangeren Frau etwas Abwechslung bieten. Sieh es als eine Art verspätete Flitterwochen. Nach drei Wochen bist du wieder zurück.«

Es war vor allem das letzte Argument, das mich überzeugte. Klar, ich würde ja wiederkommen. Es war nur ein Urlaub. Ein vorübergehender Verwandtenbesuch im Ausland. Mehr nicht. Also stimmte ich der Reise zu. Wir kümmerten uns um Flugtickets und gingen zum Amt, um ein »Laisser-passer«, einen Passierschein, für mich und meine Frau zu beantragen. Er war einen Monat lang gültig und legitimierte uns innerhalb dieses Zeitraums zur Ausreise aus dem Libanon und zur Einreise in die Deutsche Demokratische Republik, die DDR. Was das bedeutete, war mir damals nicht klar. Ich wusste wenig über die politischen Verhältnisse in Deutschland, und weil mein Interesse an dieser Reise in erster Linie den Besuchen bei meinen Verwandten galt, setzte ich mich auch nicht näher damit auseinander. Erst später verstand ich, dass wir für Westdeutschland damals überhaupt keine Visa bekommen hätten. Dass die Möglichkeit einer unkomplizierten Einreise in die DDR via Passierschein den guten Beziehungen der Sowjetländer zum Libanon geschuldet war. Dass Ostberlin damals von zahlreichen libanesischen Flüchtlingen als Nadelöhr nach Westdeutschland genutzt wurde, weil die ostdeutschen Grenzer ihren Freunden aus dem Libanon im Gegensatz zur eigenen Bevölkerung keine Probleme beim Übertritt nach Westberlin machten. Aber all das musste ich auch nicht wissen. Um solche Dinge kümmerte sich mein Onkel. Meine Frau und ich mussten nur noch losfahren.

So konzentrierten wir uns an jenem denkwürdigen 10. April des Jahres 1982 ganz auf den Abschied am Flughafen. Auf die aufgekratzten Zurufe und guten Wünsche unserer Brüder und Schwestern, auf das »Gute Reise« und »Allah segne euren Weg« unserer Eltern, auf das »Komm bald wieder« meiner Cousins und Freunde. Niemand schien zu ahnen, dass es keine Wiederkehr geben würde. Ich tat es definitiv nicht.

Auch als wir zum Flugzeug gingen, hatte ich andere Sorgen, als mir über die Rückreise Gedanken zu machen. Es war mein erster Urlaub überhaupt und meine erste Reise in der Luft. Wir flogen nicht mit einem großen Passagierflieger, wie sie heute auf Linienflügen eingesetzt werden, sondern mit einer kleinen Propellermaschine, in die maximal 30 Leute reinpassten. Mit einer Mischung aus Skepsis und Entschlossenheit stiegen wir die kleine Klappleiter zur Tür rauf, drehten uns noch einmal um und winkten unseren Leuten zu, die auf dem heißen Asphalt in der Nachmittagssonne standen und zu uns hochsahen. Dann duckten wir uns in den Innenraum des Flugzeugs – gespannt auf das, was vor uns lag, aber ohne zu wissen, dass wir in diesem Moment unser altes Leben für immer hinter uns ließen.

Fliegen war Anfang der Achtzigerjahre noch viel unüblicher als heute. Dementsprechend aufgeregt war ich. Angst hatte ich zwar nicht, aber dass ich das Rumpeln, Scheppern und Heulen der Triebwerke beim Start vertrauenerweckend fand, kann ich trotzdem nicht behaupten. Als wir während des Flugs dann auch noch von einem Luftloch zum nächsten schaukelten, bereute ich es endgültig, dass ich mich von meinem Onkel hatte bequatschen lassen. Ich war froh, als wir endlich wieder festen Boden unter den Füßen hatten.

An die Ankunft am Zentralflughafen der DDR in Berlin-Schönefeld erinnere ich mich kaum. Auch von der Taxifahrt zum Grenzübergang Friedrichstraße, an dem nur Ausländer, aber keine DDR-Bürger nach Westberlin einreisen konnten, habe ich nur wenige verschwommene Bilder in Erinnerung: von grauen, schnurgeraden Straßen, auf denen zwar kaum Autos fuhren, diejenigen, die es doch taten, aber wie aufgezogen, ohne Kurven und Schlenker dem Fahrweg folgten. Der Übertritt nach Westberlin war erstaunlich unkompliziert. Im Gegensatz zu Reisenden aus dem Westen, die an der Grenze oft gefilzt, verhört und drangsaliert wurden, hatten wir Libanesen nichts zu befürchten. Abgesehen davon, dass ich mögliche Schikanen sowieso nicht verstanden hätte. Schließlich sprach ich kein Wort Deutsch.

Nachdem wir das Labyrinth aus Gängen und Kontrollposten durchschritten und den Ausgang des Bahnhofs Friedrichstraße auf der Westseite hinter uns gelassen hatten, liefen wir direkt meinem großen Bruder und seiner Familie in die Arme. Akhi, seine Frau und seine Kinder hatten geduldig am Ausgang gestanden und auf uns gewartet. Die Wiedersehensfreude war riesig. Wir hatten uns seit Monaten nicht gesehen. Gemeinsam fuhren wir in die Pariser Straße, wo Akhi mit seiner Familie in einem Quartier für Asylbewerber lebte. Ihre Wohnung war groß genug, um meine Frau und mich für die Zeit unseres Aufenthalts mit zu beherbergen. Wir luden das Gepäck ab, genossen ein reichhaltiges Willkommensmahl, das die Frau meines Bruders extra für unsere Ankunft vorbereitet hatte, und tauschten die jüngsten Neuigkeiten aus.

Danach ging es auch schon los. Berlin wartete darauf, entdeckt zu werden. Mein großer Bruder und ich machten uns auf den Weg. Genau wie wir es früher in Beirut getan hatten. Akhis Weggang aus Beirut hatte ein Loch in meinen Beiruter Alltag gerissen. Wir waren immer Partner gewesen. Er war der große Bruder, der auch in unübersichtlichen Situationen einen klaren Kopf behielt, ich der Draufgänger, der vor keiner Herausforderung zurückschreckte. So ergänzten wir uns perfekt und machten jedes Gebiet, das wir betraten, im Handumdrehen zu unserem eigenen.

So war es jetzt wieder. Es fühlte sich an, als wären wir nie getrennt gewesen. An der Potsdamer Straße sammelten wir bei einem weiteren Asylbewerberwohnheim zwei Cousins und ein paar Freunde ein, die ebenfalls aus dem Libanon nach Berlin gezogen waren. Dann gingen wir zum Kurfürstendamm mit seinen Leuchtreklamen und dem imposanten Europa-Center, erkundeten die Billard-Bars, arabischen Restaurants und Cafés an der Lietzenburger Straße, bahnten uns unseren Weg durch den Dschungel der fremden Stadt, die ihr wahres Gesicht erst jenseits der ordentlichen Fassaden und nach Einbruch der Dunkelheit zu zeigen schien. Nie werde ich vergessen, wie sehr dieser erste Streifzug durch die Stadt mich beeindruckte.

Das war es also, das Revier, in dem sich mein Bruder eine neue Existenz abseits des Krieges aufbauen wollte. Wenn ich heute an meine ersten Tage im Westberlin der Vorwende zurückdenke, erscheinen sie mir wie flackernde Bilder aus einer anderen Welt. Die Stadt hatte damals noch nicht viel mit dem Ort zu tun, der sie heute ist. Westberlin war eine Insel, umgeben von einer Mauer, geprägt von einer düsteren, immer etwas begrenzten Atmosphäre. Aber das empfand ich in diesen Apriltagen des Jahres 82 noch nicht so. Nach Beirut mit seinen zerstörten Häusern und verbarrikadierten Straßen kam mir Berlin vor wie ein Ort grenzenloser Möglichkeiten.

Allerdings erkannte ich schon nach kurzer Zeit, dass hinter den blinkenden Neonlichtern ein eigener Krieg ausgetragen wurde. Es war kein Krieg um ein Land, eine Religion oder eine Heimat. Es war der Krieg der Straße. Er äußerte sich zunächst nur unterschwellig. In bösen Blicken, ausweichenden Gesten und diskreten Hinweisen meines Bruders: »Von dem Laden da drüben hältst du dich besser fern, Mahmoud, die Jungs, die dort rumhängen, machen nur Ärger.« Ich hörte auf ihn. Das hier war sein Revier. Noch wusste ich nicht, dass es schon bald auch meins werden würde.

In der Falle

Eigentlich sollte Berlin keine Endstation sein, sondern nur die erste Etappe unserer Reise. Der ursprüngliche Plan war, dass Al-Ammu uns vom Bahnhof Zoo abholen und mit nach Nordrhein-Westfalen nehmen sollte, um uns seinerseits seine neue Heimatstadt zu zeigen. Doch nach einer Woche ständiger Verschiebungen sah es schlecht aus. Um von Westberlin nach Westdeutschland zu kommen, hätten wir mit einem Interzonenzug durch die DDR fahren müssen. Dafür brauchte man ein Transitvisum, das wir mit unseren libanesischen Passierscheinen nicht bekamen. Ich für meinen Teil hätte mich wahrscheinlich trotzdem in den Zug gesetzt, aber mein Onkel winkte ab: »Junge, du kennst dieses Land noch nicht, das können wir vergessen.«

Natürlich hatte er recht. Die Kontrollen an der DDR-Grenze waren streng, und gerade Fahrten von Westberlin galten als heikle Angelegenheit, weil auf diesem Weg immer wieder DDR-Bürger in den Westen abhauten. Ich verstand die komplizierte Situation im geteilten Deutschland damals nicht, aber ich akzeptierte, dass die Fahrt nach Nordrhein-Westfalen ausfiel. Al-Ammu war enttäuscht, ich konnte damit leben. Berlin war aufregend genug, um mich bei Laune zu halten. Es gab immer was zu tun.

Schon nach wenigen Tagen kannte ich die meisten Bewohner im Asylbewerberheim an der Pariser Straße, und auch der Kiez meines Bruders, die Lietzenburger Straße, der Ku'damm und die Martin-Luther-Straße waren mir schnell vertraut. Jeden Tag gingen wir aus, trafen unsere Cousins, tranken Tee, zockten Billard, gingen essen. Für Sehnsucht nach Nordrhein-Westfalen war da wenig Zeit. Für Heimweh nach dem Libanon auch nicht. Wir riefen trotzdem alle drei Tage von einem alten Wählscheibentelefon bei meinen Eltern in Beirut an. In der Regel waren die Telefonate kurz. Erstens weil sie teuer waren, zweitens weil wir nicht viel bereden mussten. »Alles in Ordnung. Uns geht's gut. Wie läuft's bei euch? Was treiben die Geschwister, die Freunde, die Nachbarn?« Mehr gab es bei den ersten vier, fünf Gesprächen nicht zu sagen.

Doch dann kam nach etwa zwei Wochen der sechste Anruf. Diesmal war alles anders. Mein Vater kam hörbar aufgebracht an den Apparat, erzählte irgendwas von »Lage eskaliert«, »Israel einmarschiert«, »Beirut dicht«.

Es dauerte eine Weile, bis ich begriff, was er meinte. Damals gab es kein Internet, wo wir den Bericht hätten nachprüfen können. Wir hatten nicht mal einen Fernseher. Unsere einzige Informationsquelle war das Telefon, um das sich nun nicht nur ich und meine schwangere Frau, sondern auch Akhi und seine Familie drängten und versuchten, die Worte meines Vaters einzuordnen. Eigentlich hätte man die Änderung der Lage vorausahnen können. Neben dem libanesischen Bürgerkrieg hatten sich in den vorhergehenden Monaten auch die Spannungen zwischen Israel und den Palästinensern stetig verschärft. Ein israelischer Angriff auf Beirut im Sommer 81 hatte zu einer Reihe von Vergeltungsattacken und Anschlägen auf israelische Behörden und Politiker geführt, die nun mit einem

Feldzug beantwortet wurden, bei dem Israel bis nach Beirut vorgedrungen war. Meine Heimatstadt stand also mal wieder unter Beschuss.

Völlig außer sich berichtete mein Vater, Teile des Flughafens seien zerstört worden, der nun bis auf Weiteres geschlossen sei. Nichts ging mehr. Keine Starts, keine Landungen, keine Aussicht auf baldige Wiederaufnahme des Betriebs. Verdammt. So viel zu unserer baldigen Rückkehr. Wir hörten unseren Eltern angespannt zu und versuchten, sie zu beruhigen. Uns interessierte zunächst nur, ob es ihnen gut ging, ob sie gesund und unverletzt waren. Erst nachdem sie immer wieder glaubhaft beteuerten, sich in Sicherheit zu befinden, wurde uns nach und nach klar, was die neue Situation für uns bedeutete. Der in einer Woche geplante Rückflug nach Beirut war hinfällig, so viel war sicher. Das bedeutete für uns, dass es von einem Moment auf den anderen kein Zurück mehr gab.

Die folgenden Tage in Berlin glichen nur noch vordergründig den vorhergegangenen. Noch immer zog ich mit meinem Bruder los, um die Stadt zu erobern und die Regeln der Straßen rund um den Ku'damm auszuloten, und noch immer trafen wir Bekannte, um zu feiern, zu essen und mit vollen Händen mein Urlaubsgeld auszugeben. Aber ein Teil der Unbeschwertheit, die ich in den Tagen nach der Ankunft in Deutschland verspürt hatte, war verflogen. Wir riefen jetzt täglich bei unseren Eltern an, um den neuesten Stand aus Beirut zu erfragen, allerdings immer ohne Aussicht auf Veränderung. Politische Verhandlungen liefen ins Leere, Vereinbarungen über Waffenstillstände wurden gebrochen, Beirut blieb umstellt von israelischen Truppen und abgeschnitten von der Außenwelt. Der Tag unseres Rückflugs verstrich, ohne dass ein Propellerflugzeug mit meiner Frau und mir an Bord von Berlin in Richtung Libanon abhob. Mein Urlaubsgeld wurde immer knapper, ohne dass es Aussicht auf Nachschub gab. So vergingen erst Tage, dann Wochen. Schließlich liefen unsere Passierscheine ab. Sie waren ja nur für einen Monat gültig gewesen. Damit saßen wir endgültig fest, konnten einerseits nicht mehr nach Hause, durften aber eigentlich auch nicht mehr in Westberlin bleiben. Die eingemauerte Inselstadt war zur Falle geworden.

Nachdem Al-Ammu von unserer gescheiterten Rückreise hörte, kam er sofort nach Berlin. Im Gegensatz zu allen anderen ließ er sich nicht aus der Ruhe bringen. Wie immer strahlte er die besonnene Gelassenheit aus, die ihn zu der Autoritätsperson machte, die er für unsere Familie und darüber hinaus darstellte. In einer ruhigen Minute nahm er mich beiseite und sagte: »Komm, setz dich zu mir, Junge.«

Ich tat es. Al-Ammu legte mir die Hand auf die Schulter, sah mich mit einem ernsten, durchdringenden Blick an und sprach: »Hör mir gut zu. Was du jetzt brauchst, ist eine Ausbildung. Geh zur Arabischen Schule, da lernst du was. Außerdem braucht ihr Sicherheit: Beantragt Asyl.«

»Asyl? Was meinst du damit?«

Ich wusste damals tatsächlich nicht, was Asyl war. Zwar lebten wir bei meinem Bruder im »Asylbewerberheim«, aber was dieser Begriff bedeutete, hatte ich mich nie gefragt. Nicht zuletzt, weil ich kein Deutsch verstand.

»Pass auf, Mahmoud«, sagte Al-Ammu. »Akhi, seine Familie, ich: Wir sind hier in Deutschland Gäste. Asylanten. Eigentlich will man uns hier nicht haben. Um uns in diesem Land etwas aufbauen zu können und respektiert zu werden, müssen wir doppelt hart arbeiten und um jede Anerkennung kämpfen. Der erste Schritt zu dieser Anerkennung ist ein Asylantrag, alles andere kommt später. Glaub mir, auch mit dem Antrag hast du wenig, aber ohne ihn hast du gar nichts.«

Die Worte meines Onkels trafen mich unvorbereitet. Trotz der veränderten Lage hatte ich bisher nicht darüber nachgedacht, was ein längerer Aufenthalt in Deutschland für einen Fremden wie mich für Herausforderungen mit sich brachte. Eigentlich hatte ich ja noch immer nicht vor, dauerhaft in Berlin zu bleiben. Dass mir gar nichts anderes übrigblieb, wurde mir erst in diesem Gespräch mit Al-Ammu bewusst. Hinzu kam die Erkenntnis, dass es hier deutlich schwerer werden würde, mir eine Existenz aufzubauen, weil jetzt Regeln und Hürden vor mir lagen, die ich weder kannte noch verstand. Meine Lust, mich über irgendwelche Anträge oder was auch immer noch mehr an dieses Land zu binden, als es das Schicksal ohnehin getan hatte, hielt sich in Grenzen. Andererseits: Was sollten wir machen? Meine Frau war schwanger, der Flughafen in Beirut dicht, unsere Passierscheine abgelaufen. Uns blieb überhaupt keine andere Wahl als Al-Ammus Aufforderung Folge zu leisten. Wenn ein Asylantrag die Grundlage dafür war, dass ich uns etwas aufbauen konnte, dann besorgten wir uns eben einen. Danach würde ich uns den Respekt, den wir verdienten, schon erkämpfen, daran zweifelte ich keine Sekunde.

An einem Morgen im Juli 1982 fuhren wir mit der S-Bahn nach Spandau, um bei der Zentralen Aufnahmestelle für Asylbewerber in der Motardstraße vorzusprechen. Für mich war das damals kein besonders denkwürdiges Gespräch. Immer noch war ich einigermaßen blauäugig. Ich ahnte ja nicht, dass dies nur der erste von zahllosen solcher Termine war. Formulare wurden ausgefüllt, Papiere hin- und hergeschoben und alle möglichen Dinge gefragt, die ich nicht verstand. Das Ergebnis der Prozedur war, dass man uns ein Dokument ausstellte, auf dem zu lesen war: »Aussetzung zur Abschiebung (Duldung)«. Als ich das Papier zum ersten Mal in der Hand hielt, hatte ich das Gefühl, der Sicherheit, von der mein Onkel gesprochen hatte, ein Stück näher gekommen zu sein. Wie man sich irren kann.

Die Duldung war für drei Monate gültig und bedeutete, dass wir Sozialhilfe bekamen und vorerst in Berlin bleiben konnten, ohne befürchten zu müssen, direkt abgeschoben zu werden. Eigentlich passte diese Maßnahme gar nicht zu unserem Fall. Wohin hätte man uns abschieben sollen? In den Libanon konnten wir wegen des Krieges nicht, ein anderes Land hätte uns sowieso nicht reingelassen. Im Grunde war das Duldungsdokument nur eine Festschreibung unserer Staatenlosigkeit. Wir standen ohne libanesischen Pass da, bekamen aber auch keinen deutschen. Für uns hieß das: Stillstand. In jeglicher Hinsicht. Weil Duldungen nur für das ausstellende Bundesland galten, durften wir Berlin ohne Genehmigung der Ausländerbehörde ab sofort nicht mehr verlassen. Darüber hinaus war uns auch noch verboten zu arbeiten, weil das Dokument nur eine »vorübergehende Aussetzung zur Abschiebung« darstellte. Streng genommen war das Einzige, was wir tun konnten, abzuwarten, dass unser Asylantrag bewilligt wurde. Beziehungsweise die Duldung nach drei Monaten zu erneuern. Es sollte nur zur zweiten Variante kommen. Immer wieder. Über Jahrzehnte. Bis heute.

Der Neue

Weil die Wohnung meines Bruders auf Dauer zu eng war, vor allem, wenn man bedachte, dass meine Frau unser erstes Kind erwartete, wies man uns eine Unterkunft im Asylbewerberwohnheim an der Potsdamer Straße zu. Mit dem Umzug kehrte allmählich eine Art Alltag ein. Jetzt hatten wir unsere eigene Adresse, unsere eigenen Nachbarn, unseren eigenen Wirkungsbereich. Pläne schmieden lohnte sich angesichts unserer unsicheren Lage nicht, aber ich tat es trotzdem. Tatenlos in der Ecke herumzusitzen und abzuwarten ist nicht mein Ding. Man kann mir alles wegnehmen – Geld, Rechte, Essen –, aber meine Energie und mein Drang, etwas zu tun, verlassen mich nie. Als junger Mann waren sie umso größer. So versuchte ich in Berlin allen widrigen Umständen zum Trotz das Gleiche, was ich zuvor im kriegszerstörten Beirut getan hatte: Ich baute mir eine Existenz aus dem Nichts auf. Meine Aufgabe: Fuß fassen in der neuen, wenn auch unfreiwilligen Heimat. Mein Ziel: Meiner Frau, meinem ersten Kind und mir selbst ein gutes Leben ermöglichen.

Damit war ich bald mehr als ausgelastet. Nicht nur, weil ich mir als Neuankömmling in Berlin einen Status erkämpfen musste, auch weil ich nicht der Einzige war, der in der Stadt um ein gutes Leben rang. Es gab viel Konkurrenz. Wo es Konkurrenz gibt, gibt es Revierkämpfe. Der Krieg der Straße, von dem ich in meiner Zeit hier zwar schon das eine oder andere mitbekommen hatte, der in meiner Rolle als Urlauber aber nicht mein eigener gewesen war, holte mich sehr schnell ein.

Al-Ammus Ratschlag, dass ich mich um meine Ausbildung kümmern sollte, geriet spätestens in Vergessenheit, nachdem er wieder nach Nordrhein-Westfalen abgereist war. Zwar meldete ich mich, seiner Empfehlung folgend, an der Arabischen Schule an, aber ich langweilte mich dort schon nach der ersten Woche wie verrückt. Der Unterricht war trocken, viel zu theoretisch, schien nichts mit meinem eigenen Leben zu tun zu haben. Die deutsche Sprache, die ich tatsächlich gerne besser verstanden hätte, wurde nur jeweils eine Stunde pro Schultag unterrichtet. Ganz ehrlich: Für so was musste ich nicht in die Schule gehen. Da bekam ich mehr mit, wenn ich mich ins Leben stürzte und in freier Wildbahn herumtrieb. Von einem Tag zum anderen ging ich nicht mehr zum Unterricht. Stattdessen wurde die Straße meine Schule. Dort machte ich meine eigene Ausbildung, hier verstand ich, wie Berlin tickte.

Ich war jetzt ständig in der Gegend rund um den Ku'damm unterwegs, die ich in den ersten Wochen mit meinem Bruder und den Cousins ausgekundschaftet hatte. Neben den aus unserer Sicht reichen Deutschen sah man hier auch die andere Seite Berlins: die heimlichen und die offensichtlichen Könige der Straße, Dealer und Spieler, Spinner und Schläger, Krawallmacher und Kiezgrößen. Viele von ihnen waren Außenseiter, die von überall und nirgendwo hergekommen waren und das große Alles-oder-nichts-Poker um einen Neuanfang spielten. Ich war jetzt einer von ihnen. Also spielte ich mit. Meine Jungs und ich waren dauernd auf Achse, guckten uns um, checkten die Lage. Immer zogen wir in der Gruppe los, vorrangig mit Leuten, die Arabisch sprachen wie wir. Man kannte und erkannte sich, kam teils über gemeinsame Freunde, teils über zufällige Begegnungen in Kontakt. Der Kreis an Bekannten wuchs stetig. Allerdings waren selten Deutsche darunter. Austausch mit den Almans gab es eigentlich nur auf dem Amt. Im Alltag sahen sie uns misstrauisch an, schienen uns zu meiden. Es war, als hätte jemand eine unsichtbare Trennlinie zwischen ihnen und uns gezogen. Das lag vor allem an der Sprachbarriere, hatte aber auch mit einer ablehnenden Haltung und einem Mangel an Kommunikationsbereitschaft zu tun, die man überall spürte. So blieben wir Jungs von der Straße unter uns. Wir waren schließlich viele. Allein im Wohnheim ergaben sich immer mehr Freundschaften. Dort kamen alle zusammen – Leute aus Afrika, Pakistan, Syrien, der Türkei, dem Libanon, Christen, Muslime, Nichtgläubige. Es wurde mühelos miteinander kommuniziert, auch wenn man die Sprache des anderen nicht verstand. Man arrangierte sich, ließ den anderen ihre Freiheiten. Es war ein bisschen wie in Beirut vor dem Bürgerkrieg. Trotz der beengten Verhältnisse und Bewohnern mit unterschiedlichsten Hintergründen blieb es im Großen und Ganzen friedlich. Wenn ich heute daran zurückdenke, muss ich sagen, dass es eine gute Zeit war. Je mehr wir uns von den Deutschen abgelehnt fühlten, desto mehr wuchsen wir zusammen. Das gab uns Halt.

Repräsentativ für die Gesamtsituation war der Zusammenhalt im Wohnheim allerdings nicht. Auf der Straße sah es anders aus. Die Spannungen, die ich schon vorher zwischen den verschiedenen Ku'damm-Cliquen wahrgenommen hatte, verstärkten sich mit dem regelmäßigeren und zahlreicheren Auftreten meiner Leute und mir. Wir legten es nicht auf Ärger an, aber weil wir anderen Gruppen durch unsere bloße Anwesenheit die Aufmerksamkeit streitig machten, fühlten sich einige gestört. Wir zeigten Präsenz, so wie es vor uns noch niemand getan hatte. So wurden aus bösen Blicken immer öfter abfällige Sprüche und aus den ausweichenden Gesten kleine Schlagabtäusche.

Die Feindseligkeiten waren unberechenbar, ließen sich keiner bestimmten Gruppierung zuordnen. Sie kamen genauso von anderen Arabern wie von Russen, Albanern oder Türken. Anfangs hatten sie meist mit spontanen Beleidigungen oder persönlichen Streitereien zwischen einzelnen Cliquen-Mitgliedern oder Anführern zu tun. Erst wenn solche Streitereien nicht geschlichtet wurden, ergaben sich abgrundtiefe Feindschaften. Dieses Prinzip kannte ich aus dem Libanon. Es war schon damals und ist bis heute meine Überzeugung, dass sich viel Leid vermeiden lässt, wenn man früh genug und mit klarer Stimme ein Machtwort spricht. Wenn es keine Autorität gibt, die verfeindete Gruppen an einen Tisch bringt, verhärten sich die Fronten und irgendwann fließt Blut. Aber das muss nicht sein. Solange es jemanden gibt, der sich zum Schlichten berufen fühlt und genug Einfluss hat, kann Leid abgewendet werden. Wie oft hatte ich mitbekommen, wie Al-Ammu brenzlige Situationen entschärfte. Auch mein Vater und mein Großvater waren in Beirut als Schlichter bekannt. Seit ich denken konnte, hatte ich unterschiedlichsten Entwicklungen von Konflikten zugesehen. Manche wurden beigelegt, andere führten ins Chaos. Was Letzteres bedeutete, zeigte beispielhaft der Krieg in meiner Heimat. Er war die Folge einer Vielzahl von Streitigkeiten und Grenzüberschreitungen, die sich aufgrund ihrer Unlösbarkeit und des Fehlens einer vermittelnden

Instanz immer weiter zugespitzt hatten. Ich durchschaute solche Dinge damals noch nicht in dieser Klarheit, nahm sie eher intuitiv wahr. Aber wenn ich sie wahrnahm, wich ich nicht aus, sondern suchte die Konfrontation. Auch wenn sie schmerzte. Ein klärender Knall schien mir sinnvoller als eine unterschwellig wachsende Feindschaft, die sich irgendwann nicht mehr auflösen ließ.

Gelegentliche Kämpfe blieben in meiner Anfangszeit in Berlin also nicht aus. Besonders wenn jemand meine Ehre oder die eines meiner Brüder verletzte, gab ich knallhart Kontra. Ein Bruder musste kein Blutsverwandter sein. Wir bezeichneten auch enge Freunde und Cousins so. Wer sie anmachte, bekam es mit uns zu tun. Schnell bekam der Name Al-Zein auf der Straße einen streitbaren Klang. Die logische Folge war, dass immer öfter andere Gruppen versuchten, uns mit gezielten Schlägen zu schwächen. Keinen solcher Angriffe ließen wir auf uns sitzen, jeden beantworteten wir mit angemessener Härte. Wer nicht von Anfang an Respekt einfordert, bekommt nie welchen. So setzten wir mit gezielten Aktionen Zeichen, um deutlich zu machen, dass wir uns nicht herumschubsen ließen. Das reichte, um uns unter den Ku'damm-Gruppen Respekt zu verschaffen. Respekt bedeutet Macht. Wer Macht hat, hat Gegner. Es war unvermeidlich, dass unser wachsender Ruf dazu führte, dass andere etablierte Größen auf der Straße uns in die Schranken weisen wollten.

Es gab zum Beispiel eine Drogenbande, die die Kneipen und Clubs an der Lietzenburger Straße als ihr Eigentum betrachtete. Die Mitglieder der Truppe waren auch Araber, sie stammten genauso aus Beirut wie wir. Trotzdem kamen wir nicht miteinander klar. Erstens lehnten meine Leute und ich Drogengeschäfte ab, zweitens war die Bande arrogant, großkotzig und aggressiv. Schon vor meiner Ankunft in Berlin hatte sie sich mit Akhi und Ibn-al'amm, einem Sohn Al-Ammus, meinem Cousin, in die Haare gekriegt. Je zahlreicher wir Al-Zeins in der City West auftraten, desto angriffslustiger wurden sie. Kaum ein Tag verging ohne Provokation. Die Situation war wie ein Pulverfass, das nur darauf wartete zu explodieren.

Eines Tages sagte Ibn-al'amm zu mir: »Komm, wir gehen Billard spielen.«

Ich nickte und wir zogen los. Das Ziel war klar. Es gab da ein Casino an der Lietzenburger, wo wir regelmäßig spielten. Dort kannte uns das Personal, wir hatten einen Stamm-Billardtisch und wurden mit Respekt behandelt. Normalerweise. Doch diesmal war der Wurm drin. Schon vor dem Eingang hingen zwei schlecht gelaunte Typen herum, die mein Cousin als Mitglieder der Drogenbande erkannte. Wir ignorierten sie und gingen nach drinnen, wo uns ein Dutzend weiterer Anhänger der Pulverfass-Truppe erwartete, die genau den Billardtisch belagerten, den normalerweise wir benutzten. Wir wichen an einen anderen Tisch aus und begannen zu spielen, trotzdem dauerte es nur wenige Stöße, bis irgendwer dumme Sprüche machte. Danach gab ein Wort das andere. Warum genau die Situation am Ende aus dem Ruder lief, weiß ich nicht mehr. Ich weiß nur, dass es nicht lange dauerte. Von einem Moment zum anderen war das Casino von dröhnendem Wutgeschrei erfüllt, und eh ich mich versah, standen Ibn-al'amm und ich zu zweit einer Mannschaft aus zwölf Kerlen gegenüber. Deren Boss, ein junger, schlaksiger Schönling mit Ohrring und Lederjacke, baute sich mit Killerblick vor uns auf und ballte die Fäuste. Aus seinem Geschrei ging hervor, dass er unseren Familiennamen kannte und meinte, eine Rechnung mit meinem

Cousin offen zu haben. Wir rückten zusammen und machten uns bereit.

»Was laberst du von offenen Rechnungen?«, brüllte ich ihn an. »Verpiss dich oder kämpf.«

»Was willst *du* denn?«, kam es zurück.

»Yallah! Wenn du Stress willst, komm her!«

»Scheiß auf dich«, verzog der Schönling verächtlich den Mund. »Du hast hier gar nichts zu sagen. Wer bist du überhaupt? Schau dich gut um und überleg dir genau, was du antwortest.«

Er dachte wohl, diese Ansage würde mich einschüchtern. Aber da kannte er mich schlecht. Das hochnäsige Gerede ließ mich genauso kalt wie die zahlenmäßige Überlegenheit der Gegner. Statt zurückzuweichen, ging ich mit meinem Billard-Queue auf den Schönling zu, bis mein Gesicht direkt vor seinem war. Ohne eine Miene zu verziehen, sagte ich so laut, dass auch alle seine Leute es hörten: »Wer ich bin? Mahmoud Al-Zein – merk dir diesen Namen, du kleiner Hund. Wenn du dich mit mir anlegst, bereust du das.«

Noch bevor ich ausgesprochen hatte, schubste mich einer der Hintermänner des Schönlings von der Seite weg. Reflexartig holte ich mit der Linken aus und verpasste ihm eine, während meine Rechte die einzige Waffe umklammerte, die ich abgesehen von meinen Fäusten bei mir hatte: den Billiard-Queue. Er war weder handlich noch zum Kämpfen geeignet, aber als die gegnerische Meute auf mich losging, war mir jedes Hilfsmittel recht, um mich zu verteidigen. Brutales Chaos brach los. Ibn-al'amm stand längst neben mir. Rücken an Rücken teilten wir in alle Richtungen aus. Viel Raum hatten wir nicht. Das Billard-Casino war nicht besonders groß, zwischen den Tischen war kaum Platz für ausladende Bewegungen und der Weg zum Ausgang war von unseren Gegnern verstellt. Ich wusste, jetzt wurde es eng, war aber gleichzeitig wild entschlossen, das hier durchzuziehen. Dies war eine entscheidende Schlacht, das verstand ich sofort. Wenn ich in dieser Stadt nicht untergehen wollte, musste ich standhaft bleiben. So stellte ich mich dem Angriff, wehrte Schläge ab, verteilte selbst welche, schrie, boxte, hieb mit dem Queue durch die Luft. Mein Cousin tat das Gleiche.

Unsere Furchtlosigkeit machte auf die Gegner deutlich mehr Eindruck als ihre Überzahl auf uns. Mit jeder Sekunde verloren die Attacken an Nachdruck, das Gebrüll wurde leiser, die Entschlossenheit schwand. Ich kannte diese Art zu kämpfen. Sie war nicht darauf ausgelegt, jemanden fertigzumachen oder zu verletzen. Es ging eher darum, die Moral des Gegners durch massives Auftreten zu brechen und ihm den Mut zu nehmen. Bei mir funktionierte das nicht, hatte es noch nie. Das irritierte den Schönling und seine Leute sichtlich. Vor meinem inneren Auge sah ich meinen Cousin und mich schon als Sieger aus der Schlacht hervorgehen, doch das war voreilig, für Triumphgefühle war es zu früh. Gerade, als ich dachte, das Chaos würde sich auflösen, zog der Schönling ein Messer und hieb damit in meine Richtung. Scheiße. Jetzt war ich endgültig froh darüber, dass ich den Queue hatte. Er leistete gute Dienste. Mit seiner Hilfe wehrte ich diverse Hiebe ab. Allerdings nicht alle. Die scharfe Klinge schlitzte den Ärmel meiner Jacke auf, traf meine rechte Hand. Die Schnittwunde brannte, Blut lief zum Handgelenk hinunter, aber das war mir egal. Vielmehr spürte ich wieder diese rasende Wut in mir hochsteigen, so wie damals in Beirut – die Ungerechtigkeit einer Übermacht, die sich auf vermeintliche Opfer stürzte, ließ mich alles andere vergessen. Das merkte mein Gegenüber wohl. Letztendlich galt auch hier: Die Geste des Messerziehens war wichtiger gewesen als der Kampf selbst. Es war nicht seine Absicht, mich abzustechen. Das wusste ich, und er wusste, dass er mich nicht täuschen konnte. Wer wie ich den Krieg gesehen hatte, ließ sich von solchen Drohgebärden nicht einschüchtern. Der Schönling wollte mich dazu bringen aufzugeben. Dass ich es auch jetzt nicht tat, ließ ihn einknicken. Unvermittelt steckte er das Messer ein, pfiff seine Leute zurück, und sie verließen fluchtartig das Casino.

Ibn-al'amm und ich waren überrascht von dem plötzlichen Rückzug. Aber wir mussten nur einen Blick wechseln, um uns einig zu werden, dass das so nicht stehen bleiben konnte. Sofort rasten auch wir raus und den Gegnern hinterher, jagten sie die Lietzenburger Straße hinunter. Auf dem Weg entkamen einige, indem sie Haken schlugen und in Seitenstraßen abbogen. Einem von ihnen folgte Ibn-al'amm, während ich den Schönling und zwei seiner Komplizen bis zu einem Asylbewerberwohnheim hetzte, in dem sie sich in Sicherheit bringen wollten. Ich blieb an ihnen dran, jagte sie unbarmherzig die polternden Außentreppen hoch. Die Widersacher reagierten, indem sie schwere Mülltonnen die Stufen runterrollten, die mir wie eiserne Lawinen entgegenschossen. Tänzelnd wich ich aus, sprang über die krachenden Monster hinweg, trieb die Gegner in einen Flur. Dort setzte sich der Kampf fort. Mit Fäusten, Messern, Stöcken. Dann hörte ich plötzlich Polizeisirenen. Beim Blick die Treppe runter, sah ich Blaulicht flackern. Jetzt war ich es, der flüchten musste. Allerdings tat ich es nicht, ohne dem Schönling vor meinem Abgang etwas zu versprechen: »Na warte, morgen komme ich wieder. Wir machen euch alle. Das ist jetzt unsere Gegend hier.«

Mit diesen Worten flog ich die Treppen hinunter, schwang

mich übers Geländer und spurtete über den Hinterhof in eine ruhige Nebengasse der Lietzenburger. Von dort aus ging ich nach Hause in die Potsdamer Straße, wo meine Frau meine blutende Hand verband. Sie schüttelte dabei den Kopf, klagte, dass ich wohl nie zur Vernunft kommen würde. Wie meine Eltern und Al-Ammu hätte auch sie gerne gesehen, wenn ich ruhiger geworden wäre. Aber ihr war klar, dass sie mich nicht aufhalten konnte. Sie wusste: Ich musste tun, was ich tun musste. Und das bedeutete in diesem Fall, den Angriff der Drogenbande zu sühnen.

Am nächsten Tag besorgte ich mir erst eine neue Jacke, dann ein Messer. Die dünne Trainingsjacke, die mir der Schönling zerschnitten hatte, ersetzte ich durch eine robuste Motorradkutte aus Leder. Das Butterfly, ein handliches Klappmesser, trug ich ab jetzt immer in der Innentasche mit mir herum. Die nächsten Attacken würden kommen, so viel war klar. Außerdem stand noch der Gegenangriff aus – wir konnten diese Provokation nicht so stehen lassen, das hätte unsere Stellung geschwächt. Mein Cousin und ich trommelten vier unserer Brüder zusammen und machten Jagd auf den Schönling. Wir suchten überall – Breitscheidplatz, Joachimsthaler Straße, Hollaender-Platz, Uhlandstraße. Er war nirgends zu finden, versteckte sich. Nach dem gestrigen Kampf hatte er wohl begriffen, dass er gegen uns keine Chance hatte. Als wir am Nachmittag schon fast die Hoffnung aufgegeben hatten, stießen wir am Ku'damm auf einen seiner Jungs. Der war ebenfalls bei der Attacke im Billard-Casino dabei gewesen. Jetzt traf ihn unsere aufgestaute Wut mit voller Wucht. Wir machten kurzen Prozess mit ihm, schlugen ihn kaputt. Er wehrte sich standhaft, verpasste mir eine blutige Lippe und ein blaues Auge, war aber am Ende der Unterlegene. Er sah schlimm aus. Seine Augenbraue war aufgeplatzt, der Kiefer gebrochen. Heute weiß ich, dass wir viel zu hart zu ihm waren. Im Gegensatz zum Vortag war er ja jetzt ein Einzelner und wir in der Überzahl. Aber damals waren seine Verletzungen für mich der Preis, den ein Aggressor für eine Grenzüberschreitung zahlen musste. Und nicht nur das. Sie waren auch die Botschaft an den Schönling, dass ich meinen Worten Taten folgen ließ.

Nach dieser ersten Lektion nahm der Tag Fahrt auf. Nur ein paar Ecken weiter, am Ku'damm, Ecke Fasanenstraße, lief uns ein zweites Mitglied der Drogenbande in die Arme. Bei ihm, einem schmächtigen, aber drahtigen Typ, schlugen wir nicht sofort zu. Stattdessen sagte ich: »Los, lauf doch weg. Aber in diesem Teil der Stadt kannst du dich nicht vor uns verstecken.«

Sein Blick verriet, dass er verstand. Aber es lag auch etwas Freches, Aufmüpfiges darin, das ich im ersten Moment nicht deuten konnte. Er guckte, als hätte er einen Trumpf in der Hinterhand. Aber scheiß drauf. Ich ließ dem Jungen fünfzig Meter Vorsprung, sagte meinen Brüdern: »Wartet hier, ich bin gleich zurück«, dann sprintete ich dem flüchtenden Bandenmitglied hinterher. Es ging die Fasanenstraße runter nach Süden. In die Richtung, in der wir uns am besten auskannten: zur Lietzenburger Straße. Kurz vor der Kreuzung schoss von hinten ein Auto heran. Ford Capri. Sechszylinder. Grau lackiert. Die Karre raste erst an mir vorbei, kam dann kurz vor mir mit quietschenden Reifen zum Stehen und versperrte mir den Weg. Drei Männer sprangen aus dem Wagen. Sie hatten Äxte in den Händen, bauten sich auf der Straße auf und sahen mich finster an. Dann öffnete sich die Beifahrertür. Da war er. Der Mann, den wir den ganzen Tag gesucht hatten. Nicht mal zehn Meter von mir entfernt stieg der Schönling aus dem Ford. Er hatte wieder seinen Killerblick aufgelegt. Sein bloßer Anblick brachte mein Blut zum Kochen, mein Atem ging schneller, meine Muskeln strafften sich. Dann fiel mein Blick auf seine rechte Hand. Diesmal war sie nicht zur Faust geballt. Sie hielt auch kein Messer. Nein, der geleckte Typ mit dem Ohrring und der Lederjacke hatte eine Knarre in der Hand, die er hastig auf mich richtete, während er mit bebender Stimme schrie: »Du hast dich mit dem Falschen angelegt, Ahbal. Hau ab, sonst wird's dir leidtun.«

Gegen die Waffe konnte das neue Messer in meiner Innentasche nichts ausrichten. Ich zückte es gar nicht erst. Während der Lauf der Pistole immer wieder unberechenbar in meine Richtung zuckte, die Männer mit den Äxten sich in Stellung brachten und am Straßenrand die ersten Schaulustigen stehen blieben, setzte bei mir der Kriegs-Modus ein.

»Schieß doch!«, schrie ich den Schönling an. »Weißt du überhaupt, wie das Ding funktioniert?«

Bam! Sofort löste sich der erste Schuss. Die Patrone krachte nur ein oder zwei Meter rechts von mir in den Asphalt, prallte ab und rasselte ins Leere. Schaulustige kreischten, im Augenwinkel sah ich ein paar Menschen panisch wegrennen. Auch mein Herz raste. Aber ich ließ mir nichts anmerken und fixierte mit meinem Blick unbeeindruckt das Gesicht des Schönlings: »War's das? Mehr hast du nicht drauf?«

Die Antwort waren drei kurz aufeinanderfolgende weitere Schüsse, die noch mehr Gekreisch und verschmorten Asphalt verursachten, aber alle bewusst an mir vorbeizielten. Sie waren nicht mehr als die verschärfte Fortsetzung der Auseinandersetzung im Casino: martialische Akte der Einschüchterung, darauf angelegt, mich zu verunsichern und in die Flucht zu schlagen, dabei aber genauso wirkungslos wie die Faustschläge und Messerhiebe von gestern. Um hier was zu reißen, hätte der Schönling die Nerven haben müssen, mich wirklich anzuschießen. Aber er ahnte wohl, dass ihn danach die volle, gnadenlose Vergeltungsbreitseite von meinen Brüdern und mir getroffen hätte, deshalb reizte er nur die Einschüchterungstaktik bis zum Äußersten aus. Ob der nächste Schritt trotzdem ein Schuss auf meine Beine gewesen wäre? Ich erfuhr es nicht. Die Schaulustigen hatten offenbar schnell gehandelt. Während der Schönling und ich uns nach dem vierten Warnschuss noch ungerührt gegenüberstanden, ertönte in unmittelbarer Nähe eine Polizeisirene. Der Klang trieb meinen Gegner und die Jungs mit den Äxten schneller wieder ins Auto, als sie gekommen waren. Als ein Streifenwagen in die Fasanenstraße einbog, zeugten nur noch Auspuffgase, der Gestank von verbranntem Gummi durchgedrehter Reifen und die Schusslöcher im Asphalt von ihrem Auftritt.

Die Beamten stellten Fragen, wollten wissen, was passiert war, aber ich sagte nichts. Der Krieg der Straße ist eine Größe, in der die Polizei nichts zu suchen hat. Wir klären die Dinge unter uns. Auch Feinde werden nicht bei den Behörden angeschwärzt, das ist eine Frage der Ehre. Also antwortete ich auf die Frage, was passiert war, nur mit »Nix, alles okay«, auch wenn meine aufgeplatzte Lippe und das blaue Auge aus der Schlägerei zuvor eine andere Geschichte erzählten. Von einem deutschen Jungen, der den Vorfall mit angesehen hatte, erfuhren die Polizisten wenig später trotzdem, was sie wissen wollten. Der Typ war ganz aus dem Häuschen, als er seine Zeugenaussage machte. Er sprach abgehackt, war außer sich. So was wie eben hatte der wohl noch nicht erlebt. Aus der Entfernung sah ich, wie er wild rumfuchtelte und irgendwann auf mich zeigte, woraufhin auch die Polizisten sich zu mir umdrehten und mir einen skeptischen Blick zuwarfen.

Die Beamten nahmen die Aussagen zu Protokoll und riefen wegen meiner Verletzungen noch einen Krankenwagen für mich. Ich erinnere mich nicht, ob sie bei dieser Gelegenheit schon meinen Namen protokollierten, aber die Sache schien für sie damit erledigt zu sein. Der Name Al-Zein war zu diesem Zeitpunkt nur einer von Tausenden unter den Familien, die in den Asylbewerberheimen lebten. Bei der Polizei dauerte es noch eine Weile, bis er den harten Klang bekam, der spätere Kontakte ganz anders ablaufen ließ. Auf der Straße dagegen war ich spätestens von diesem Tag an bekannt. Jetzt war ich nicht mehr der Neue. Jeder am Ku'damm wusste, dass ich mich nicht herumschubsen ließ. Mit dem Schönling gab es nach ein paar weiteren Vergeltungsakten beider Seiten eine Aussprache, bei der wir die Fronten klärten und unseren Frieden miteinander machten. Mit Handschlag. Wie Männer. Danach beruhigte sich die Lage, jeder ging seiner Wege und respektierte fortan die Einflusssphäre des anderen. Aber es gab andere Gruppen, die den Respekt noch lernen mussten. Viele Gruppen. Die Schlacht um Berlin hatte erst begonnen.

Hausverbot

Am 14. Oktober 1982 kam unser erstes Kind zur Welt. Eine Tochter. Wir waren stolz und glücklich. Gleichzeitig wuchs mit der Geburt aber auch die Verantwortung. Jetzt waren wir nicht mehr zu zweit. Wir waren eine Familie und hatten ein Baby zu versorgen. Aus dem Libanon war ich es gewohnt, dass junge Familien sich bei der Erziehung ihrer Kinder auf ein Unterstützernetzwerk aus Eltern und Verwandten berufen konnten. Das fiel bei uns weg. Zwar gab es Akhi, Ibn-al'amm, Al-Ammu in Nordrhein-Westfalen und viele weitere Brüder, aber alle hatten ihre eigenen Familien und ihre eigenen Probleme. Die meisten von uns waren noch nicht lange genug in Deutschland, um richtig Fuß gefasst zu haben. Wie wir mussten sie sich tagtäglich durchschlagen, ihre Möglichkeiten, uns unter die Arme zu greifen, waren begrenzt. Meine Frau und ich waren also weitgehend auf uns allein gestellt. Niemand nahm uns an die Hand, um Fragen bei der Erziehung zu beantworten, und niemand war da, der uns über die rechtliche Situation unserer Tochter aufklärte. War sie aufgrund unserer faktischen Staatenlosigkeit ebenfalls staatenlos? Oder war sie Deutsche? Oder doch Libanesin?

Ich gebe zu, dass ich mir über diese Dinge damals kaum

Gedanken machte. Heute finde ich es würdelos, wie der deutsche Staat damals mit Menschen wie uns umging, die nichts außer sich selbst hatten. Wir waren in einem reichen Land – und doch mussten wir um jedes bisschen Respekt kämpfen. Damals war ich solche komplizierten Fragestellungen wie die danach, wie ich einer Tochter den Start in das Leben in einem fremden Land ermöglichen sollte, nicht gewohnt. Meine gesamte Jugend hatte ich in der Anarchie des bürgerkriegsumkämpften Beiruts verbracht, wo es jeden Tag ums blanke Überleben gegangen war und Bürokratie keine Rolle spielte. Ich hatte keinen Schulabschluss und keinen Beruf gelernt, war aber trotzdem immer irgendwie klargekommen, hatte mir im gesetzlosen Raum der zerstörten Stadt meine eigenen Gesetze geschaffen. Dass wir nach unserer Übersiedelung nach Berlin in einer Welt lebten, in der nicht nur andere Regeln herrschten, sondern auch komplett andere Bräuche und Gesetze, war mir lange nicht klar. Und da es niemanden gab, der es mir in meiner eigenen Sprache verständlich machte, begriff ich über Jahre, vielleicht sogar Jahrzehnte, nicht wirklich, wie der Laden in Deutschland lief. Ich machte einfach alles wie in Beirut.

Weil Geld immer knapp war, ich meiner Tochter und meiner Frau aber etwas bieten wollte, hielt ich bei den Streifzügen mit meinen Jungs nach Möglichkeiten Ausschau, mir etwas dazuzuverdienen. Offiziell zu arbeiten fiel wegen der Duldung flach, also mussten andere Wege her. Das alte Spiel von Beschaffen und Vermitteln, Organisieren und Weiterverkaufen ging wieder los. Allerdings ging es jetzt nicht mehr wie im Libanon um Baumaterialien, Türen und Fenster, sondern um Luxusartikel. Es gab immer irgendwelche Geschäftemacher, die mit Markenklamotten, Schmuck oder Gold handelten, und denen wir gegen eine Beteiligung beim Weiterverkauf helfen konnten. Dass ihre Ware meist aus Einbrüchen und Diebstählen stammte, war ein offenes Geheimnis. Wir kümmerten uns nicht weiter darum. Wenn wir auf legalem Weg keine Möglichkeit hatten, Geld zu verdienen, dann eben so. Für die Abnehmer machte es sowieso keinen Unterschied.

Unterdessen gingen die Machtkämpfe auf der Straße weiter. Dass mein Name inzwischen bekannt war, bedeutete nicht, dass ich deswegen meine Ruhe hatte. Im Dschungel am Ku'damm, wo jeder etwas erreichen und darstellen wollte, musste man seinen Status immer wieder aufs Neue verteidigen. Ich mochte das ständige Wechselspiel aus kleinen Attacken und Triumphen, aus Angriff und Revanche. Für mich war es gleichzeitig eine Aufgabe und ein Spiel. Es bedeutete allerdings auch, dass ich immer wachsam und angriffsbereit sein musste. Ob ich aus diesem Grund mit Boxtraining anfing, weiß ich nicht mehr, aber es passte gut dazu. Auch im Ring ging es darum, sich zu beweisen und dem Gegner durch Aufmerksamkeit, Taktik und Härte einen Schritt voraus zu sein. Boxkämpfe waren ein Spiegel des Kräftemessens im Kiez. Ich zog sie mit der gleichen Gewissenhaftigkeit durch, wie die Machtdemonstrationen, wenn wir auf der Straße unterwegs waren.

Der Sport wurde zu einem meiner wichtigsten Lebensinhalte. Ich gab alles dafür. In dieser Phase meines Lebens rührte ich weder Zigaretten noch Alkohol an. Meine einzige Droge war das Training. Jeden Morgen ging ich joggen, an den Nachmittagen verbrachte ich mehrere Stunden in der Boxschule an der Eisenacher Straße in Schöneberg, nicht weit von meinem Revier an der Lietzenburger entfernt. Der Trainer des Ladens war Polizist. Ein Hauptkommissar aus Steglitz. Ausgerechnet!

Trotzdem waren er und sein Sohn, der auch mit uns boxte, bis dahin die einzigen Deutschen, die mir und meinen Brüdern auf Augenhöhe und ohne Vorurteile begegneten. Als mein Coach sah er meinen Eifer und mein Potenzial mit Anerkennung, war aber auch skeptisch. Er fürchtete wohl, dass ich übers Ziel hinausschoss.

»Übertreib's nicht, Mahmoud«, sagte er immer. »Beim Boxen geht's weniger um Härte als um Kontrolle.«

Diesen Grundsatz habe ich mir bis heute gemerkt. Er sollte sich auch außerhalb des Rings bewahrheiten.

Ein Samstag pro Monat war in der Sportschule fürs Schauboxen reserviert. Da wurden Freunde, Familien und Trainer von anderen Schulen eingeladen und der Ring für Kämpfe freigegeben. Die Schüler bildeten zwei Mannschaften, deren Mitglieder der Reihe nach gegeneinander antraten. Bei diesen Kämpfen ging es teilweise hart zur Sache. Jeder wollte sich bewähren, keiner Schwäche zeigen. Ein klassischer Angstgegner bei diesen Turnieren war Igor, ein 1,90 Meter großer Schrank, der aus Jugoslawien stammte. Abgesehen von seiner beeindruckenden Statur war er auch taktisch und kräftetechnisch ein guter Boxer. Das Einzige, was er nicht beherrschte, war Fair Play. Wenn er einen Gegner vor sich hatte, stampfte er ihn gnadenlos in Grund und Boden, egal wie groß, klein, stark oder schwach er war. So kam es zu jenem verheerenden Kampf mit Abdul.

Abdul war ein Freund von mir, den ich aus der City West kannte und mit dem ich mir so manchen Schlagabtausch im Training geliefert hatte. Er war ein grader Typ, ich mochte ihn. Er war recht klein – ungefähr 1,70 Meter –, boxte Mittelgewicht und war alles andere als ein harter Fighter. Das wusste jeder in der Schule. Als Abdul an einem Schaukampf-Samstag gegen Igor antreten sollte, hatte ich von vornherein ein schlechtes Gefühl dabei. Ich wusste, dass er Igor nicht gewachsen war. Aber ich verstand auch, dass er keinen Rückzieher machen und sich dem Kampf stellen wollte. Wild entschlossen stieg er in den Ring. Böser Fehler. Nach dem Anpfiff dauerte der Kampf keine fünf Sekunden, dann holte der Jugoslawe mit seiner gefürchteten Rechten zum Uppercut aus und ballerte Abdul mit ungebremster Brutalität die Faust unters Kinn. Das war's. Alle hielten den Atem an, aber das Unglück war nicht mehr abzuwenden. Mein Freund flog quer durch den Ring, krachte mit voller Wucht auf den Rücken und schlug hart mit dem Hinterkopf auf dem Boden auf. Da lag er und zitterte plötzlich am ganzen Körper. Schaum kam aus seinem Mund, seine Augen flackerten. Sofort hechtete ich an seine Seite, nahm sein Gesicht in meine Hände und rief seinen Namen, doch er reagierte nicht. Statt Worten quoll nur immer mehr Schaum zwischen seinen Lippen hervor.

»Der braucht Hilfe«, schrie ich. »Ruft einen Arzt.«

Der Notarztwagen kam, Abdul wurde von Sanitätern erstversorgt und in eine Klinik gebracht. Igor ließ sich von dem ganzen Aufruhr nicht behelligen und stand an der Seite des Rings als hätte er nichts mit der Sache zu tun. Der Vorfall schien ihn kaltzulassen. Ich dagegen war außer mir. Nachdem der Krankenwagen abgefahren war, wollte unser Trainer die restlichen Kämpfe des Nachmittags streichen, aber ich protestierte. Dieses Turnier durfte nicht mit einem Sieg von Igor enden. Nicht so. Wutentbrannt lief ich auf den Riesen zu und brüllte ihn an: »Was ist los mit dir, Mann? Wolltest du den umbringen? Versuch's mal mit mir, du Hurensohn.«

Mir war klar, dass der Jugoslawe eine solche Herausforderung nicht ausschlagen konnte. Dazu war er zu stolz. Ich würde seinen Stolz brechen, das schwor ich mir. Unser Trainer wollte uns das Boxen verbieten, versuchte uns zu trennen, doch ich ließ mich nicht beirren: »Wenn wir nicht hier und jetzt kämpfen, finde ich den Penner auf der Straße und wir regeln die Sache mit Waffen, nicht mit Fäusten. Willst du das?«

Irgendwann gab der Coach auf. Er hatte die ganze Truppe gegen sich. Alle wollten Igor und Mahmoud fighten sehen. Der Champ gegen den Herausforderer.

Der Kampf begann. Eine Minute lang tänzelten wir durch den Ring, belauerten einander, warteten darauf, dass der andere den ersten Schlag machte. Von Igors Forschheit war jetzt nicht mehr viel zu spüren. Er agierte defensiv, versteckte sich hinter seinen Fäusten, kam nicht aus der Reserve. Je öfter und fordernder ich »Los, schlag zu« oder »Mach schon, trau dich« rief, desto tiefer versank er in seiner Deckung. Im Publikum wurden die anfeuernden Zurufe immer lauter. Die Atmosphäre zitterte förmlich vor Adrenalin und Spannung. Alle wussten, mit dem ersten Schlag würde ein Donnerwetter losbrechen. Die Frage war nur: Wer wagte den ersten Schlag?

Nachdem wir uns ein paar weitere Male umkreist hatten, ging mein Temperament mit mir durch. Wie von selbst schnellte meine Faust nach vorne. Sie traf Igor genau dort, wo er zuvor Abdul erwischt hatte. Am Kinn. Danach war der Bann gebrochen. Ohne Unterlass prasselten meine Schläge auf den Körper meines Gegners ein. Wehrhaft wie er war, schlug er hart zurück, aber gegen meine Wut hatte er keine Chance. Ich vermöbelte ihn so lange, bis er k. o. ging und blutend in die Seile taumelte.

Für mich war danach das Gleichgewicht wiederhergestellt. Ich hatte das Gefühl, die Ehre meines Freundes Abdul verteidigt zu haben. Helden gab es an diesem Tag trotzdem keine.

Nach dem Kampf schmiss der Trainer sowohl Igor als auch mich aus der Boxschule raus.

»Ihr seid beide gute Kämpfer«, sagte er mit eisigem Blick. »Aber ihr habt etwas Wesentliches nicht begriffen. Wir sind hier beim Sport, nicht im Krieg. Ihr habt ab sofort Hausverbot, verstanden?«

Hausverbot. Das war deutlich, da gab es nichts misszuverstehen. Ich bedauerte, aber akzeptierte die Entscheidung. Sie war ohnehin unumstößlich. Dass sie in gewisser Weise berechtigt war, sah ich damals nicht ein. Erst Jahre später begriff ich, wie exakt die Aussage »Wir sind hier beim Sport, nicht im Krieg« zu meiner Situation passte. Heute ist mir klar, wie tief sich die Erfahrungen im Libanon in mein Denken, Fühlen und Handeln eingebrannt hatten. Mein Kopf und mein Körper befanden sich noch Jahre nach der Ankunft in Deutschland im Ausnahmezustand. Das machte mein Leben aufregend. Aber auch sehr hart. Härter als unbedingt notwendig. Das zeigt sich nicht zuletzt darin, dass ich nicht nur in der Boxschule, sondern auch in Deutschland bis heute »Hausverbot« habe. So kann man 38 Jahre Duldung ja irgendwie auch interpretieren.

Lasigör

Hinfallen, wieder aufstehen, doppelt Gas geben. Das ist der Rhythmus meines Lebens. Nach dem Rausschmiss in der Schöneberger Boxschule trieb ich nicht weniger Sport, sondern mehr. Ich trommelte eine Gruppe aus Gleichgesinnten zusammen, mit der ich meine überschüssigen Kräfte überall und nirgends rausließ. Da wir keinen festen Ort zum Trainieren hatten, eroberten wir die Freiräume Berlins. Fuhren mit der S-Bahn zum Wannsee, um unter freiem Himmel Autoreifen und Sandsäcke zu heben. Stürmten den Grunewald und rannten wie die Irren den Teufelsberg rauf und runter. Stemmten im Spandauer Forst Steine und Baumstämme. All das lief ohne professionelle Hilfe. Wir waren unsere eigenen Trainer, die Umwelt unser Kraftraum.

Nach dem Sport fuhr ich nach Hause zu meiner Frau und meiner Tochter. Jeden Tag brachte ich eine Kiste mit Essen mit. Hähnchen, Konservendosen, Obst, Babynahrung für die Kleine. Das Geld reichte meist nur für das Nötigste, aber wir veranstalteten trotzdem regelmäßig Festessen. Da wir in der Gemeinschaftsküche des Wohnheims einen Herd benutzten, der für alle Bewohner bestimmt war, gesellten sich häufig Nachbarn zu uns, die eigene Zutaten mitbrachten und mit uns zusammen kochten. Es wurde immer geteilt. Wer nichts hatte, konnte bei den anderen mitessen. Die Solidarität unter den Bewohnern war groß. Oft aßen wir alle gemeinsam. Dabei tauschten wir uns über unsere Erlebnisse in der neuen Heimat Berlin und den Weg dorthin aus, sprachen über Probleme, gaben einander Tipps. Ich denke, es fing hier an, dass Leute mich um Rat fragten, wenn sie Ärger hatten, und ich gelegentlich darum gebeten wurde, Streits zu schlichten oder in gewaltsamen Konflikten zu vermitteln. Im Wohnheim hatte sich herumgesprochen, dass Mahmoud Al-Zein sich den Respekt der Gangs am Ku'damm erstritten hatte. Manche sahen deshalb eine Autoritätsperson in mir. Ich selbst sah mich nicht so. Für mich war ich einfach nur einer von ihnen. Aber wo ich konnte, versuchte ich zu helfen. So hatten es mir mein Vater, mein Großvater und Al-Ammu vorgelebt. Helfen und schlichten war eine Selbstverständlichkeit, ein Aspekt des Gebens und Nehmens in einer Gemeinschaft, aus der auch ich viele Lehren fürs Leben mitnahm.

Einer meiner engsten Vertrauten und Mentoren in der Potsdamer Straße war Jacob. Er war Christ, etwas älter als ich, mit seiner Frau und seinen Kindern ebenfalls aus dem Libanon geflüchtet und wohnte im Wohnheim auf dem gleichen Gang wie wir in der Wohnung gegenüber. In gewisser Weise war er das genaue Gegenteil von mir. Wo ich aufbrausend, unruhig und immer auf dem Sprung war, war Jacob gelassen, bedächtig und ließ sich durch nichts und niemanden aus der Fassung bringen. Doch genau wegen unserer Unterschiede ergänzten wir uns perfekt. Wenn ich reden wollte oder Stress hatte, ging ich zu ihm rüber. Dann tranken wir Tee und philosophierten über das Leben. Dabei kam ich runter und ließ mich von Jacobs Ruhe einfangen. Selbst wenn seine sechs Kinder schreiend durch die Wohnung tobten, wurde er nie laut. Er war geduldig mit ihnen, konnte auf seine stille Art und Weise aber auch sehr entschieden sein. Manchmal setzte sich sein ältester Sohn Karim zu uns. Karim war ein fröhlicher, aufgeweckter Junge, der auf der Straße der lauteste von allen war, aber wenn er mit Jacob und mir am Tisch saß, wurde auch er ganz ruhig. In meinem späteren Leben, als uns der Kreislauf des Gebens und Nehmens schon längst in unterschiedliche Richtungen geführt hatte, sollte Karim noch eine wichtige Rolle spielen. Doch dieses spätere Leben war damals noch weit weg. Jetzt saßen der Junge und ich nur schweigend beim Tee in der Wohnheimküche und lauschten gebannt, wie Jacob Geschichten aus der alten Heimat erzählte.

Außerhalb des Wohnheims erweiterte sich mein Berliner Aktionsradius derweil nicht nur durch die Sport-Ausflüge. Meine Wege führten jetzt immer öfter nach Neukölln. Hier, eingezwängt zwischen Berliner Mauer und dem Rollfeld des Flughafens Tempelhof, hatten sich seit den Sechzigerjahren viele Einwanderer angesiedelt. Auch einige Bekannte von mir wohnten dort. So kam ich irgendwann zwangsläufig zum *Lasigör*, einem Jugendclub am Volkspark Hasenheide, der unter der Woche als Treffpunkt für die jungen Leute aus der Gegend diente und am Wochenende als Disco und für Partys genutzt wurde. Ich fühlte mich auf Anhieb wohl dort. Es gab einen Kickertisch, einen Fernsehraum, Spiele, alle möglichen Sportgeräte und sogar einen Boxring. Lasigör war voll mein Ding.

Die Leiterin der Einrichtung war eine Deutsche, die ein Herz für die Jugendlichen des Viertels hatte: Angelika. Sie war streng, aber gerecht. Wenn sie wütend wurde und mit ihrer eindringlich lauten Stimme rumschrie, wagte es niemand zu widersprechen. Dann spurten alle. Angelikas Wort war Gesetz. Trotzdem war sie nicht herrisch, sondern behandelte jeden mit Respekt. So wurde sie ebenfalls von allen respektiert. Auch von mir. Ich mochte Angelika. Das beruhte offenbar auf Gegenseitigkeit. Nachdem sie wiederholt dabei gewesen war, als ich ein paar von meinen Freunden Boxtechniken gezeigt hatte, nahm sie mich zur Seite und fragte, ob ich die Jungs im Club nicht regelmäßig trainieren wolle. Sie stellte mir sogar einen eigenen Raum zur Verfügung. Da war alles drin: Hanteln, Sandsack, Boxhandschuhe. Ich ließ mich nicht lange bitten, schlug sofort ein und nahm mir innerlich vor, hier wiedergutzumachen, was ich im Boxclub in der Eisenacher Straße verbockt hatte.

Von da an war das Lasigör mein zweites Wohnzimmer. Ich ging jeden Tag hin, zeigte den Neuköllner und Kreuzberger Jugendlichen, was ich übers Boxen wusste, und brachte meine eigenen Brüder mit. Nach einer Weile führte ich tägliche Trainingskämpfe ein, bei denen die besten Fighter des Clubs gegen mich antreten konnten.

Damit halste ich mir einiges auf. Die Jungs waren heiß aufs Kämpfen. Bald waren vier bis sechs Gegner pro Tag Standard für mich. Gewinnen ließ ich keinen. Wer in den Ring stieg, musste auch verlieren lernen. Aber ich war auch nicht übertrieben hart. Hier ging es ums Kräftemessen, nicht ums Vernichten. So viel hatte ich inzwischen verstanden. Wenn ich heute zurückblicke, sehe ich viel deutlicher als damals, wie gut es mir tat, zum ersten Mal in Deutschland eine feste Aufgabe zu haben, bei der ich mich beweisen und Verantwortung übernehmen konnte. Angelikas Vertrauen und der Respekt, den mir die Jungs im Club entgegenbrachten, halfen dabei, die

Wut etwas zu bändigen, die ich aus meinem Leben im Libanon mitgebracht hatte.

Im Lasigör trafen sich Jugendliche aller möglichen Nationalitäten. Alle verstanden sich, trotzdem waren kleine Streits zwischen Türken und Arabern an der Tagesordnung. Im Club waren sie spaßig und kumpelhaft gemeint, aber sie spiegelten einen realen Konflikt wider. Die ersten Einwanderer, die schon länger in Neukölln lebten, waren größtenteils Türken. Erst seit Anfang der Achtzigerjahre waren zunehmend arabischstämmige Flüchtlinge wie wir in die Gegend rund um Sonnenallee und Karl-Marx-Straße gezogen. Die Folge war, dass einige der alteingesessenen Türken fürchteten, ihre Vormachtstellung im Viertel zu verlieren. Diese Sorge gaben sie an ihre Söhne weiter. So entstand auch unter uns Jüngeren eine unterschwellige Feindseligkeit. Das war eigentlich Quatsch, denn die Türken waren zahlenmäßig noch immer deutlich in der Mehrheit, trotzdem kam es regelmäßig zu kleinen Auseinandersetzungen. Manchmal waren sie auch größer. Und sie machten vorm Lasigör nicht halt.

Einer meiner Boxschüler war Kalil, ein junger Palästinenser. Er war erst 14, sah aber älter aus und hatte eine große Klappe. Ich mochte ihn, er erinnerte mich nicht selten an mich selbst. An einem klaren, kalten Dienstag im Dezember stand ich mit ein paar meiner Jungs auf dem Parkplatz vorm Lasigör in der Sonne.

Aus dem Augenwinkel sah ich Kalil, der aus Richtung Hermannplatz auf den Club zutrottete. Kurz vorm Parkplatz wurde er von einem Trio junger Männer aufgehalten. Diese Männer kannte ich. Es waren drei Jungs, die einer türkischen Gang angehörten, die sich um einen Anführer namens Ayaz scharte und in Neukölln auf dicke Hose machte. An den Discoabenden hingen die Mitglieder oft vorm Lasigör ab, kamen aber nie in den Club, sondern schikanierten nur seine Besucher. Als die Jungs sich Kalil in den Weg stellten, war ich sofort alarmiert. Und als ich merkte, dass sie ihn schubsten, lief ich los. Leider zu spät.

Als ich die vier erreichte, lag Kalil schon mit schmerzverzerrtem Gesicht am Boden und blutete aus dem Mundwinkel, während die Türken ihn mit Tritten bearbeiteten. Diese Arschlöcher! Ich packte den größten von ihnen am Kragen, gab ihm eine Schelle und brüllte: »Was soll das? Drei auf einen? Lasst den in Ruhe, der gehört zu mir!«

Statt einer Antwort bekam ich einen harten Schlag an den Hinterkopf. Er brachte mich kurz ins Taumeln, ließ mich dann aber intuitiv herumwirbeln. Plötzlich sah ich mich einer Mannschaft aus acht, vielleicht neun jungen Kerlen gegenüber. Ich hatte sie nicht kommen sehen, deshalb war ich überrascht. Alles andere als überraschend war dagegen, dass der Trupp von Ayaz angeführt wurde, dem hinterhältigen Boss der Türken-Gang. Er war es gewesen, der mir den Schlag an den Hinterkopf verpasst hatte. Herausfordernd funkelte er mich an und zischte: »Was machst du meine Brüder an? Das hier ist unsere Sache, verschwinde.«

»Nix da. Wenn ihr meinen Freund verprügelt, ist das auch meine Sache«, gab ich zurück. Noch während ich sprach, kamen weitere Typen um die Ecke, die sich hinter Ayaz und seinen Jungs sammelten. Es wurden immer mehr. Verdammt. Wie viele waren das denn? Zwanzig? Dreißig? Meine Hand schnellte zur Innentasche meiner Lederjacke. Ich zog das Klappmesser – eine Geste, die dazu führte, dass auch in der Meute vor mir Klingen gezückt wurden. Jetzt wurde es brenzlig. Kalil lag noch immer am Boden und wand sich vor

Schmerzen. Von ihm hatte ich keine Hilfe zu erwarten. Selbst wenn er sich hochgerafft hätte, wären wir zu zweit nicht gegen die 30-Mann-Truppe angekommen. Aber scheiß drauf! Noch hatte ich das Moment der Überraschung auf meiner Seite. Keiner der Gegner schien damit zu rechnen, dass ich als Einzelkämpfer den ersten Vorstoß wagte. Eher waren die meisten noch selbst damit beschäftigt, eine Position in ihrer spontan formierten Parkplatz-Kampftruppe zu finden. Diese Gemengelage nutzte ich aus. Ich schnellte vor, setzte Ayaz die Klinge meines Messers auf die Brust und boxte ihn vorsichtig aber gezielt zwischen die Rippen, dass ihm die Luft wegblieb. In die kurze Stille danach raunte ich: »Verpisst euch oder es gibt Krieg.«

Das war mutig. Aber auch leichtsinnig. Eine solche Ansage macht man nicht, ohne dass sie Konsequenzen hat. Noch bevor das Wort »Krieg« verklungen war, hatten sich sowohl Ayaz als auch seine Leute gefangen. Sie gingen auf mich los. Das Interesse an Kalil schienen sie verloren zu haben. Zum Glück. Ich war froh, dass mein Freund aus der Gefahrenzone raus war. Allerdings war dafür jetzt ich mittendrin. Geistesgegenwärtig machte ich ein paar Sätze rückwärts, tänzelte vor den 30 Türken hin und her, hielt sie mit der Spitze meines Messers auf Abstand. Das funktionierte für ein paar Sekunden, war aber lediglich ein vorübergehender Zeitgewinn. Schon trafen mich Tritte, und die ersten Messerklingen streiften meine Jacke. Spätestens jetzt zahlte sich die Anschaffung der Motorradkutte aus. Ihr dickes Leder hielt den oberflächlichen Schnitten stand. Die Frage war nur: wie lange? Es sah nicht gut aus für mich. Der Abstand zwischen den Angreifern und mir wurde immer geringer, die Rachsucht von Ayaz und seinen Leuten wuchs spürbar. Sie hätten mit Sicherheit Gehacktes aus mir gemacht, wenn nicht im nächsten Moment ein markerschütternder Schrei über den Parkplatz gedröhnt wäre: *»Schluss mit der Scheiße!«*

Die Stimme, die diesen Ruf ausstieß, ließ von einem Moment auf den anderen alle Kampfhandlungen verstummen. Sie war mir vertraut. Es war Angelikas Stimme. Wie eine Furie, ohne jegliche Angst, warf sie sich zwischen Ayaz, seine Leute und mich und begann zu schimpfen wie ein Kesselflicker: »Seid ihr verrückt geworden? Was habt ihr hier überhaupt zu suchen? Verschwindet, und kommt bloß nicht wieder!«

Das wirkte. Angelikas Autorität reichte im Kiez weit über den Kreis der Lasigör-Stammgäste hinaus. Sie wurde auch von Ayaz und seinen Leuten anerkannt. Ohne Widerstand zogen sie ab. Zwei Minuten später war der Parkplatz wie leer gefegt. Zuerst kümmerten wir uns um Kalil, dann wusch auch ich mir das Blut ab, das aus einer Vielzahl kleiner Schnittwunden an Gesicht und Händen floss. Ob es dabei hätte bleiben können? Vielleicht. Der Konflikt mit Kalil war lediglich die Folge einer Provokation am Straßenrand gewesen. Es gab dazu keine Vorgeschichte, die eine große Fehde gerechtfertigt hätte. Allerdings war die Sache inzwischen nicht mehr allein Kalils Angelegenheit. Nach dem Messerwetzen auf dem Parkplatz war es auch meine.

Bis zum Ende der Woche schaffte ich es, meine Wut runterzuschlucken, aber als am Samstag ein paar von Ayaz' Leuten vorm Parkplatz standen und unsere Leute mit dummen Sprüchen über die Keilerei vom Dienstag piesackten, platzte mir der Kragen. Ohne lange Vorrede nahmen einer meiner Brüder und ich uns den lautesten der Sprücheklopfer vor und schlugen ihn gnadenlos zusammen. Einer seiner Freunde wollte ihm beispringen. Auch ihn schlugen wir kaputt. Danach drehten wir uns wortlos um und ließen die Großmäuler liegen. Mit dem Gefühl, eine Rechnung beglichen zu haben. Aber auch in dem Bewusstsein, dass wir den Streit damit erst richtig angefeuert hatten. Schon vorher war mir klar gewesen, dass der Konflikt zwischen eingesessenen Türken und arabischen Neuankömmlingen irgendwann eskalieren musste. Das war eine unabwendbare Tatsache. Trotzdem hatte ich bis jetzt nicht das Gefühl gehabt, aktiv eingreifen zu müssen. Der Konflikt war lange vor meiner Ankunft in Berlin entstanden, also hatte er zunächst nur indirekt mit mir selbst zu tun. Doch nun war erst einer meiner Brüder und schließlich ich selbst in seinen Fokus geraten. Damit gab es kein Zurück mehr. Wie zuvor bei der Drogenbande an der Lietzenburger Straße ging es nun in Kreuzberg/Neukölln darum, die Stellung meiner Familie und ihren guten Namen zu verteidigen. Dass wir Al-Zeins damit stellvertretend für die gesamte arabische Minderheit kämpften, stand für mich außer Frage. Ich war bereit dazu. Dafür war das Exempel, das wir an diesem Samstag an den zwei Türken statuierten, ein überdeutliches Zeichen.

Am nächsten Tag standen drei Mitglieder aus Ayaz' Gang vorm Lasigör. Sie passten mich ab, um mir eine Botschaft zu überbringen: »Mit den beiden Knock-outs gestern bist du zu weit gegangen, Mahmoud. Entweder du entschuldigst dich bei Ayaz und den beiden Jungs oder es gibt Ärger.«

»Ich entschuldige mich bei niemandem«, regte ich mich auf. »Sagt das eurem Boss.«

Mit dieser Ansage zogen die Boten ab. Drei Tage war Ruhe. Ich dachte schon, Ayaz hätte verstanden, dass er im Unrecht war, als ich am klirrend kalten Nachmittag des folgenden Mittwochs mit Akhi, Ibn-al'amm und vier weiteren Jungs die

Treppe zur U-Bahn-Station Karl-Marx-Straße hinunterturnte, um die Bahn Richtung Hermannplatz zu nehmen. Dann wurde ich nachdrücklich daran erinnert, dass die Türken die Sache nicht vergessen hatten. Am Gleis stand Ayaz mit sechs seiner Leute. Sie schienen nicht nur auf uns gewartet zu haben, sie hatten auch alle Mann ein Messer im Anschlag. Ich stoppte meine Brüder und rief den Herausforderern zu: »Was wollt ihr? Haut ab, ist besser für euch.«

»Nein, Mahmoud«, antwortete Ayaz. »Du hast am Wochenende zwei meiner Jungs zusammengeschlagen. Entschuldige dich.«

»Ich hab deinen Kollegen schon erzählt, was ich dazu zu sagen habe«, blieb ich stur. »Ihr provoziert uns und wolltet Kalil plattmachen. Dafür habt ihr bezahlt. Ich hab keinen Grund, mich zu entschuldigen.«

Das war nicht, was Ayaz hören wollte. Nach diesen Worten brach auf dem Bahnsteig die Hölle los. Auf dem schmalen Steg zwischen den Gleisen entbrannte eine erbitterte Schlacht, deren Schreie wie Donner von den Kachelwänden widerhallte und deren brutale Wucht alles erlaubte, nur keine Gnade. Wir kämpften, als ginge es um unser Leben. Oder besser: bis es um unser Leben ging. Sieben gegen sieben, Mann gegen Mann, hart auf hart wurde ausgeteilt und eingesteckt, bis der gesamte U-Bahn-Tunnel ächzte. Gerade war einer von Ayaz' Leuten auf die U-Bahn-Schienen gestürzt, da schrie einer meiner Jungs auf einmal schrill auf.

Als ich mich zu ihm umdrehte, sah ich, dass in seiner Brust ein Messer steckte. Scheiße! Doch statt ihm helfen zu können, musste ich selbst den nächsten Angriff abwehren. Die ganze Zeit hoffte ich, dass endlich eine U-Bahn kommen würde, in die wir uns zurückziehen konnten, aber es war kein Zug in

Sicht. Der Mann, der auf die Gleise gefallen war, war dafür sicher dankbarer als ich. Panisch rappelte er sich wieder hoch, kletterte zurück auf den Bahnsteig. Jetzt prügelte er schon wieder auf Ibn-al'amm ein. Und wenig später auch auf mich. Noch ein Schlag, noch ein Hieb, noch ein stechender Schmerz … Wie lange konnten wir das noch durchhalten? Die Türken kämpften wie besessen.

Keine Ahnung, wann dem Kampf die Puste ausging oder wie wir es schafften, uns zu sammeln, aber nach einer gefühlten Ewigkeit ununterbrochener Schreie und Schläge sprinteten wir alle sieben die U-Bahn-Treppe hinauf, die wir noch vor wenigen Minuten völlig entspannt heruntergekommen waren. Jetzt waren wir kopflos, atemlos, nahmen zwei Stufen auf einmal. Sogar unser Bruder, dem vor Kurzem das Messer in der Brust gesteckt hatte, rannte. Raus aus dem Tunnel, rüber über die Fahrbahn, vorbei an Woolworth, rein in die Uthmannstraße, eine schmale Gasse, die von der Karl-Marx-Straße abzweigte. Im erstbesten Hinterhof verschnauften wir hinter einer Reihe Mülltonnen. Erst dann kamen wir zu uns und realisierten, was passiert war. Der Boden war vereist, es hatte angefangen zu schneien. Während auf der Karl-Marx-Straße Polizeisirenen heulten, verbanden wir die Stichwunde unseres beinahe abgestochenen Bruders mit einem provisorischen Druckverband aus Klamotten. Ich weiß noch, wie blass er war. Und wie sein Blut den Schnee rot färbte. Aber er blieb bei Bewusstsein, und die Blutung ließ mit der Zeit nach. Als nach einer Stunde alles wieder ruhig war, rafften wir uns hoch und brachten ihn ins Krankenhaus. Das Messer hatte keine lebenswichtigen Organe getroffen. Er hatte noch mal Glück gehabt. Wir anderen, die nur mit ein paar Schrammen davongekommen waren, sowieso.

So erbittert die Schlacht in der U-Bahn-Station gewesen war, Klarheit hatte sie nicht gebracht. Weder war ein eindeutiger Sieger aus ihr hervorgegangen, noch hatte eine von beiden Seiten bekommen, was sie wollte. Für mich war klar: Der Kampf zwischen den Türken und uns würde weitergehen. Das tat er auch. Allerdings völlig anders, als ich erwartet hätte.

Als ich einen Tag später im Lasigör ankam, wurde ich von Kalil schon ungeduldig erwartet. Er war hibbelig und nervös, wollte mich unter vier Augen sprechen und zerrte mich förmlich in den Trainingsraum. Dann platzte es aus ihm heraus: »Gut, dass du erst jetzt kommst, Mahmoud. Ayaz' Gang macht jetzt richtig Ärger. Die waren vor einer Stunde mit 25 Leuten hier und haben nach dir gefragt.«

»Haben sie was ausgerichtet?«

»Nicht viel. Nur: ›Sag Mahmoud, dass Ayaz ihn fertigmacht.‹«

»Und wo sind sie danach hingegangen?«

Kalil zuckte die Schultern: »Keine Ahnung. Hermannplatz oder Karl-Marx-Straße runter.«

Mehr musste ich nicht hören. Ich rannte los. Raus aus dem Trainingsraum, auf Instinkt in die Richtung, die Kalil beschrieben hatte. Neukölln war damals grau, verwinkelt und besonders im Winter ziemlich düster, aber wenn man sich auskannte, war es nicht schwer, im Straßenlabyrinth zwischen Hasenheide und dem damals verrammelten S-Bahnhof Sonnenallee die Treffpunkte zu finden, an denen die Jugendlichen des Viertels abhingen – das Rathaus, den Bolzplatz an der Anzengruberstraße, den Karl-Marx-Platz, das Maybachufer ... In diesem Fall war es der Brunnen am Reuterplatz, wo ich auf eine Ansammlung von Typen stieß, die ich sofort als Ayaz'

Gang wiedererkannte. Ich sprintete auf sie zu und rief ihnen noch im Laufen entgegen: »Ich hab gehört, ihr sucht mich?«

Zu meiner Verwunderung schienen sie überrascht zu sein, mich zu sehen. Keiner wollte sich als Überbringer von Ayaz' Nachricht zu erkennen geben, niemand schien zu wissen, wo ihr Anführer sich im Moment aufhielt. Als sie anfingen, sich in sinnlosen Spekulationen und Schuldzuweisungen zu verlieren, machte ich ihrem Gerede ein Ende: »Passt auf. Irgendwer von euch hat Kalil gesagt, Ayaz will mich fertigmachen. Spielt keine Rolle, wer die Ansage gemacht hat. Hier bin ich.«

Ich wartete, aber ohne ihren Anführer war keins der Gang-Mitglieder mutig genug, etwas zu erwidern. So hinterließ eben diesmal ich eine Nachricht für Ayaz: »Richtet eurem Chef aus, dass ich bereit bin. Er weiß, wo er mich findet. Aber er soll meine Leute aus der Sache raushalten. Wir machen das unter uns aus, wann immer er will. Sagt ihm das.«

Nach dieser Ansprache machte ich kehrt, ging zurück zum Lasigör und verschanzte mich im Boxraum. In Erwartung des Kampfes mit Ayaz trainierte ich jetzt noch besessener als sonst. Jeden Augenblick rechnete ich damit, dass einer seiner Leute kommen würde, um mir mitzuteilen, wann und wo das Gefecht stattfinden sollte. So verging ein Tag. Und noch einer. Und schließlich eine Woche. Nichts passierte. Von der Gang kam keine Antwort, keine Herausforderung, nicht mal weitere Drohungen oder Provokationen. Stattdessen kam der Postbote. In der Potsdamer Straße flatterte mir eine gerichtliche Vorladung von der Staatsanwaltschaft ins Haus. Ein Mitbewohner, der gut Deutsch gelernt hatte, übersetzte das Schreiben für mich. Ich wurde darin der gefährlichen Körperverletzung bei einer Schlägerei in der U-Bahn-Station Karl-Marx-Straße angeklagt. Sofort rief ich Akhi und meinen Cousin an. Sie hatten das gleiche Schreiben bekommen. Die vier Jungs, die mit uns dort gewesen, aber keine Al-Zeins waren, hatte die Staatsanwaltschaft dagegen verschont.

Die Anklage war eine unbequeme Wendung, mit der ich nicht gerechnet hatte. Wie gesagt, war es bei Straßen-Gangs, gerade unter Einwanderern, verrufen, Gegner bei der Polizei anzuzeigen. Das war gegen die Ehre. Wir regelten die Dinge intern auf unsere Weise. Dafür brauchten wir die deutschen Behörden nicht, lehnten ihre Einmischungen sogar bewusst ab. Ich musste Ayaz nicht mögen oder schätzen, um zu wissen, dass er das genauso sah. Irgendwas war schiefgelaufen. Nachdem ich die Vorladung bekommen hatte, hörte ich mich unter meinen türkischen Freunden in Neukölln um, versuchte, mehr über die Hintergründe der Anzeige zu erfahren. Das Herumfragen war mühsam. Keiner wusste etwas Genaues, erst nach und nach setzten sich einzelne Gerüchte zu einem stimmigen Gesamtbild zusammen: Beim Kampf an der Karl-Marx-Straße war einer von Ayaz' Leuten lebensgefährlich verletzt worden und hatte später im Krankenhaus seine Milz verloren. Seine Leute waren bei ihm geblieben, bis der Notarzt gekommen war. Logisch, dass sie danach der Polizei Rede und Antwort stehen mussten. Die Beamten hatten jeden Einzelnen ausgefragt und waren dabei wohl überaus gründlich gewesen. Wahrscheinlich erhofften sie sich Auskünfte über den vorliegenden Fall hinaus. Bandenkriege waren bei den Neuköllner Behörden auch in den Achtzigern schon ein heikles Thema. Den Rest konnte ich mir selbst zusammenreimen: Bei sieben Jugendlichen sagt jeder irgendwas, selbst wenn keiner was sagen will. Infolge der bohrenden Fragen der Beamten werden bei solchen Verhören freiwillig oder unfreiwillig irgendwann Namen ausgeplaudert. Wenn sie denn geläufig sind. Auf der

Straße war der Name Al-Zein geläufig. Dafür hatte ich in meinen schlagkräftigen Berliner Anfangsmonaten gesorgt. Durch die Schlacht in der U-Bahn wurde mir meine hart erkämpfte Bekanntheit also zum ersten Mal zum Verhängnis.

Mein erster Prozess folgte ein paar Monate später. Zu meiner Erleichterung musste ich nicht allein vor Gericht erscheinen. Akhi und Ibn-al'amm waren ja auch angeklagt. Trotzdem war die Verhandlung eine völlig unwirkliche Erfahrung. Da redeten irgendwelche Leute in komischen Anzügen ohne Punkt und Komma über uns und das, was wir angeblich getan oder nicht getan hatten, aber ich verstand kein Wort. Es gab zwar einen Dolmetscher, der uns direkte Fragen und Teile des Geschehens vom Deutschen ins Arabische übersetzte, aber im Großen und Ganzen rauschte der Prozess an mir vorbei, ohne dass ich irgendwas behielt oder begriff. Sagen sollten wir sowieso nichts. Das hatte uns der Pflichtverteidiger vorher mithilfe des Dolmetschers eingebläut. Am Ende der Beweisaufnahme wollte der Richter wissen: »Haben Sie Fragen? Wollen Sie sich zu den Anschuldigungen äußern?«

Nachdem die Frage übersetzt worden war, schüttelten wir alle drei den Kopf. Damit war das Ding gelaufen. Wenig später wurde das Urteil verkündet: ein Jahr Knast auf drei Jahre Bewährung. Für jeden von uns. Der Dolmetscher musste uns erst mal erklären, was es mit der Bewährung auf sich hatte. Dass sie bedeutete, dass die einjährige Haftstrafe nicht vollstreckt wurde, wir also erst mal auf freiem Fuß blieben, uns dafür aber für die Dauer der Bewährung nichts zuschulden kommen lassen durften. Sprich: innerhalb der nächsten drei Jahre keine erneuten Anklagen und keine erneuten Verurteilungen. Da wir nicht vorhatten, der Polizei weitere Erfolgserlebnisse zu bescheren, klang das für uns wie eine Binsenweisheit und das Urteil nach einem Ticket zurück in die Freiheit. In gewisser Weise stimmte das auch. Aber das war nur eine Seite der Medaille. Dass Freiheit auf Bewährung ein Tanz auf dem Vulkan ist, wurde mir erst in den folgenden Monaten bewusst. Jetzt war Schluss mit behördlicher Anonymität. Mein Katz-und-Maus-Spiel mit der deutschen Staatsmacht hatte begonnen.

Auf der Flucht

Bewährung hin oder her, das Leben ging weiter – im Wohnheim, wo meine Frau inzwischen unser zweites Kind aufzog, im Lasigör, wo ich weiter den Jungs das Boxen beibrachte, auch in der City West, wo wir nach wie vor Präsenz zeigten. Unser Status verschob sich im Laufe der Zeit immer mehr von der Straßenbande zur Straßen-Security. Die Al-Zeins waren nicht mehr die Neuen am Ku'damm, die sich erst beweisen mussten. Alle etablierten Gruppen wussten, dass man sich mit uns besser nicht anlegte, und stellten sich mit uns gut. Statt Streit zu suchen, fragten sie uns jetzt eher um Rat, wenn sie selbst Ärger hatten. Oder wir schlossen uns zusammen, wenn mal wieder ein paar Querschläger das Gleichgewicht aus Respekt und Vertrauen zu unterwandern versuchten. Auf diese Weise hielten wir nicht nur unsere eigene Ordnung in der City West am Laufen, wir bauten auch unsere Möglichkeiten aus, Geld zu verdienen.

Zwar hatten wir keine eigenen Läden, aber wir waren an allen möglichen Geschäften indirekt beteiligt. Hier ein gezieltes Durchgreifen in einer Bandenfehde, da eine Aufräumaktion in einem Club, Zigaretten-Deals, Security … Wir machten alles Mögliche. Und wir machten es zuverlässig und effektiv. Das sprach sich rum, also wurden wir bald nicht mehr nur von Bekannten um Hilfe gebeten, sondern auch von Geschäftsleuten. Ich kam nicht jeder dieser Bitten nach. Gerade bei Streitereien schritt ich nur für Leute ein, die meiner Meinung nach im Recht waren. Um das beurteilen zu können, hörte ich mir nicht nur ihre eigene Version der Geschehnisse an, sondern forschte nach, erkundigte mich über die Vergangenheit von Auftraggeber und Gegner, verfolgte den Streit zu seinen Ursprüngen zurück. Gezielt beigebracht hatte mir das niemand, eher hatte ich es mir im Laufe der Jahre bei meinen Vorbildern – Al-Ammu, meinem Vater, meinem Großvater – abgeguckt. An deren Gewissenhaftigkeit und besonnenem Auftreten nahm ich mir ein Beispiel und ließ mich ansonsten von meinen eigenen Prinzipien und meinem Gerechtigkeitsgefühl leiten. Das funktionierte gut. Ich machte meine Sache ordentlich. Menschen, die durchs Raster des staatlichen Rechtssystems fielen oder ihm nicht vertrauten, fühlten sich von mir erhört, verstanden und bekamen, wenn nötig, tatkräftige Hilfe. Das schätzten sie. Und ich schätzte ihr Vertrauen. Es war ein Geben und Nehmen.

Reich wurden wir mit den Gefälligkeiten und Gelegenheitsjobs nicht, aber wir kamen klar. Wenn Geld übrig war, stürmten wir nachts die Casinos an der Lietzenburger, spielten Poker, Seven Eleven und so weiter. Dabei fiel immer mal wieder ein Gewinn ab. Außerdem lernten wir interessante Leute kennen. In den Achtzigern gab es in der Szene rund um den Ku'damm viele schillernde Gestalten. Es war die Zeit legendärer Promi-Diskotheken wie *Dschungel, Big Eden* und *Metropol.* Ich selbst ging kaum in diese Läden, das Nachtleben war nicht meine Welt. Noch nicht. Trotzdem kam ich mit einigen Machern und Lichtgestalten in Kontakt. Da war zum Beispiel

Panayote Pontikas. Wir nannten ihn immer »den Griechen«, obwohl er schon seit über zwanzig Jahren in Deutschland lebte. Als Besitzer des *Flashdance,* des *Big Apple* und des *Linientreu* war er einer der unangefochtenen Disco-Götter der City West. Aber er war auf dem Teppich geblieben. Ich schätzte ihn als bodenständigen Typ und konsequenten Geschäftsmann. Wir freundeten uns an. Schon bald sollten wir große Geschäfte miteinander machen, aber so weit war es noch nicht.

Auch Abdul M., der sich später als Security-König von Berlin einen Namen machte und bis heute Prominenten aus aller Welt Schutz bietet, lernte ich in dieser Zeit kennen. Er war quasi einer von uns. Ein junger Bursche mit stechendem Blick und breitem Kreuz, der sich mit Kampfsport und Gelegenheitsjobs durchschlug und wie ich seinen Platz in der Westberliner Gesellschaft suchte. Wir waren etwa gleich alt und beide von den Erlebnissen im Libanon geprägt. Abdul war bereits in den Siebzigern als Zwölfjähriger mit seiner Mutter und seinen Geschwistern aus Beirut geflohen, hatte aber noch genug miterlebt, um die Erfahrungen des Bürgerkriegs tief in sich zu tragen. Wir sprachen auch abseits des Arabischen die gleiche Sprache. Die Sprache der Straße. Oft fragten wir uns gegenseitig um Rat. An seinem Durchbruch als Berlins Nummer eins in Sachen Security sollte ich mich später, Anfang der Neunziger, noch aktiv beteiligen. Fakt ist, dass in diesen frühen Jahren des Suchens und Findens, ohne dass es mir bewusst war, viele Weichen gestellt wurden – im Guten wie im Schlechten.

Während in der City West vorübergehend Frieden herrschte, riss der Ärger in Neukölln nicht ab. Mit Ayaz und seinen Leuten herrschte seit der Anzeige Funkstille, dafür kam Seyed: noch ein Türke, der auf Krawall gebürstet war. Wegen seiner unkontrollierten Gewaltausbrüche und seiner Aggressivität hatte Seyed einen miserablen Ruf im Kiez. Jeden, der ihn nur mit einem Blick streifte, pöbelte er an, jeder, der ihn ansprach, wurde attackiert. Es ging sogar das Gerücht, dass er wegen seiner rasenden Eifersucht seine Freundin verprügelte. Gewalt gegen Frauen geht nicht und wird von mir und meiner Familie damals wie heute nicht toleriert. Demzufolge waren wir nicht begeistert, als Seyed eines Tages im Lasigör auf der Matte stand und »bei uns mitmachen« wollte. Seine Vorstellungen davon waren allerdings beschränkt.

»Hey, was los? Ihr boxt hier doch. Lasst mich mal in den Ring, ich zeig euch, wie man das macht.«

Weil keiner der anderen gegen ihn kämpfen wollte, musste mal wieder ich ran. Sollte mir recht sein. Ein Kampf war eine gute Möglichkeit, den Neuankömmling in seine Schranken zu weisen. Ich akzeptierte sogar seinen Vorschlag, ohne Handschuhe zu boxen. Für die Lasigör-Stammgäste hatte das Duell einen ähnlichen Stellenwert wie damals mein Kampf mit Igor in der Eisenacher Straße. Alle waren gespannt und wollten zugucken, wie ich das Großmaul fertigmachte. Sie bekamen ihren Willen. Seyed boxte zwar hart und aggressiv und konnte seinerseits eine Menge einstecken, aber am Ende war er mir taktisch unterlegen und ging k. o. Er hätte den Kampf als Lektion sehen können, als kleine Erinnerung daran, dass es im Lasigör nicht auf eine große Schnauze ankam, sondern auf Charakter, wozu allerdings auch gehörte, dass man Niederlagen aushalten musste. Niederlagen sind keine Schande, wenn man sie akzeptiert und in Würde mit ihnen umgeht. Leider können das oft gerade diejenigen nicht, die es können müssten. Damit meine ich Leute, die ständig eine dicke Lippe riskieren, sich größer machen, als sie sind, und kein Gespür für das Ausmaß von Gefahrensituationen oder die Kampfkraft ihrer Gegner haben. Auf der Straße passierte das anfangs auch mir. Aber beim Boxen nicht. Dank meiner guten Ausbildung in der Eisenacher Straße erkannte ich inzwischen schon an der Körperhaltung und der Art, wie ein Kämpfer in den Ring stieg, wie viel Erfahrung, Kraft und Mut er mitbrachte, ob er ein Taktiker oder ein Offensivboxer war. Auf solchen Faktoren basierten meine eigenen Kampfmethoden. Dank dieser Umsichtigkeit ging ich im Lasigör wirklich nie k. o. Wäre es allerdings doch passiert, hätte ich es ohne Widerstand hingenommen. Wie ein Mann hätte ich dem Sieger die Hand geschüttelt und seine Überlegenheit akzeptiert. Anschließend wäre ich im Trainingsraum verschwunden und hätte so lange geschuftet, bis ich mich meinem Bezwinger doch noch gewachsen fühlte. Erst dann hätte ich ihn erneut herausgefordert. So viel Geduld hatte Seyed nicht. Nach seiner Niederlage im Lasigör-Ring war sein Interesse am Club nicht nur von einem Moment zum nächsten erloschen, er erklärte mir auch in einem unkontrollierten Wortschwall aus Beschimpfungen und Drohungen den Krieg.

»Du willst eine Revanche?«, fragte ich. »Okay, ich bin bereit, lass uns loslegen.«

Doch ich hatte die Aussage missverstanden. Seyeds Kriegserklärung bezog sich nicht aufs Boxen, sondern auf mich als Person. Auf mein »Lass uns loslegen« reagierte er mit einem weiteren Wutausbruch voller respektloser Verwünschungen, der zwar ohne Handgreiflichkeiten auskam, in dem aber jeder zweite Satz »Jetzt gibt's Krieg« lautete und jeder dritte »Ich mach dich kalt«. Auch diese Unfähigkeit, das Sportliche vom Privaten zu trennen, war ein Ausdruck mangelnder Souveränität im Umgang mit Kampfhandlungen. Da ich das wusste, hätte ich vielleicht drüberstehen müssen, aber irgendwann wurde es mir zu blöd.

»Okay, Seyed, du willst Krieg, also bekommst du Krieg«, brüllte ich selbst drauflos. »Sammle deine Leute und komm morgen wieder. Dann kämpfen wir – du und deine Jungs gegen mich und meine. Draußen auf dem Parkplatz. Und jetzt verpiss dich aus unserem Club.«

Zugegeben: Damit hatte ich selbst den Mund sehr voll genommen. Nachdem Seyed wutschnaubend abgezischt war, traf mich eine lange Reihe skeptischer Blicke. Die wenigsten Lasigör-Leute wollten sich an einem Kampf gegen den aggressiven Türken beteiligen. So schlecht sein Ruf auch war, es war davon auszugehen, dass er mit einer großen Mannschaft wiederkommen würde. Nicht zuletzt deshalb, weil dieser Kampf ein Zeichen im Neuköllner Krieg zwischen Türken und Arabern setzen konnte, der infolge des abgebrochenen Schlagabtausches mit Ayaz nach wie vor ungeklärt war. Ich verstand die Skrupel meiner Leute, aber ein Rückzieher stand für mich nicht zur Debatte. Es war mir auch egal, wenn der Kampf zum Fiasko wurde. Nach Seyeds Schwall unwürdiger Beleidigungen, wollte wenigstens ich diesem Streit mit Anstand und Würde ein Ende setzen. Und sei es für den Preis, dass ich dabei unterging. So kam es zu jenem Showdown, über den die *B.Z.* zwei Tage später titelte: »200 Türken treten gegen 20 Araber an«.

So war es tatsächlich. Während ich zum verabredeten Zeitpunkt nur meine mutigsten Leute hinter mir hatte, enterte Seyed mit einer gewaltigen türkisch-kurdischen Armee den Parkplatz. Allerdings schrumpfte sie sehr schnell. Da wir mit einer großen Truppenstärke aufseiten der Gegner gerechnet hatten, waren wir bewaffnet. Und zwar nicht nur mit Messern, sondern auch mit Äxten, Macheten und Holzknüppeln. Ein Großteil der Gegner ergriff sofort die Flucht, als sie die Waffen sahen. Sie waren auf Karate oder eine deftige Massenschlägerei eingestellt, nicht auf ein Gefecht mit einer bewaffneten Einheit. Letztendlich passierte gar nicht viel. Es wurde mehr gebrüllt und gerangelt als gekämpft. Trotzdem sorgte der Vorfall für jede Menge Aufsehen. In den umliegenden Häusern sammelten sich die Leute an den Fenstern, Passanten blieben mit offenen Mündern vorm Parkplatz stehen, schon nach wenigen Minuten rückte die Polizei an. Der Klang der Sirenen war eine unbequeme Erinnerung an meine Bewährungsstrafe. Aber weglaufen konnte ich in dieser Situation nicht. Ich war schließlich einer der Hauptakteure in diesem Krieg.

Als die Polizeiautos mit Blaulicht auf den Parkplatz brausten, waren von den rund 220 Kämpfern nicht mehr viele übrig. Aber die, die geblieben waren, mussten ihre Personalien angeben. Zu denen gehörte leider auch ich. Ob daraus sofort eine Anzeige wegen Beteiligung an einer Schlägerei abgeleitet wurde oder es später jemanden gab, der mich wegen Körperverletzung anzeigte, weiß ich nicht mehr. Ich weiß nur, dass meine Bewährung danach verwirkt war und ich von diesem Tag an mit einem Bein im Knast stand. Ein Antrag auf Haftverschiebung, den ich mit der Begründung stellte, dass meine Frau wieder schwanger war, wurde zurückgewiesen. Nach der Absage hätte ich mich wohl selbst bei der Polizei melden müssen. Tat ich aber nicht. Ich hatte keinen Bock auf Gefängnis, also versuchte ich, mich einer Ergreifung durch die Behörden zu entziehen. Das hieß im Klartext: Ich war ständig auf der Flucht. Wenn ich auf der Straße unterwegs war, achtete ich darauf, dass ich nicht aus Achtlosigkeit Polizisten in die Arme lief; wenn ich in der Potsdamer Straße war, musste ich ständig damit rechnen, dass sie mich abholen kamen. Anfangs riefen sie immer beim Wachschutz im Wohnheim an, um zu fragen, ob ich zu Hause war. Da ich mich mit den Pförtnern gut verstand, wimmelten die solche Anrufe meist für mich ab. Auf Dauer zog diese Masche aber nicht. Irgendwann kamen die Beamten unangekündigt persönlich im Wohnheim vorbei und klopften unvermittelt bei uns. Mit so was rechnete ich, also war ich vorsichtig. Dreimal verpassten sie mich. Doch beim vierten Mal trafen sie ins Schwarze.

An einem Dienstag um 7 Uhr morgens hämmerte es plötzlich wie ein Donnerwetter gegen unsere Wohnungstür. Wir waren gerade erst aufgestanden, ich war noch in Shorts. Meine Frau wollte schon die Tür öffnen, doch ich hielt sie zurück und legte den Zeigefinger an die Lippen. Sie verstand auf der Stelle. Meine Familie wusste natürlich, dass die Polizei mir auf den Fersen war. Aber, verdammt, jetzt standen sie draußen im Flur. Ich überlegte noch, wie ich es meiner Frau und unseren Kindern ersparen konnte, mit ansehen zu müssen, wie ich festgenommen wurde, da klang schon der Ruf »Polizei! Sofort aufmachen!« durch die Tür. Meine Frau sah mich fragend an. In einer Kurzschlussreaktion rannte ich ins Badezimmer und bat sie im Flüsterton, die Wohnungstür so lange geschlossen zu halten wie nur irgend möglich. Ihren entgeisterten Blick in diesem Moment werde ich nie vergessen. Er war nachvollziehbar, denn eigentlich war die Lage aussichtslos. Wir wohnten im zweiten Stock, also kam ein Sprung aus dem Fenster nicht infrage. Es gab weder einen Balkon noch eine Feuerleiter und, um ein vernünftiges Versteck zu bieten, war unsere Wohnung zu klein. Das Bad sowieso. Aber ich hatte einen Plan. Oder eher: eine letzte kleine Hoffnung, an die ich mich trotz der verfahrenen Situation klammerte. Ich schlug die Badezimmertür hinter mir zu, schloss ab, öffnete das schmale Fenster über der Toilette und schwang mich aufs Fensterbrett. Für den Bruchteil einer Sekunde zögerte ich. Dann meinte ich hinter mir in der Wohnung ein Poltern zu hören. Hatten die Beamten schon die Haustür eingetreten? Egal. Jetzt zählte nur noch Action. Und Hoffnung. Und meine akrobatische Begabung.

Unser Badezimmer grenzte direkt an den Hausflur, in dem jetzt die Polizisten standen und drauf und dran waren, die Tür einzutreten. Auf der gegenüberliegenden Seite des Flurs lag die Nachbarwohnung. Dort lebte Jacob, mein weiser Freund, mit seiner Frau und seinen Kindern. Ihre Wohnung war genauso geschnitten wie unsere. Nur spiegelverkehrt. Zwischen unseren Badezimmerfenstern lag also genau eine Flurbreite. Das war nicht viel. Wenn man sich allerdings an der senkrechten Hauswand von einem Fenster zum nächsten hangeln wollte, war es dann doch eine ganze Ecke – und genau das war mein Plan. Was blieb mir übrig? Entweder ich sah tatenlos dabei zu, wie die Polizisten die Badezimmertür eintraten und mich vom Fensterbrett zurück in die Wohnung zerrten, um mich anschließend in den Knast zu stecken, oder ich ging aufs Ganze wie immer. Also los. Die Luft war schneidend kalt, als ich mich durch das Klofenster ins Freie schob. Von hier draußen sah der Weg nach unten noch ein ganzes Stück weiter aus als vorher. Ich zwang mich, nicht daran zu denken. Mit der rechten Hand hielt ich mich am Fensterrahmen fest, streckte das linke Bein Richtung gegenüberliegendes Fensterbrett aus und schob mich im Spagat an der Hauswand entlang. Zuerst erreichte ich mit dem linken Fuß das Fensterbrett von Jacobs Badezimmer, dann mit der Hand den Fensterrahmen. Mit aller Kraft stieß ich mich mit dem rechten Fuß von meinem Ausgangspunkt ab und … kletterte mit einem Schwung ins

Badezimmer der Nachbarwohnung. Das war's. Bevor ich wirklich realisieren konnte, was ich getan hatte, war das Klettermanöver schon in die Tat umgesetzt. Mein Plan war geglückt. Die Gefahr gebannt. Ich konnte es selbst kaum fassen.

Da stand ich. Mit zitternden Knien, im vollendeten Adrenalinrausch, morgens um 7 Uhr im Badezimmer meiner Nachbarn, während meine eigenen vier Wände gerade gestürmt wurden. Das war schon absurd. Vorsichtig schlich ich in den Flur. Dort traf ich auf Jacob. Er staunte nicht schlecht darüber, dass ich auf einmal in seiner Wohnung stand.

»Bruder, wie kommst du denn hier rein?«, stammelte mein Freund. Ich machte nur »Psst« und flüsterte, dass er ruhig sein sollte. Dann schlichen wir zur Wohnungstür. Da sie keinen Spion hatte, legten wir die Ohren an die Tür und horchten, was auf der anderen Seite des Hausflurs passierte. Aber außer dumpfem Gepolter und aufgeregtem Stimmengewirr konnte man nicht viel hören. So verließen wir den Horchposten und taten das, was wir immer taten. Nachdem Jacob mir einen Morgenmantel gebracht hatte, kochte er Kaffee, setzte sich mit mir an den Küchentisch, und wir redeten. Er kam gar nicht darüber hinweg, dass ich mich an der Hauswand entlanggehangelt hatte. Auch Karim und die anderen Kinder bekamen große Augen, als sie die Geschichte hörten. Immer wieder fiel der Satz: »Du hättest abstürzen können.«

Das stimmte. Aber ich war nicht abgestürzt. Also lachten wir über den Vorfall, tranken unseren Kaffee und warteten darauf, dass die Polizei wieder abzog. Eine Stunde später war die Razzia vorbei und die Luft wieder rein. Ich konnte zurück zu meiner Frau. Als ich vor ihr stand, sah sie mich ungläubig an und brach fast in Tränen aus. Nachdem die Polizei ins Badezimmer gestürmt war und sie das offene Fenster gesehen hatte, war sie außer sich gewesen vor Sorge. Sie dachte, ich wäre aus dem Fenster gesprungen und würde nun mit gebrochenen Beinen irgendwo durchs Gebüsch kriechen. Als sie erfuhr, was ich wirklich getan hatte, rief sie nur: »Ach, du bist völlig verrückt.«

Diesen Ruf stieß sie oft aus in jenen Jahren. Egal ob ich mal wieder verwundet nach Hause kam oder über riskante Jobs und das wilde Leben auf der Straße erzählte, stets reagierte meine Frau mit ihrem halb sorgenvollen, halb zärtlichen »Du bist doch verrückt«. Damals lächelte ich darüber. Heute weiß ich: Sie hatte recht. Sie war viel klüger als ich. So wie Frauen oft klüger sind als ihre Männer. Dass sie es trotzdem mit uns aushalten, ist nur ein Zeichen ihrer großen Stärke.

Dem Knast war ich also mal wieder entgangen, aber lange hielt meine Glückssträhne nicht mehr an. Kurz nach dem Klettermanöver bekam ich die Nachricht, dass Al-Ammu in Nordrhein-Westfalen einen Unfall gehabt hatte und im Krankenhaus lag. Ich beschloss, ihn zu besuchen. Grundsätzlich bedeutete die Duldung zwar, dass ich Berlin nicht verlassen durfte, aber es gab Ausnahmen. Für wichtige Familienangelegenheiten konnte man bei der Ausländerbehörde relativ unkompliziert eine Genehmigung beantragen, die Kurzausflüge in die BRD erlaubte. Der Krankenhausaufenthalt meines Onkels war ein schlüssiger Grund für so einen Antrag. Er wurde durchgewunken. Für mich war die Reise auch eine gute Möglichkeit, mich aus dem Blickfeld der Berliner Polizei herauszubewegen. So dachte ich es mir damals zumindest. Doch damit dachte ich nicht weit genug. Dass ich mich während des Aufenthalts in Nordrhein-Westfalen ausgerechnet mit einem Bekannten traf, der ebenfalls seine Bewährung verbockt hatte, sollte mir zum Verhängnis werden. Wir trafen uns in Al-Ammus Wohnung, um irgendwas zu besprechen. Ich erinnere mich nicht mal mehr, worum es ging, aber das Ende vom Lied war, dass der Bekannte kurz danach auf dem Weg zum Flughafen von der Polizei geschnappt wurde und ins Gefängnis kam. Im Zuge seiner Verhaftung kam zur Sprache, dass er mich getroffen hatte. Da schrillten wohl auch bei der nordrhein-westfälischen Polizei die Alarmglocken. Sie zählten eins und eins zusammen und statteten mir in der Wohnung meines Onkels einen unerwarteten Besuch ab. Diesmal war ich nicht vorbereitet, und es gab kein Badezimmerfenster, durch das ich hätte flüchten können. Das Katz-und-Maus-Spiel mit der Polizei war gelaufen. Zum ersten Mal hatte ich es eindeutig verloren – und wanderte in den Knast.

Hinter Gittern

Achtzehn Monate – so lange dauerte mein erster Gefängnisaufenthalt, der mich von der nordrhein-westfälischen Landeshauptstadt Düsseldorf über Wuppertal nach Berlin und wieder nach Düsseldorf führte. Aber eins nach dem anderen: Neben den zwölf Monaten, die zur Bewährung ausgesetzt gewesen waren, wurden sechs weitere für die Schlägerei mit Seyed plus ein paar weiterer Delikte draufgeschlagen, darunter ein »räuberischer Diebstahl«, an dem ich persönlich gar nicht beteiligt gewesen war. Derartige Bestrafungen für Mitwisserschaft sollte die Justiz noch häufig gegen mich verwenden. Hier war es das erste Mal. Zunächst protestierte ich, aber der Pflichtverteidiger meinte, anderthalb Jahre wären in meinem Fall ein fairer Deal. Das musste ich wohl oder übel glauben. Was wusste ich schon vom deutschen Rechtssystem? Der Rest waren Schlüsselrasseln, eine Einzelzelle in der JVA Düsseldorf, scheußliches Essen und zwei Stunden Hofgang pro Tag. Viel mehr passierte in den ersten zwei Monaten nicht. Nach Jahren voller Action, Übermut und Tempo war ich erstmals komplett ausgebremst.

In den langen stillen Stunden auf der Zelle kreisten meine Gedanken in der ersten Zeit ausschließlich um meine Familie.

Meine Frau saß mit unseren drei Kindern 600 Kilometer entfernt in Berlin. Sie war zwar darüber informiert, dass ich verhaftet worden war, aber Besuche waren über die weite Entfernung nicht möglich. Würde sie ohne meine Hilfe zurechtkommen? Ich beruhigte mich damit, dass sie im Wohnheim auf die Unterstützung von Jacob und den anderen Nachbarn zählen konnte. Auch Akhi, Ibn-al'amm und meine anderen Brüder würden ein Auge auf sie haben. Sie kümmerten sich darüber hinaus um die Abwicklung von Geschäften, die ich nicht mehr selbst zu Ende bringen konnte, und um die Ordnung in unseren Revieren auf der Straße. Und natürlich um das Boxtraining im Lasigör. Ich wusste, ich konnte mich auf sie verlassen.

So stellte sich nach ein paar Tagen in Haft eine gewisse Gelassenheit ein. Zwar war ich nach wie vor unruhig und wusste nicht, wohin mit meiner an die Kette gelegten Energie, aber ich fing an, meine Situation zu akzeptieren, mich nicht mehr innerlich gegen sie zu wehren. Wenn du im Knast sitzt, schrumpft das Leben nicht nur auf die Größe deiner Zelle zusammen, sondern du wirst auch in einer Direktheit mit dir selbst konfrontiert, die draußen nie möglich wäre. Für mich war das schon o. k. – während andere an der Isolation zerbrachen, hatte die Zwangspause für mich einen ganz anderen Effekt. Mit der Zeit kam ich zur Ruhe und ließ meinen Gedanken freien Lauf. Sie schweiften zunehmend von Berlin, meiner Familie und den Geschehnissen der letzten Wochen in die fernere Vergangenheit. In meinen Träumen tauchten auf einmal wieder Eindrücke aus dem Krieg im Libanon auf, Erinnerungen, die ich vergessen geglaubt hatte, drängten an die Oberfläche. Bilder von Flugraketen überm Nachthimmel von Beirut, von Milizionären, die mit Äxten und Gewehren auf wehrlose Menschen losgingen, von Nachbarn und Freunden, die damals von einem Tag auf den anderen aus meinem Leben verschwunden waren. Manchmal kamen zwischen den Kampfhandlungen auch friedliche, vordergründig banale Anekdoten aus dem Alltag hoch. Wie wir in der Holzfabrik meines Vaters aus Brettern und Nägeln Obstkisten zusammenzimmerten, die wir anschließend verkauften. Wie ich mit Freunden am Strand Party machte. Wie ich auf unserer Hochzeit mit meiner Frau und meiner Familie bis zum Morgengrauen tanzend im Rausch arabischer, kurdischer und türkischer Klänge taumelte.

All das schien jetzt sehr weit weg und unendlich lange her. Trotzdem war es tief in mir drin noch immer sehr lebendig. Mehr noch. Das Lebensgefühl, das mir in den Jahren im Libanon in Fleisch und Blut übergegangen war, war bis heute meine größte Antriebsfeder. Unverändert war mein Dasein ein ständiger Wechsel aus Angriff und Gegenangriff, aus Attacken und Vergeltungsschlägen.

In diesen ersten Wochen in der JVA Düsseldorf wurde mir klar, dass mir diese Lebensweise auch in Zukunft immer wieder Probleme bereiten würde. Zumindest solange ich in Deutschland blieb. Andere hätten aus dieser Erkenntnis vielleicht abgeleitet, dass es Zeit war, etwas zu ändern. Dass sie die Gewalt hinter sich lassen und ein Leben in Ruhe und Frieden anstreben mussten. Aber wie macht man das, wenn man es nie gelernt hat? Und wie kann man es vor sich selbst verantworten, solange das Hauen und Stechen in den Straßen, Städten und Ländern dieser Welt weitergeht? Ich empfand mein Durchgreifen nie als Verbrechen. In meiner Welt war unnachgiebige Härte nötig, um das Gleichgewicht von Ruhe, Ehre und Ordnung in Balance zu halten. Für diese Werte kämpfte ich. Ich war nicht bereit, diesen Kampf aufzugeben, denn damit hätte ich mich selbst aufgegeben.

So nahm ich mir während meiner ersten Haftzeit zwar vor, nach dem Gefängnis mehr für meine Frau und die Familie da zu sein, aber ich stellte nie meine Aufgabe als Schlichter und die damit verbundenen Methoden infrage. Es sollte noch viele Jahre dauern, bis sich mein Blickwinkel auf den Teufelskreis der Gewalt verschob und mir bewusst wurde, dass ich mit meinem Kampf für Ruhe, Ehre und Ordnung immer wieder selbst für Aufruhr, Schmerz und Unordnung sorgte. Die Grundfesten eines Lebens lassen sich nicht durch ein paar Monate Haft aus den Angeln heben. Das kann nur das Leben selbst. Davon hatte ich noch eine Menge vor mir.

Nach zwei Monaten in der JVA Düsseldorf wurde ich ins Gefängnis von Wuppertal-Vohwinkel verlegt. Damit änderte sich einiges. Jetzt sollte ich arbeiten. Eine Resozialisierungsmaßnahme. Solche Aspekte hatten im Jugendstrafrecht, unter das ich mit meinen 20 Jahren laut Jugendgerichtsgesetz immer noch fiel, einen höheren Stellenwert als bei älteren Gefangenen. Die Hoffnung auf grundlegende Besserung und damit verbundene gesellschaftliche Wiedereingliederung ist bei Jugendlichen größer als bei alten Hasen. Sowieso war der Jugendknast weicher als der reguläre Knastalltag. Der scharfe Ton und die Verachtung der Wärter, die ich später erlebte, waren hier noch nicht so krass. Auch die krummen Geschäfte, Machtkämpfe und Intrigen unter den Gefangenen selbst spielten keine große Rolle. Junge Leute haben noch viel mit sich selbst zu tun.

Was die Arbeit anging, war sie für mich wie ein Geschenk. Es war das erste Mal seit meiner Ankunft in Deutschland, dass ich offiziell an einem betrieblichen Ablauf beteiligt war. Ich wurde in der Schlosserei eingesetzt. Meine Bereiche waren Konstruktionstechnik, Metallgestaltung und Metallverarbeitung. Ich ging voll auf in dieser Tätigkeit. Endlich konnte ich wieder anpacken. Mehr wollte ich eigentlich nie. Auch mein Drang, Dinge zu regeln und für Ordnung zu sorgen, war nicht mehr als ein Ausdruck meines Bedürfnisses, zum reibungslosen Ablauf eines großen Ganzen beizutragen. In der Gefängnisschlosserei tat ich das, indem ich Metallkonstruktionen herstellte und aufbaute. Ich machte meine Sache gut, war zuverlässig und motiviert, bekam am Ende sogar ein gutes Zeugnis. Dieses Zeugnis ist nur ein Grund, warum ich glaube, dass die deutschen Behörden sich und mir viel Ärger erspart hätten, wenn sie sich je dazu durchgerungen hätten, mich für den Arbeitsmarkt zuzulassen.

Nach zehn Monaten in Wuppertal wurde ich nochmals verlegt. Diesmal ging es in Richtung meines Zuhauses. In die JVA Plötzensee im Nordwesten von Berlin. Das war ein richtiger Jugendknast, wo die verschiedensten Leute vom Schwarzfahrer bis zum Drogendealer zusammenkamen. Die Berliner nannten das Gefängnis schlicht »Plötze«. Ich auch. Allerdings verbrachte ich nicht viel Zeit dort. Weil ich noch einen Gerichtstermin in Düsseldorf hatte, wurde ich zwei Wochen nach meiner Ankunft schon wieder auf Transport geschickt. Es war die reinste Odyssee. Keine Ahnung, ob es mit der Ost-West-Teilung Deutschlands zu tun hatte oder einfach nur Schikane war, jedenfalls wurde ich auf dem Weg nach Düsseldorf immer wieder zwei Wochen in irgendwelchen Provinzknasts zwischengeparkt, um anschließend erneut nur ein paar Kilometer weiter zur nächsten Übergangszelle kutschiert zu werden und auf den nächsten Transport zu warten. Sollten das die berühmte Effizienz und die verlässliche Ordnung sein, mit denen der deutsche Staat assoziiert wurde? Ich verstand die Welt nicht mehr. Bis ich endlich in Düsseldorf ankam, waren sechs Wochen vergangen, bis ich zurück in Berlin war, ganze drei Monate. Danach waren von meinen achtzehn Monaten Knast nur noch zwei übrig. Die gingen schnell vorbei. Zumal ich jetzt Besuch von meiner Frau, den Kindern und meinen Brüdern bekam. Ich konnte es kaum erwarten, endlich wieder bei ihnen zu sein. Mein Tatendrang war riesig. Allerdings durfte ich ihn nach der Entlassung trotz meines guten Zeugnisses aus der Schlosserei nicht mehr in betriebliche Abläufe einbringen. Jetzt war ich wieder auf Duldung und damit gewerbliches Arbeiten amtlich verboten.

Al-Ammus Worte, dass wir in diesem Land Gäste waren, die man nicht haben wollte, kamen mir wieder in den Sinn. Wie recht er hatte. Seine Prophezeiung, dass der Asylantrag der erste Schritt zu offizieller Anerkennung war, hatte sich allerdings bisher nicht bewahrheitet. Das hinderte mich aber nicht daran, meine eigenen, wenn auch inoffiziellen Geschäfte zu machen. Im Gegenteil.

Macht

(1987–2003)

»Yallah!« – »Auf geht's!«

Ende der Achtzigerjahre ging es in Berlin heiß her. Erst spitzten sich die Bandenkriege in der City West immer mehr zu, dann fiel die Mauer, und die Karten wurden neu gemischt, schließlich kam der Hauptstadtbeschluss. Danach kämpften alle um ihren Anteil am neuen Hype. Ich war immer mittendrin. Das Erblühen von Berlin zur Metropole und mein Aufstieg zu ihrem »Paten« gingen Hand in Hand. Die Stadt und ich wurden uns immer ähnlicher – und lieferten uns einen halsbrecherischen Wettlauf.

Philosophie der zweiten Chance

Nach dem Knast ging mein Leben durch die Decke. Ich war sofort wieder voll da. Das sprach sich rasant herum, deshalb gab es gleich wieder jede Menge zu tun. Mein Vorsatz, mehr für die Familie da zu sein, geriet dabei schneller in den Hintergrund, als mir lieb war, aber immerhin schafften wir es, aus dem Wohnheim auszuziehen und uns stattdessen eine eigene Wohnung zu nehmen.

Wir wohnten jetzt in der Wipperstraße, ganz in der Nähe des Bahnhofs Neukölln. Die Gegend schlummerte damals vor sich hin. Viele Häuser und Plätze waren verwahrlost, die meisten Straßenlaternen kaputt, der Bahnhof diente nur noch als Einstieg für die U-Bahn, während der S-Bahn-Betrieb Anfang der Achtzigerjahre eingestellt worden war. Nur einen Kilometer östlich von unserer Wohnung entfernt verlief die Grenze zur DDR. Man befand sich an den schmutzigen Rändern Westberlins, in einer Art Schattenreich der Stadt. Für uns hatte das viele Vorteile. Weil die Deutschen die Gegend mieden, zogen wir in ein Umfeld mit einer Menge Einwanderern. Viele meiner Leute wohnten hier. Man kannte, unterstützte und verstand sich. Außerdem waren die Mieten günstig, es gab viele Freiräume, und die Behörden guckten nicht so genau hin.

Wir fühlten uns wohl. Wenn ich die Wohnungstür hinter mir zuzog, fielen die Zwänge und Anforderungen der Außenwelt von mir ab. Dann ruhten die Revierkämpfe der Straße.

Die Wohnung war mein Reich. Hier war ich Vater und Ehemann, kümmerte mich um meine Frau und die stetig wachsende Schar von Kindern. Ich war streng mit ihnen. Aber gerecht. Allerdings viel zu selten zu Hause. Das Leben da draußen zerrte ständig an mir, denn nur ein paar Kilometer weiter nordwestlich tobte das Chaos. Wenn du erst mal einen Status hast, wittern deine Feinde in jedem Augenblick, den du ihnen den Rücken zukehrst, eine Chance, deine Macht zu unterwandern. So gut meine Brüder sich während meiner Zeit im Knast um alles gekümmert hatten, so wenig hatten sie verhindern können, dass sich in meiner Abwesenheit neue Kräfte auf der Straße breitgemacht hatten, die das Gleichgewicht in der City West zu kippen drohten. Das hieß, ich musste jetzt doppelt präsent sein. Das war ich.

In den Brennpunkten rund um den Breitscheidplatz ging es inzwischen richtig rund. Die Polizei war völlig überfordert von der Situation. Der touristische Glamour am KaDeWe und dem berühmten Wasserklops-Brunnen vorm Europa-Center wurde ständig von zwei Störfaktoren beeinträchtigt. Der eine war die berüchtigte Junkie-, Bettler- und Prostitutions-Szene am Bahnhof Zoo, der zweite die Bandenkriminalität rund um die Lietzenburger Straße. Den Rest besorgten Kleinkriminelle, Betrüger und notorische Unruhestifter, die zwischen beiden Szenen hin und her geisterten und schwer zu greifen waren, weil sie nirgendwo richtig dazugehörten. Damit störten sie nicht selten unsere Geschäfte, manchmal absichtlich, manchmal ungewollt. Wir griffen regelmäßig mit deutlichen Ansagen oder gezielten Schellen durch.

Der Einfluss von Al-Zein war inzwischen groß, denn wir waren viele und wurden immer mehr. Weitere Familienmitglieder kamen aus dem Libanon nach Berlin und schlossen sich uns an, gleichzeitig wuchs der Zirkel aus verbündeten Brüdern anderer Familien ständig. Insgesamt konnten wir auf einen Kreis aus ein paar Hundert Anhängern zählen. Die Grundlage für den Ruf als »Clan«, den die deutschen Medien uns einige Jahre später anhängten, war gelegt. In Zusammenarbeit mit anderen einflussreichen Gruppen und Großfamilien schafften wir es, Ruhe in die chaotischen Zustände an der Gedächtniskirche zu bringen, Banden in ihre Schranken zu weisen, Kriege zu verhindern, Störenfriede zu vertreiben. Dass wir damit den Polizisten Arbeit abnahmen, war nicht unsere Absicht, aber es war Fakt. Was sollten wir machen? Die Polizei schien nichts zu tun gegen die Querschläger, also erledigten wir das Aufräumen im Kiez selbst. Die Beamten wussten das. Das merkten wir unter anderem daran, dass sie nach einer Weile unsere Namen kannten und uns auf der Straße grüßten, aber auch, weil sie gelegentlich zu uns kamen, um unsere Einschätzung der Lage zu hören, wenn es mal wieder irgendwo gekracht hatte.

Auch wenn wir nicht von uns aus die Nähe der Ordnungshüter suchten, sperrten wir uns nicht komplett gegen ihre Annäherungsversuche. Nach allem, was ich über die Trennung von Straßenszene und Polizei erzählt habe, mag das für manche nach einem Widerspruch klingen. Für mich ist es keiner. Ich rede mit allen. Wer sich mir gegenüber korrekt verhält, wird auch von mir korrekt behandelt, egal ob er Krimineller, Geschäftsmann oder Polizist ist. Dass ich mit jemandem rede, heißt aber nicht, dass ich seine Arbeit, seine Weltsicht oder sein Umfeld richtig finde oder mich mit ihm verbünde. Womit ein Mann sein Geld verdient, interessiert mich nicht, solange er aufrichtig und respektvoll mit mir und meinen Leuten umgeht. Man könnte auch sagen: Wenn ich mit einem Mann in Uniform rede, rede ich mit dem Mann, nicht mit der Uniform. Das ändert nichts daran, dass ich mit der Organisation, für die die Uniform steht, nicht kooperiere. Diese Trennlinie gebietet mir der Respekt vor meinen eigenen Leuten und meiner Herkunft.

Die Berliner Beamten trennten professionelle Vertraulichkeiten und ihren Ordnungsauftrag ebenso wie ich. Das wurde mir spätestens klar, als das Landgericht 1988 meine Abschiebung anordnete. Das war ein harter Schlag. Wäre der Beschluss vollstreckt worden, hätte das bedeutet, dass ich von einem Tag auf den anderen aus meiner Berliner Existenz herausgerissen und von meiner Frau und den Kindern getrennt worden wäre. Dazu kam es zum Glück nicht. Diesmal wirkte sich meine faktische Staatenlosigkeit ausnahmsweise mal positiv aus. Da ich ohne Pass, also ohne verbriefte Nationalzugehörigkeit, nach Deutschland gekommen war, ließ sich die Frage meines Herkunftslandes nicht eindeutig klären. Dementsprechend weigerte sich der Libanon, mich aufzunehmen. Dort war ich unerwünscht. So platzte die Abschiebung, und ich musste in Berlin bleiben – wo ich zwar ebenfalls unerwünscht war, aber nach der gescheiterten Ausweisung trotzdem erneut Asyl beantragte. Hätte ja sein können, dass der Abschiebungs-Rohrkrepierer die Ausländerbehörde zum Einlenken bringt. War aber nicht so. Ich blieb weiter auf einer Duldung sitzen.

Sehr viel mehr Glück als bei den Berliner Behörden hatte ich bei den Geschäftsleuten. Immer mehr von ihnen merkten, dass meine Jungs und ich in der Lage waren, Unruhestiftern den

Hahn zuzudrehen, so wurde der Bereich Personenschutz und Security für uns zunehmend zu einem lukrativen Geschäft.

Ein treuer Auftraggeber war mein Freund Pontikas, der Grieche. Als Nachtclub-König und Besitzer von In-Discos wie Flashdance, Linientreu und Big Apple hatte er ständig Bedarf an durchsetzungskräftigen Einlassern und Ordnern. Damit konnte ich dienen. Ich schickte ihm einfach ein paar Cousins, Brüder und Freunde vorbei, von denen ich wusste, dass sie genug Autorität hatten, um den Job zu bewältigen. Danach war die Sache ein Selbstläufer. Pontikas hatte sehr genaue Vorstellungen von der Zusammensetzung der Gäste in seinen Clubs. Dazu gehörte eine strenge Ausländerpolitik, die besagte, dass der Anteil an Türken und Arabern bei einer Party die Marke von zehn Prozent nicht überschreiten sollte. Andernfalls gäbe es immer Stress, meinte er. Ihm wurde deswegen oft Ausländerfeindlichkeit vorgeworfen, aber meiner Meinung nach zu Unrecht. Abgesehen davon, dass er ja selbst Ausländer war, bestand sein Sicherheitspersonal fast ausschließlich aus Türken und Arabern. Auch mein Freund Abdul M. verdiente sich seinen Ruf als härtester Türsteher Berlins in Pontikas' Disco-Imperium. Meine Wege kreuzten sich in dieser Phase häufig mit denen von Abdul.

Ich stand nie selbst an der Tür, koordinierte aber die Einsätze und gab die Regeln vor. Meine Spezialität war die Philosophie der zweiten Chance. Wenn ein Gast einmal aus der Rolle fiel, weil er zu viel getrunken oder Drogen genommen hatte, flog er raus und bekam für sechs Wochen Hausverbot. Danach durfte er wiederkommen. Erst wenn er dann erneut ausflippte, wurde er im Club zur Persona non grata erklärt. Meine zweite Vorgabe war: Konflikte wurden nur im äußersten Fall mit Gewalt gelöst. Die obersten Gebote waren: Ruhig bleiben, Gespräche führen, Chaoten friedlich abservieren. Erst, wenn anhaltend Stress gemacht wurde, durfte Hand angelegt werden. Mit diesen Vorgaben fuhren wir gut. Meine Jungs erledigten ihre Jobs souverän, in den Clubs blieb es friedlich, Pontikas war zufrieden. Nebenbei wurden andere Gastronomen auf den Namen Al-Zein aufmerksam.

Ein weiterer großer Abräumer in der damaligen Westberliner Diskothekenlandschaft war Detlef G. alias »Joe«. Er hatte mit *Joe's Bierhaus* am Theodor-Heuss-Platz in den Siebzigerjahren einen Erfolg gelandet und expandierte seit den Achtzigern in andere Stadtteile. Inzwischen gab es neben dem Charlottenburger Stammhaus weitere Joe-Filialen am Ku'damm, im Wedding und an der Kreuzberger Seite der Hasenheide. Bei vielen eingefleischten Berlinern war das Joe-Imperium als Touristenfalle verschrien, aber das änderte nichts daran, dass es mit seiner Mischung aus Kneipe, Konzert-Location und Disco-Betrieb den Nerv der Zeit traf.

Ich selbst kannte anfangs nur den Laden in Kreuzberg. Er lag nicht weit vom Lasigör entfernt, wo ich inzwischen zwar nicht mehr boxte und regelmäßig rumhing, aber auf dem Heimweg in die Wipperstraße immer noch ab und zu vorbeischaute. Am Wochenende bekam ich dabei gelegentlich mit, wie die Jugendlichen zum *Joe Hasenheide 13* pilgerten. In den Siebzigern hatte sich an gleicher Stelle der Kult-Club *Cheetah* befunden, eine Großraum-Disco, die dem Weltraum-Trend jener Zeit mit kosmischem Design, fahrbaren DJ-Pulten und einem spacigen Eingangstunnel Tribut gezollt hatte. Aber das war lange vor meiner Ankunft in Berlin gewesen. Inzwischen war von dem ehemaligen Mega-Komplex nur noch der berühmte Eingangstunnel übrig, während das Joe auf der Innenseite lediglich Teile der alten Räumlichkeiten nutzte. So wurde es mir zumindest gesagt. Nachprüfen tat ich es nicht. Joe war nicht meine Welt. Noch nicht.

Mustafa, ein Bekannter aus meinem Neuköllner Kiez, war Getränkehändler. Er versorgte die Bars der Joe-Discos mit Alkohol. Direkt beteiligt an dem Unternehmen war er nicht, aber als Stammlieferant bekam er eine Menge mit. Auch, dass es gegen Ende der Achtziger mächtig knirschte im Getriebe des Vergnügungskonzerns, blieb ihm nicht verborgen. Am Ku'damm und in Charlottenburg lief es wie gewohnt gut, aber im Wedding und an der Hasenheide gab's ständig Ärger.

Da die beiden Filialen in klassischen Einwandererbezirken lagen, kamen hier nicht nur Deutsche und Touristen zum Feiern, sondern auch die Anwohner. Was das bedeutete, kann man sich nach den Schilderungen der Lasigör-Konflikte denken. Es trafen Gruppen verschiedenster Herkunft aufeinander, von denen viele untereinander verfeindet waren. Das hieß: Jedes Wochenende floss Blut. Schlägereien, Messerstechereien und Blaulicht-Action waren eher Standard als die Ausnahme. Das schadete dem Ruf der Läden und führte zu rückläufigen Besucherzahlen.

Mustafa und ich kannten uns schon aus Lasigör-Zeiten. Er war für mich wie ein Bruder, und wir redeten offen und vertrauensvoll miteinander. Ich erzählte ihm von meinen Erfahrungen in der City West, ohne dass ich befürchten musste, dass er sie weitergab, genauso berichtete er mir von seiner Arbeit und den Problemen bei Joe. So bekam ich den Verlauf der Dinge mit.

Erst meinte Mustafa: »Bei Joe bleiben die Gäste weg, weil sie Angst haben wegen der ständigen Schlägereien.«

Dann: »Die Chefs da gehen jetzt in die Offensive, Mahmoud.

Die haben da schon zwanzig Bodybuilder als Security vor die Tür gestellt.«

Und schließlich, nicht ohne dabei selbst lachen zu müssen: »Inzwischen haben die Schlägereien nachgelassen, aber die Gäste bleiben trotzdem weg. Die haben jetzt alle Schiss vor den Bodybuildern. Nächste Woche gibt's ein großes Krisentreffen. Sogar ich soll hinkommen. Kannst du dir das vorstellen?«

Konnte ich – wer meint, Security machen zu müssen, ohne dabei zu verstehen, wie die Straße funktioniert, baut schnell Mist. Aber sollten die mal machen, ich dachte mir nicht viel dabei. Schließlich war ich mit meiner Arbeit für Pontikas gut ausgelastet. Doch als ich Mustafa eine Woche später traf, merkte ich sofort, wie aufgeregt er war. Das war er selten.

»Mahmoud, ich konnte nicht anders«, platzte er gleich nach der Begrüßung heraus. »Ich hab bei dem Krisentreffen von Joe deinen Namen ins Spiel gebracht.«

»Was meinst du, Bruder?«

»Du weißt doch: Die Schlägereien, die Bodybuilder-Security und Joes Problem mit den Gästen. Bei dem Treffen gestern hatte keiner 'ne Idee, was wir da machen sollen. Ist ja eigentlich auch nicht meine Sache. Aber ich musste dran denken, was du mir vom Flashdance und den anderen Läden am Ku'damm erzählt hast. Ich weiß auch nicht, Mann …«

Er zögerte.

»Mustafa, was hast du denen gesagt?«

Mit schuldbewusstem Blick sah er mich an, atmete tief durch und meinte dann: »Ich hab gesagt: ›Mahmoud Al-Zein ist die Lösung. Mahmoud Al-Zein kriegt euer Problem in den Griff.‹«

Scheiße. Ich war stinksauer, sagte aber erst mal nichts und wartete. Manchmal ist es besser, zu schweigen und einen

Mann die Dinge in seiner eigenen Zeit ausführen zu lassen. Diesen Grundsatz von Al-Ammu beherzigte ich inzwischen selbst, wenn die Leute mir ihre Fehltritte beichteten. So auch jetzt.

»Die wussten schon, wer du bist, und wollen dich jetzt kennenlernen. Entschuldige, Bruder, ich weiß, ich hätte das nicht ohne dein Einverständnis machen sollen, aber ich hab nicht nachgedacht.«

Er hatte recht. Eine solche Ansage hätte er nicht machen sollen, ohne vorher meine Erlaubnis einzuholen. Mir passte die Geschichte zu diesem Zeitpunkt eigentlich nicht in den Kram. Es war nicht mein Ziel, in jeder Diskothek der Stadt für Ruhe zu sorgen oder die Türsteherei zu meinem Hauptgeschäft zu machen. Andererseits wusste ich, dass Mustafa es immer mit allen gut meinte, und er hatte sich entschuldigt. Also schluckte ich meinen Ärger runter, beruhigte meinen Freund und biss die Zähne zusammen. »Na gut, Inschallah. Dann mach halt mal einen Termin mit den Joe-Leuten.«

Das Treffen fand im Spätsommer auf der Restaurantterrasse vom Joe am Wedding statt. Die Betreiber ließen sich nicht lumpen.

Joe war persönlich mit seiner Frau und vier Geschäftspartnern erschienen, sie hatten einen großen Tisch vorbereitet, und es wurde jede Menge Essen serviert. Ich ging mit fünf meiner Leute hin. Wir waren eine sehr unterschiedliche halb arabische, halb deutsche Truppe, die zunächst nicht so recht zusammenwachsen wollte. Das Einzige, was beide Seiten einte, war die Skepsis gegenüber der anderen Gruppe.

Es ging nicht sofort ans Eingemachte. Während wir aßen, tauschten wir Belanglosigkeiten aus, gingen auf Tuchfühlung.

Es hätte alles entspannt sein können, wenn nicht Joes Frau ständig aufgesprungen und um den Tisch herumgelaufen wäre. Anfangs dachte ich, sie wäre fürsorglich und wollte sich vergewissern, dass alle Anwesenden genug zu essen, zu trinken und zu rauchen hatten, aber nach einer Weile merkte ich, dass ihre Aufmerksamkeit weniger dem Tisch galt als mir selbst. Immer wieder umkreiste sie mich, sah mich durchdringend an und musterte mich von allen Seiten. Eine Weile ertrug ich das, ohne mir anmerken zu lassen, dass es mich störte, aber irgendwann platzte mir der Kragen.

»Wallah, das ist nicht normal. Was ist los mit dir?«, brach es aus mir heraus. »Mach mal nicht so viel Hektik!«

Sie erschrak. Wahrscheinlich war sie geschockt, dass mein höflicher Unterhaltungstonfall so plötzlich auf Angriff umschaltete. Die zurückhaltenden Deutschen waren oft überfordert von meinem aufbrausenden Temperament. Joes Frau ließ sich ihren Schrecken allerdings nur kurz anmerken und fing sich schnell wieder.

»Na ja, wir haben ja so einiges über dich gehört«, antwortete sie und legte dabei schon wieder ihren abschätzenden Blick auf. »Du wurdest uns als die Lösung unserer Probleme verkauft. Aber wenn ich dich jetzt so ansehe … Also, ich weiß nicht. Meinst du wirklich, du schaffst das?«

Damit war das raus, was vielleicht alle Anwesenden auf der deutschen Seite des Tisches dachten: Sie konnten sich nicht vorstellen, dass ich der Aufgabe gewachsen war. Für ein paar Sekunden herrschte eisige Stille am Tisch. Joe, der ohnehin wenig sagte, widersprach seiner Frau nicht, die Geschäftspartner ebenso wenig, und die Frau selbst machte keinerlei Anstalten, sich für ihre Anmaßung zu entschuldigen. Das war ein denkbar schlechter Start.

Die Worte der Frau brachten genau die Form von vorurteilsbehaftetem Verhalten auf den Punkt, das den Umgang zwischen Einwanderern und Deutschen häufig schwierig machte. Statt dem informellen Teil und dem Kennenlernen Raum zu geben und anschließend sachlich zum Hauptthema überzugehen, wurden voreilige Schlüsse gezogen, die das Gesprächsklima schon im Vorhinein trübten.

Was war bloß los mit diesen Leuten? Wenn ich jemanden für einen Job anfragte, holte ich vorher solange Informationen über diese Person ein, bis ich mir sicher war, dass sie die richtige dafür war. Erst dann wurde geredet. Bei uns kam es einer Beleidigung gleich, jemanden erst einzubestellen und seine Fähigkeiten dann infrage zu stellen. Zumal wir eigentlich noch nicht mal angefangen hatten, über das Geschäftliche zu sprechen.

Trotzdem blieb ich ruhig und beendete das betretene Schweigen mit den Worten: »Lass uns erst mal zu Ende essen. Danach können wir reden.«

Von diesem Moment an hörte Joes Frau damit auf, um mich herumzuspringen. Dafür hing jetzt die ganze Zeit dieser eine Satz in der Luft: »Meinst du wirklich, du schaffst das?«

Ich für meinen Teil wusste eine klare Antwort darauf. Nachdem wir zum geschäftlichen Teil übergegangen waren, sagte ich: »Hör mal zu. Ich bin eine Person, die Prinzipien hat. Wenn ich nicht glauben würde, dass ich euer Problem lösen kann, wäre ich nicht hier. Und wenn ich etwas verspreche, dann halte ich es auch. Die Antwort auf deine Frage lautet also: Ja.«

»Aber wie?«, blieb sie skeptisch. »Was willst du anders machen? Wir haben schon so viel unternommen, um die Sicherheit zu verbessern.«

»Was ich so höre, habt ihr vor allem viel falsch gemacht«,

erwiderte ich. »Erst bleiben die Gäste weg, weil sie Angst vor der Gewalt haben. Dann, weil sie Angst vor den Türstehern haben, die nicht wissen, wie man Ruhe schafft. Ihr habt die falschen Leute. Das ist euer Problem.«

»Ach ja?«, fragte sie, inzwischen eher missmutig als misstrauisch. »Was würdest du denn anders machen?«

»Ganz einfach. Ihr könnt zwanzig oder hundert Bodybuilder an die Tür stellen – macht keinen Unterschied. Ihr braucht Leute, die man mit verlässlicher Sicherheit verbindet. Ich stelle dir zwei Frauen und zwei Männer an die Tür. Gut angezogen, bestimmt, aber freundlich.«

Joes Frau öffnete den Mund, um zu widersprechen, aber jetzt war ich dran. Ich hatte mich lange genug zurückgehalten.

»Zusätzlich schicke ich ein paar Leute in Zivil los, die die Sicherheit im Innern der Disco im Auge behalten und bei Stress einschreiten. Ich rede mit allen Anführern der Gruppen in Neukölln, Kreuzberg und im Wedding. Ich kenne sie alle. Die wollen keinen Ärger mit mir. Wenn die hören, dass die Sicherheit bei Joe von mir kommt, hört der Stress mit denen auf, glaub mir. Sag einfach allen, dass Al-Zein eure Security macht. Das ist mein Angebot.«

Nach diesem Vortrag war es erst mal still am Tisch. Doch die große Skeptikerin war immer noch nicht überzeugt: »Meinst du wirklich? Zwei Frauen an der Tür?«

»Pass mal auf: Wenn der Ärger nicht aufhört, müsst ihr nichts bezahlen. Fertig.«

Das war der Durchbruch. Danach zeigten sich die Joe-Leute nicht nur kooperativ, sondern auch großzügig. Wir setzten einen Vertrag auf. Rund 30 000 Mark wurden als Bezahlung angesetzt. Nachdem das Ding unterschrieben war, zog ich los und redete mit den Anführern aller Gruppen, die in meinem eigenen Kiez und im Wedding etwas zu sagen hatten. Meine Ansagen an sie folgten meiner bewährten Philosophie der zweiten Chance: »Kein Terror mehr bei Joe. Wer Scheiße baut, fliegt raus. Wer weiter Scheiße baut, kriegt Hausverbot oder richtig Ärger mit uns.«

Außerdem redete ich mit den heimlichen Eminenzen der Kieze. Das waren Leute, wie ich es später wurde. Ältere Autoritäten, deren Wort Einfluss auf die Jugend hatte. Auch sie versprachen, in Zukunft ein Auge auf Joe zu haben. So ging der Plan auf. Wir brachten Ruhe in die Pulverfässer Joe am Wedding und Joe Hasenheide 13. Joes Frau war mir gegenüber anschließend wie ausgewechselt – offen, freundlich, grenzenlos vertrauensvoll. Aus Dankbarkeit machte sie mir sogar Geschenke. Die Frage »Meinst du wirklich, du schaffst das?« habe ich von ihr nie wieder gehört.

Ein Jahr im Big Apple

»Für mich ist das Big Apple tot«, sagte Pontikas eines Tages im Sommer 1988 zu mir. »Ich bin fertig damit.«

Ich war etwas überrascht. Das Big Apple war ein guter Laden. Eine Disco für den gehobeneren Geschmack an der Bundesallee in Wilmersdorf. Die Gäste waren sehr international, die Partys hatten oft bestimmte Mottos – Las Vegas, Black & White, Monaco und so weiter. Das war was anderes als die normalen Locations im Nachtleben, wo's nur ums Trinken und Tanzen ging. Ausgerechnet diesen Laden erklärte Pontikas für tot? Dann musste er schon ganz schön die Schnauze voll haben. Ich konnte es verstehen. Er hatte in jener Zeit viel Stress mit der Berliner Sozialbehörde. In deren Auftrag waren seit einiger Zeit vermehrt Testpersonen in den Clubs unterwegs, um zu checken, ob es zur Diskriminierung von Ausländern kam. Pontikas' Läden waren dabei wegen ihrer Zehn-Prozent-Regel schon als ausländerfeindlich eingestuft worden. Jetzt drohten die Behörden mit Konzessionsentzügen. Ich wusste, dass mein Freund und Auftraggeber deswegen genervt war, und dachte mir erst mal nicht viel. Wie ernst er es meinte, kapierte ich erst, als er weitersprach: »Wie sieht's aus? Willst du den Laden haben?«

Dieses Angebot haute mich dann doch um. Ich konnte nicht sofort darauf antworten, wollte Bedenkzeit. Reizvoll fand ich die Sache von Anfang an. Nachdem ich mich mit meinen Jungs besprochen hatte, beschloss ich, das Projekt in Angriff zu nehmen. Als Drei-Mann-Aktion, mit zwei Brüdern als Mitgeschäftsführern. Ich kratzte mein Geld zusammen, schlug mit Pontikas ein und der Deal war besiegelt. Wir bezahlten die Miete ein Jahr im Voraus, schlossen den Club für zwei Wochen, um Mobiliar und Technik auf den neuesten Stand zu bringen, und kündigten die große Neueröffnung an. Das war der Startschuss für mein Jahr als Betreiber des Big Apple. Es war ein gutes Jahr. Von jetzt an war das Leben nicht mehr nur wild, es war auch süß.

Mein Boxtraining und die strenge Disziplin erledigten sich in dieser Zeit endgültig. Es blieb gar nicht mehr genug Zeit dafür. Wir mussten schließlich feiern. Jedes Wochenende im Big Apple war anders. Das war unser Anspruch, denn der Eintritt kostete zehn Mark, was für Berliner Verhältnisse teuer war. Wir legten uns ins Zeug, um den Gästen etwas zu bieten. Deko, DJs und Barpersonal wurden speziell auf das jeweilige Party-Motto abgestimmt, je nach Thema engagierten wir lokale Promis und Show-Acts. Das Publikum merkte schnell, dass hier alles vom Besten war. Das Big Apple war tot? Von wegen. Es lief viel besser, als ich gehofft hatte. Bei jeder Party hatten wir zwischen 1500 und 2000 Leute im Laden. Einen Großteil machten Touristen aus England, Frankreich und Amerika aus, der Rest waren Nachtschwärmer aus Westberlin.

Eine Zeit lang wurde der Club der zweite Mittelpunkt meines Lebens nach meiner Familie. Immer öfter stürzte ich mich selbst in die Menge, um nach dem Rechten zu sehen und die

Stimmung zu testen. Die meiste Zeit verbrachte ich aber mit meinen beiden Partnern und ausgewählten Gästen im VIP-Bereich. Dort ließen wir es uns gut gehen. Ohne Einschränkungen. Dinge, die mir zuvor mein Sportsgeist und mein Glaube verboten hatten, wurden zur Gewohnheit.

Wenn wir im Big Apple waren, gehörte es dazu, dass wir über die Stränge schlugen. Dann stieg die Stimmung, und wir feierten auch mal zwei Nächte durch. Solche Exzesse waren allerdings die Ausnahme. Und sie waren ganz klar Grenzüberschreitungen.

Heute ist mir klar, dass mich damals nur mein starker Charakter und eine strenge Disziplin davor bewahrt haben, ins Bodenlose abzurutschen. Wenn ich merkte, dass ich nach Partys zwei Tage brauchte, bis ich wieder klar im Kopf war, fühlte ich mich einfach nicht mehr wohl und schaltete aus eigenem Antrieb einen Gang zurück. Bei mir funktionierte das. Ich kannte meine Grenzen.

Das ging nicht allen so. Ich habe damals einige Leute kaputtgehen sehen im Nachtleben. Die zockten und verzockten sich irgendwann oder tranken und koksten so lange, bis sie aus dem Bannkreis der Drogen, die damals überall die Runde machten, nicht mehr rauskamen. Einige haben wir gerettet, konnten sie mit Geduld, Unterstützung und Fürsorge von der Sucht losreißen. Rückhalt durch Freunde oder Familie ist ein mächtiges Mittel im Kampf gegen Suchtprobleme. Er hilft dabei, von den Drogen loszukommen und die Kontrolle über das eigene Leben zurückzugewinnen. Aber den Willen zum Loskommen müssen die Betroffenen selbst haben. Wer nicht will, schafft den Absprung nicht. Dann driftet er weg von den Leuten, die ihn unterstützen wollen, geht kaputt, wird zum Totalschaden.

Ich habe das bei mehr als einem meiner Brüder erlebt. So ist nun mal das Nachtleben. Wenn man keine Grenzen zieht, frisst es einen auf. Deshalb sage ich immer wieder: Lasst die Finger von Alkohol und Drogen. Meist machen sie nur kurz Spaß und danach lange Stress – physisch, psychisch und mit der Polizei sowieso. Auch ich bekam in jener Phase eine Anzeige wegen BTM-Vergehen, also Verstoß gegen das Betäubungsmittelgesetz. Dieser Vorfall legte den Grundstein für das hartnäckige Gerücht, ich hätte im großen Stil mit Drogen gehandelt. So viel zur Tatsache, dass Drogen nur Stress bringen. Allerdings nicht nur sie. Auch unzuverlässige Partner können für jede Menge Ärger sorgen. Das war die zweite große Erkenntnis der Big-Apple-Ära.

Gegen Ende meines ersten Jahres als Diskothekenbetreiber zog ich mich ein bisschen zurück, war nicht mehr bei jeder Party anwesend und überließ öfters meinen Mitstreitern das Feld.

Ich erinnere mich nicht mehr genau, was sie an jenem schicksalhaften Wochenende für ein Motto ausgaben, aber es klang harmlos. Formel 1 oder Zirkus oder American Dream, so was in der Art. Ich dachte mir nichts Böses dabei, ließ die Jungs machen. Dass ich damit die Kontrolle über den Club in gewissem Maß abgab, rächte sich prompt.

Samstagnacht war ich zu Hause bei meiner Frau. Wir schliefen schon, als auf einmal das Telefon klingelte. Damals gab es noch keine Handys, und es wurde normalerweise auch nicht zu jeder Tages- und Nachtzeit telefoniert. Das Loskreischen des Festnetztelefons mitten in der Nacht ließ mich senkrecht im Bett sitzen. Ein Anruf um diese Zeit? Das konnte nur bedeuten, dass eine Katastrophe passiert war oder es irgendwo richtig Ärger gegeben hatte.

Beides stimmte. Wenn auch ganz anders, als ich angenommen hätte. Nachdem ich alarmiert das Telefon abgenommen und mich gemeldet hatte, kamen anfangs nur dumpfes Rauschen und Musikfetzen aus der Hörermuschel. Dann die Stimme eines meiner Cousins: »Wo bist du, Choya?«

»Zu Hause. In Neukölln. Was willst du?«

»Du musst ins Big Apple kommen.«

»Wieso? Was passiert?«

»Was hier abgeht, ist nicht mehr sauber, Mahmoud.«

»Sauber? Was meinst du?«

»Deine Kollegen lassen hier 'ne Tänzerin auftreten«, rief mein Cousin ins Telefon. »Die macht Striptease.«

Diese Info machte mich sprachlos. Das Gespräch endete abrupt. Nachdem ich eine Weile kein Wort rausbekommen hatte, sagte mein Cousin: »Komm einfach her, Mahmoud. Yallah.«

Damit legte er auf. Ein paar Sekunden stand ich wie vom Donner gerührt mit dem tutenden Hörer in der Hand im dunklen Flur. Erst dann kam die Striptease-Botschaft vollständig in meinem Kopf an. Danach war Action.

Ich sprang in meine Klamotten, klingelte meinen Bruder raus, der im gleichen Haus einen Stock tiefer wohnte, wir rannten zum Auto, und schon ging's nach Wilmersdorf. Als wir im Big Apple ankamen, sahen wir sofort, was mit »nicht sauber« gemeint gewesen war.

Auf einem Podest oberhalb der Tanzfläche drehte sich eine Oben-ohne-Tänzerin um eine Eisenstange und machte Poledance. Wutschnaubend stürmte ich in die Lounge und stellte meine Partner zur Rede. Sie waren völlig überrascht von meinem Erscheinen und meinem Wutausbruch. Anfangs versuchten sie sich rauszureden, aber letztendlich gaben sie zu, dass sie die Striptease-Entscheidung gemeinsam mit ein paar

Leuten von der Bar getroffen hatten. Ich schmiss alle Beteiligten auf der Stelle raus. Sie waren einen großen Schritt zu weit gegangen, und das wussten sie auch. Sie waren Araber wie ich. Für uns Araber ist Striptease eine Schande. Wenn eine Frau nackt an einer Stange tanzt, ist das eine Beleidigung für unsere und für ihre Ehre.

Meine Partner hatten nicht weniger als meinen und den guten Ruf der Familie aufs Spiel gesetzt. Schlimmer noch: Sie hatten ihn in den Dreck gezogen. Das konnte ich nicht durchgehen lassen. Auch wenn ich die Stripperin auf der Stelle vom Podium holen ließ, war die Grenze schon zu weit überschritten. Den Club konnte ich vergessen. In den folgenden Tagen wurde ich andauernd angesprochen: »Hör mal, Mahmoud, ich hab gehört, bei euch gibt's jetzt Striptease und nackte Frauen? Das ist harām, was soll das?«

Sogar mein Vater rief mich aus dem Libanon an und ließ mich seine Wut spüren, weil er über Dritte gehört hatte, was passiert war. Das war der Anfang vom Ende. Das Big Apple hatte seinen Stil verloren. Es glänzte nicht mehr. Noch zwei oder drei Wochenenden schloss ich die Disco auf, aber ich hatte keine Freude mehr daran. Auch die Gästezahlen waren rückläufig. Die Partys lebten nicht mehr. Es war doch noch das eingetreten, was Pontikas herbeigeredet hatte. Jetzt war das Big Apple tatsächlich tot.

So machte ich den Laden dicht. Das erste Jahr, für das ich die Miete im Voraus bezahlt hatte, war fast um, der Vertrag lief sowieso aus. Ich organisierte eine letzte kleine Feier an der Bundesallee, bei der Möbel, Gläser und übrig gebliebene Getränke an Freunde und Bekannte verkauft oder verschenkt wurden. Damit war das Kapitel Big Apple abgeschlossen. Wir hatten damals vieles am Laufen, versuchten uns auf verschiedenen Feldern. Wenn dabei aber die Ehre verletzt wurde, war Schluss mit lustig.

Langeweile bekam ich trotzdem nicht. Es wartete schon das nächste Großprojekt auf mich.

Die Leitung des Europa-Centers hatte Ende der Achtzigerjahre die Schnauze voll von den Taschendieben, Junkies und Dealern, die in ihrem Einkaufszentrum und am ehrwürdigen Kino *Royal Palast* ihr Unwesen trieben und die Kundschaft vergraulten. In den Ecken und Gängen des verwinkelten Gebäudekomplexes wurde ohne Ende gedealt, geklaut und gedrückt, ständig kam es zum Streit zwischen konkurrierenden Banden, immer wieder wurden Touristen ausgeraubt. Lange versuchten Leitung und Ladenbesitzer, dem Treiben ein Ende zu setzen, indem sie Hausverbote aussprachen oder die Polizei riefen, aber das brachte nicht viel. Die gewaltbereiten Störenfriede wurden immer nur kurzfristig vertrieben, kamen aber einen Tag später meist wieder.

Die Folge war, dass das Management beschloss, das Aufräumen jemandem zu überlassen, von dem jeder in der City West wusste, dass er von der Straße kam, durchgreifen konnte und auch von harten Jungs gefürchtet wurde: mein Freund Abdul M., der als Türsteher in der ganzen Stadt berühmt-berüchtigt war. Es war allgemein bekannt, dass er eine Mannschaft zuverlässiger Leute hinter sich hatte, die genauso kompromisslos waren wie er. Diesem Ruf sollten sie jetzt im Europa-Center gerecht werden.

Abdul machte sich die Entscheidung nicht leicht. Er kannte sich aus im Kiez und wusste, dass am Wasserklops viele Fäden zusammenliefen. Hier rigoros durchzugreifen bedeutete, sich nicht nur mit einer, sondern mindestens mit einem Dutzend verschiedener Gruppen anzulegen. Eine erhöhte Anzahl gegnerischer Parteien erhöhte immer auch das Risiko, den Überblick zu verlieren, ein Faktor, der viele Security-Jobs aus dem Ruder laufen ließ. Andererseits war das Angebot sowohl persönlich als auch geschäftlich eine Riesenchance für Abdul. Da er und ich uns regelmäßig bei Jobs für Pontikas und auf der Straße trafen und gut miteinander konnten, fragte er mich um Rat. Er stand unter Druck. Nicht nur er, sondern auch eine Gruppe Jugoslawen hatte den Europa-Center-Job angeboten bekommen. Die Entscheidung drängte.

»Die haben mir einen Vertrag angeboten«, erzählte er. »Wir sollen Ruhe in den Laden reinbringen. Du weißt, was dort abgeht, Bruder. Das ist kaum zu schaffen.«

Er hatte recht. Ich wusste, was er meinte, und ich verstand seine Skrupel. Trotzdem sagte ich: »Unterschreib den Vertrag. Wir schaffen das schon. Du kannst auf meine Unterstützung zählen.«

Abdul unterschrieb tatsächlich. Danach ging's endgültig rund im Europa-Center. Allerdings zum letzten Mal. Junkies flogen rigoros raus und bekamen Hausverbot, mit Dealern und Schwarzhändlern passierte das Gleiche, Räuber und Taschendiebe wurden bedingungslos gejagt. Abdul und seine Leute machten keine halben Sachen. Weil sie hart durchgriffen und auch bei den Unterweltgrößen und Banden der Gegend Respekt genossen, schafften sie das, woran Polizei und Hauspersonal jahrelang gescheitert waren: die dauerhafte Vertreibung der Unruhestifter.

Für Abdul bedeutete der Auftrag den endgültigen Durchbruch. Danach war er nicht nur in der Szene, sondern auch in den Medien als Security-König bekannt. Der Erfolg ebnete ihm den Weg zu einer Karriere als Boss eines florierenden

Security-Unternehmens und einem neuen Tätigkeitsfeld als Bodyguard von Prominenten. Was viele nicht wissen: Meine Jungs und ich hatten wesentlichen Anteil am Erfolg der Aufräumaktionen. Ich hielt mein Versprechen und unterstützte Abdul tatkräftig bei dem Auftrag. Das wurde nicht an die große Glocke gehängt, aber für mich ist es bis heute eine Genugtuung, zum Erfolg eines Freundes beigetragen zu haben. Außerdem zog unser Einfluss Kreise, sodass auch für mich eine große Chance daraus erwuchs.

Die Hauptstadtfrage

Im Herbst 1989 wurde Westberlin von einem Knall durchgerüttelt, der die City West für ein paar Wochen in einen noch größeren Ausnahmezustand versetzte, als es Dealer, Diebe und Banden je geschafft hatten. Die Mauer fiel. Die Tragweite, die dieses Ereignis für Ur-Berliner und die Deutschen im Allgemeinen hatte, konnte ich als Ausländer nicht komplett erfassen, aber die Emotionalität, mit der das Ganze gefeiert wurde, färbte auf mich und meine Leute ab. Auch wir guckten uns an, wie die ersten Trabi-Kolonnen hupend und im Schritttempo über den überfüllten Ku'damm rollten, auch wir gingen zum Brandenburger Tor und sahen, wie die Leute außer sich vor Freude auf der Mauer tanzten, und auch wir taten das, was in diesen verrückten Tagen alle taten: Als »Mauerspechte« klopften wir mit dem Hammer Erinnerungsstücke aus der Betonwand des Grenzwalls heraus, bevor er endgültig demontiert wurde.

Darüber hinaus änderte der Mauerfall für mich allerdings nicht viel. Meine Geschäfte blieben in Westberlin, meine Kontakte auch. Beides erweiterte sich in dieser turbulenten Zeit rasant. Über die Security-Jobs schloss ich ständig neue Bekanntschaften, durch diese neuen Bekanntschaften lernte ich weitere Leute kennen. Schon lange beschränkten sich meine Kontakte nicht mehr auf die Gemeinschaft von Arabern und anderen Zuwanderern, sie reichten bis in die Kreise deutscher Geschäftsleute. Ende 1990 führte das zu einem Angebot, über das ich bis heute noch nie gesprochen habe, das mein Verhältnis zum deutschen Staat aber nachhaltig veränderte: Die Berliner Polizeidirektion war auf mich aufmerksam geworden. Und zwar nicht, weil sie gegen mich ermittelte, sondern weil sie mit mir zusammenarbeiten wollte. Aus heutiger Sicht klingt das unglaublich, aber es ist die Wahrheit und wohl mit den speziellen Umständen nach der Wende zu erklären.

Als die überschwänglichen Wochen nach dem Mauerfall vorbei waren und sich die erste Euphorie gelegt hatte, ging Berlin in Habtachtstellung. Nach Silvester machte sich in der Stadt eine Stimmung breit, die zwischen Ungläubigkeit, Verunsicherung und enormer Spannung schwankte. Alles schien möglich, aber keiner wusste genau, was. Klar war nur: Es rumorte unter der Oberfläche. Alle ahnten, dass der Mauerfall noch nicht alles gewesen war. Die Hauptstadtfrage hing wie eine große, aber ungreifbare Ahnung über der wiedervereinten Stadt. Bis im Herbst dann alles klar war: Berlin sollte Hauptstadt werden, Bonn war Geschichte. Nun stieg die Spannung umso mehr.

In diese spezielle Atmosphäre krachte für mich ein Termin mit den Leuten vom Landeskriminalamt. Die Sache war wohl inoffiziell, wurde aber angeblich von höchster Stelle angeordnet. Über einen Bekannten aus dem Nachtleben hatte ich einen Mitarbeiter des Polizeipräsidiums kennengelernt, der von meiner guten Kenntnis der City West und ihrer Brennpunkte beeindruckt gewesen war. Wahrscheinlich holte er danach ein paar Informationen über meine Verdienste im Security-Bereich ein. Jedenfalls kam es schon bald zu jener denkwürdigen Einladung und damit zum vertraulichsten Kontakt, den ich mit der Polizei je hatte.

Das Gespräch fand in einem massiven Sandsteinbau mit einem von Säulen gerahmten Eingang und imposanten Bogenfenstern statt. Das Gebäude war mir vom Vorbeilaufen bekannt, aber ich hatte es noch nie von innen gesehen. Jetzt saß ich mittendrin. In einem nüchternen weißen Raum mit hohen Decken und einer Reihe von Stühlen, auf denen zehn Polizeibeamte saßen, die mich erwartungsvoll anguckten. Die Hälfte von ihnen schienen wichtige Funktionsträger zu sein, die restlichen gehörten entweder zum Revier oder waren nur fürs Protokoll dabei. Oder als Zeugen. Auch ich hatte zwei Brüder zu dem Termin mitgenommen. Ein Gespräch mit Polizisten allein, so bescheuert war ich nicht.

Zuerst wurde um den heißen Brei herumgeredet. Die Beamten schienen sich vor allem für eine Frage zu interessieren: »Wie kommt es, dass Sie Kontakt zum Polizeipräsidium haben, Herr Al-Zein?«

Der Mitarbeiter, von dem ich die Einladung bekommen hatte, hatte bei seinen Kollegen wohl nicht alle Karten auf den Tisch gelegt.

»Das tut jetzt nichts zur Sache«, ließ ich sie auflaufen. »Mir wurde gesagt, ich soll herkommen. Da bin ich. Was wollt ihr von mir?«

Die sollten nicht glauben, dass sie hier die Fäden in der Hand hielten und ich ihnen jede Frage beantworten würde. Hier ging es ums Geschäft, um nichts sonst. Die Botschaft kam an. Hoffentlich kamen sie jetzt mal zum Punkt. Die Polizisten redeten nun abwechselnd, erzählten, dass sie über meine Erfolge in der Sicherheitsbranche und mein gutes Händchen für problematische Disco-Türen gehört hatten. Ich nickte. Mit so was hatte ich gerechnet. Außerdem erklärten sie, dass die Drogenbrennpunkte und die Kriminalität am Ku'damm und rund um die Gedächtniskirche nach wie vor ein Problem seien, dem die Polizei nicht Herr wurde. Wieder nickte ich. Das war mir schon bekannt. Danach rückten sie endlich mit ihrem eigentlichen Anliegen heraus.

»Wie Sie wissen, wird Berlin jetzt Hauptstadt. In Zukunft werden noch mehr Touristen, vor allem aber hochrangige Politiker und Geschäftsleute nach Berlin kommen. Da muss Ordnung herrschen. Die Problemzonen am Breitscheidplatz und am Zoo sind schlecht fürs Image. Wir könnten Ihre Hilfe gebrauchen.«

»Welche Art Hilfe?«

»Dabei, Ordnung zu schaffen. Das ist doch Ihre Spezialität.«

»Warum sorgt ihr nicht selbst dafür? Ihr seid die Polizei, ihr könnt Razzien machen.«

»Razzien sind zu teuer und bringen zu wenig. Nach zwei Stunden kommen die Kriminellen zurück. Ihnen sagt man nach, Sie würden nachhaltig aufräumen. So was brauchen wir. Sie könnten mit uns zusammenarbeiten.«

Zusammenarbeiten? Mit der Polizei? Wie ich darüber dachte, habe ich bereits erklärt.

»Das geht nicht«, sagte ich. »Ich bin kein Verräter.«

»Sie müssen niemanden verraten. Sie arbeiten auf eigene Faust, regeln das auf Ihre Art. Eigentlich tun Sie nichts anderes als das, was Sie sonst in den Nachtclubs tun.«

Ich gebe zu, dass ich im Zwiespalt war. In Berlin, das ich mittlerweile als meine Heimatstadt empfand, für Ordnung zu sorgen, war mir tatsächlich ein Anliegen. Gewachsen fühlte ich mich der Aufgabe auch. Ich kannte die Brennpunkte am

Ku'damm, ich wusste, wie man mit den Verrückten dort reden musste, wusste auch, dass sie meine Sprache verstanden. Das war also gut machbar. Aber kam das Angebot nicht von der falschen Seite? Als die Beamten mein Zögern bemerkten, zogen sie ihren größten Trumpf: »Wir schlagen Ihnen einen Deal vor. Wenn Sie uns helfen, kümmern wir uns darum, dass Sie eine Aufenthaltsgenehmigung und einen Ausweis bekommen.«

Nach all dem vorhersehbaren Gerede haute mich dieses Angebot echt um. Das war krass. Für einen kurzen Augenblick liefen vor meinem inneren Auge die vergangenen acht Jahre im Zeitraffer ab: Die Nachricht im Sommer 1982, dass wir nicht zurück in den Libanon konnten, der erste Asylantrag in Spandau, seine Ablehnung zwei Jahre später, der Knast, der Beschluss der Abschiebung vor zwei Jahren, der erneute Antrag auf Asyl, dessen Bewilligung immer noch ausstand … Es gab Hunderte von Gründen, auf den Deal einzugehen. Aber es gab auch einen, der dagegensprach: meine Integrität. Konnte ich meinen Brüdern, meiner Familie noch in die Augen schauen, wenn ich einen Pakt mit der Polizei schloss? Machte mich das nicht automatisch zum Verräter, auch wenn die Beamten es nicht so nennen wollten?

Mit diesen Gedanken schloss sich der Kreis. Wie zu Beginn des Termins in dem weißen Raum mit den hohen Decken saßen die zehn Polizeibeamten auch jetzt auf ihren Stühlen in einer Reihe und sahen mich erwartungsvoll an. Wahrscheinlich waren sie sich ihrer Sache sicher. So ein Angebot konnte ein Typ mit meiner Vorgeschichte doch unmöglich ausschlagen. Aber da kannten sie Mahmoud Al-Zein schlecht. Ich wollte mit hoch erhobenem Haupt aus diesem Termin herauskommen, nicht mit einem gebrochenen Rückgrat. Deshalb sagte ich: »Ich kann das nicht machen. Es geht nicht. Meine Antwort ist Nein.«

Vielleicht war diese Entscheidung der Fehler meines Lebens. Ich hätte mir viel Ärger ersparen können, wenn ich Ja gesagt hätte. Aber so bin ich nun mal. Unabhängig zu bleiben und mit Behörden zu kooperieren, das geht für mich nicht zusammen. Ich löschte trotzdem weiter Brände in der City West. Auf bewährte Weise, aber ohne den Segen der Polizei. Auf eigene Faust, aber ohne Aufenthaltsgenehmigung. Auf *meine* Art eben.

Hütchenspieler-Action

Einige Veränderungen, die der Fall der Mauer und die damit verbundene Öffnung des Eisernen Vorhangs mit sich brachten, machten sich in meinem Alltag eher indirekt bemerkbar. Ein Beispiel dafür war die Schlacht mit den neuen Albanern. »Neu« waren sie deshalb, weil sie eine Gruppe waren, die erst Anfang der Neunzigerjahre im Rahmen der Massenflucht nach dem politischen Umsturz in ihrer Heimat hierher nach Berlin kamen. Davor hatte es in der City West nur ein paar kleine Albanergruppen gegeben, die schon während der Achtziger aus Jugoslawien nach Deutschland gekommen waren. Diese Gruppen unterstanden einem Anführer namens Adnan, einem kettenrauchenden Typ mit Schnäuzer, der seine schwarzen Locken mit Haarwasser bändigte. Er war vernünftig, hatte seine Jungs im Griff, ließ mit sich reden. Ich kam gut mit ihm aus, also auch mit seinen Leuten. Wir aßen regelmäßig zusammen, hatten ein entspanntes Verhältnis. Alles im grünen Bereich.

Doch dann gab es nach der Wende auf einmal diese neue Fraktion von Albanern, die sich am Ku'damm mit betrügerischen Hütchenspielen eine goldene Nase verdienten. Für alle, die Hütchenspiele nicht kennen: Dabei baut ein Spieler auf der

Straße einen Tisch auf, auf dem drei umgedrehte Würfelbecher stehen. Unter einem der Becher wird vor den Augen der Passanten eine Kugel platziert, dann verschiebt der Spieler die Becher blitzschnell im Zickzackrhythmus. Anschließend müssen die Passanten unter Einsatz von Geldbeträgen raten, unter welchem Becher sich die Kugel versteckt hält. Wer korrekt tippt, bekommt sämtliche Einsätze. Allerdings tippt nie jemand korrekt. Meist werden die Zuschauer mit einem gezinkten Gewinn angelockt, bei dem der richtig Ratende ein Komplize aus der eigenen Gruppe ist. In den Folgerunden lässt der Spielleiter die Kugel unauffällig verschwinden, sodass sie in keinem Becher mehr zu finden ist. Keine Kugel, kein Gewinn. Damit gehen alle Einsätze an den Spieler. Damals fielen massenweise Touristen auf diese Masche herein. Die Polizei machte verbissen Jagd auf die Betrüger, hinkte ihnen aber wie üblich immer einen Schritt hinterher. Wenn die Einsatzwagen eintrafen, waren die Hütchenspieler meist schon über alle Berge. So verdienten sie gutes Geld.

Mit alledem hätte ich kein Problem gehabt, wenn sich die betrügerische Energie der Hütchenspieler nicht irgendwann gegen meine eigenen Leute gerichtet hätte. Es fing harmlos an. Auf der Lietzenburger Straße traf ich zufällig eine ehemalige Nachbarin aus dem Wohnheim in der Potsdamer Straße. Sie war ganz aufgebracht. Empört erzählte sie, dass sie auf die Masche der Ku'damm-Hütchenspieler reingefallen war und dabei 50 Mark verloren hatte. Als ich fragte, wer die Abzocker gewesen waren, zuckte sie mit den Schultern und sagte: »Ich kannte sie nicht. Aber sie waren Albaner. Wovon soll ich denn jetzt das Essen für meine Kinder bezahlen?«

Ich schenkte ihr Geld und versprach, mich um die Sache zu kümmern, aber noch bevor ich damit anfangen konnte, folgte schon der nächste Vorfall. Mein Neffe Bassam landete nach einem Streit auf der Straße mit Stichverletzungen im Krankenhaus. Bassam war ein guter Junge. Bisschen aufmüpfig, aber ich mochte das. Er war erst 14, und wir waren alle sehr in Sorge. Die ganze Familie kam zur Klinik und versammelte sich vor der Intensivstation. Der Arzt deutete an, dass die Verletzungen heftig waren: »Die Niere des Jungen können wir nicht mehr retten.«

Nach dem ersten Schock fragte ich Bassams Cousin, der ihn ins Krankenhaus gebracht hatte, was passiert war. Zögerlich erzählte er, dass Bassam im Kiez abgezogen und zusammengeschlagen worden war. Am Ende hatten die Angreifer dem Jungen ohne Gnade ein Messer in den Bauch gerammt. Natürlich wollte ich wissen, wer die Arschlöcher gewesen waren. Erst wollte der Cousin nicht mit der Sprache herausrücken, tat es am Ende aber doch – und bestätigte damit meinen Verdacht: »Die Hütchenspieler vom Ku'damm. Die Albaner.«

Jetzt reichte es. Ich rannte auf der Stelle los und stellte Nachforschungen an. Während ich wutentbrannt durch die Cafés der City West tobte, traf ich zufällig Adnan. Er saß da mit seinen Jungs, als ob nichts passiert wäre, und rief mir arglos zu: »Hey, Bruder.«

In meiner Rage ging ich sofort auf ihn los.

»Wir sind keine Brüder mehr, du Verräter«, schrie ich. »Warum verhinderst du nicht, dass deine Leute meinen Neffen mit einem Messer angreifen? Warum Schläge? Warum Messer? Der Junge ist erst 14, verdammt!«

Adnan war völlig überwältigt von den Anschuldigungen. Erst später wurde mir klar, dass er zu dem Zeitpunkt noch gar nichts von dem Vorfall wissen konnte, weil die Leute, die Bassam angegriffen hatten, überhaupt nicht zu ihm gehörten.

Diesen Unterschied erfasste ich zu diesem Zeitpunkt noch nicht. Für mich war Adnan der Anführer der Albaner. Wenn eine Albanergruppe durchdrehte, musste er dafür geradestehen. Rechtschaffen, wie er war, sah er das genauso. Aufgebracht versprach er, mit seinen Leuten zu reden und die Sache zu regeln. Das nahm ich zur Kenntnis, aber beruhigt war ich trotzdem nicht. Eine verlorene Niere war kein Spaß. Schon gar nicht bei einem 14-Jährigen. Nach unserer kurzen Besprechung rauschte ich energisch ab. Ich ertrug es nicht, mich länger mit den Albanern im gleichen Raum aufzuhalten. Innerlich kochte ich noch immer vor Wut. Trotzdem wollte ich abwarten, was Adnan zur Befriedung der Situation beitrug.

Doch schon wieder wurde ich von den sich überschlagenden Ereignissen eingeholt. Statt einer Nachricht des Albanerchefs erreichte mich noch am selben Tag die nächste Schreckensbotschaft. Mein Türsteherkollege Abbo wurde tot in einer Mülltonne aufgefunden. Er war mit zwölf Messerstichen regelrecht durchlöchert worden.

Abbo war keiner von uns, aber wir kannten ihn und seine Truppe gut, hatten an der Tür oft mit ihnen zusammengearbeitet. Als mir seine Leute von dem brutalen Mord berichteten, war ich schockiert. Als sie erwähnten, dass sie die Tat den Albanern vom Ku'damm anlasteten, mit denen Abbo Geschäfte gemacht hatte, war ich außer mir. Jetzt gab es kein Abwarten mehr.

Das Gesetz der Straße ist oft gnadenlos, zu Opfern kommt es leicht. Das hier aber war etwas anderes. Die neuen Albaner hatten eine Grenze überschritten. Es war Zeit, den Krieg auszurufen. Das geschieht nur selten, aber wenn es passiert, hört alles andere auf. Wenn ich sage, es ist Krieg, dann stellt das niemand infrage. Mein Wort zählt. Nicht nur innerhalb der eigenen Familie, auch bei anderen Clans. Jugoslawen, Türken, Kurden, Russen – wir kennen uns alle, respektieren uns gegenseitig. Wenn mal jemand danebentritt, wird auch mal ein Auge zugedrückt. Aber wenn die Grenze des Respekts überschritten wird, fließt Blut. Das Abziehen von armen Müttern, Bassam und jetzt Abbo: Diesem mörderischen Wahnsinn musste ein Ende gesetzt werden. Auf der Stelle.

Ich schoss los und verbreitete in jedem Winkel der City West, dass der kommende Dienstagabend der Schlacht gegen die Albaner gehörte. Treffpunkt: 19 Uhr, Uhlandstraße, Ecke Grolmannstraße. Es galt, die skrupellosen Gewalttaten zu rächen und den Tätern für immer das Handwerk legen. Zum Mitmachen zwingen konnte und wollte ich niemanden, aber wenn es nach mir gegangen wäre, hätte sich die ganze Stadt an dem Kampf beteiligen müssen. Allen, mit denen ich sprach, schärfte ich nachdrücklich ein, wie wichtig die Angelegenheit war. Sogar Leute aus Hamburg, Bremen und dem Ruhrgebiet rief ich an, um sie aufzufordern, rüberzukommen. Hier musste ein Exempel statuiert werden.

Die zwei Tage bis Dienstag zogen sich in die Länge wie Kaugummi. Ich war zum Nichtstun verdammt, dachte aber ununterbrochen an das bevorstehende Gefecht. Keine Sekunde zweifelte ich daran, dass die Kampfansage die Albaner erreicht hatte. Die Mund-zu-Mund-Propaganda unter den Ku'damm-Cliquen war zuverlässiger als jeder Nachrichtenticker. Wenn irgendwer von einer Aktion sprach, wusste ein paar Stunden später der ganze Kiez davon, egal ob Freund oder Feind. Diejenigen, gegen die sich die Kampfansage richtete, konnten sich dann überlegen, ob sie sich stellten oder lieber gleich aus der Stadt flohen. Im Falle der Hütchenspiel-Albaner war nicht zu erwarten, dass sie kneifen würden. Mit Gewalt kannten sie sich schließlich aus.

Endlich kam der Dienstag. Ich war mit meinen Leuten um 18 Uhr am Europa-Center verabredet. Dort wollten wir unser Vorgehen besprechen und gemeinsam Richtung Uhlandstraße aufbrechen. Als ich mit Akhi am Treffpunkt ankam, standen schon dreißig unserer Jungs auf dem Breitscheidplatz bereit. Und nicht nur sie. Die Polizei war auch da. Das war nicht weiter verwunderlich. Angesichts des Alarms, den ich gemacht hatte, war zu erwarten gewesen, dass die Mund-zu-Mund-Propaganda auch vor ihnen nicht haltgemacht hatte. Offenbar hatte meine Kampfansage eingeschlagen wie eine Bombe. Mit zehn Mannschaftswagen und einer Hundertschaft hochgerüsteter Einsatzkräfte in Kampfmontur standen die Beamten am Straßenrand und schienen nur auf meine Ankunft zu warten.

Als Akhi und ich unsere Leute begrüßten, stürzte sofort der Einsatzleiter auf mich zu. Wir kannten uns von oberflächlichen Gesprächen auf der Straße. Mit weit aufgerissenen Augen versuchte er mich aufzuhalten.

»Kehr um, Mahmoud«, rief er mir schon von Weitem zu. »Schick deine Leute nach Hause und lass es gut sein. Diese Geschichte führt nur zu Blutvergießen.«

»Blutvergießen?«, meine Stimme überschlug sich fast, als ich ihm antwortete. »Das Blutvergießen hat längst angefangen. Ein Mann wurde mit zwölf Messerstichen getötet und ein 14-jähriger Junge lebensgefährlich verletzt. Und was macht ihr? Nichts! Wenn ihr nichts für die Sicherheit eurer Stadt tut, mach ich's halt.«

Diese Ansprache war eindrücklich genug, um keinen Widerspruch zu dulden. Der Einsatzleiter schwieg. Dabei sah er mich mit einem Blick an, in dem Hilflosigkeit und Zustimmung zugleich mitschwangen. Ich merkte sofort, dass die Polizei von den Hütchenspielern ebenso die Faxen dicke hatte wie wir. Seit Wochen sorgten die Betrügereien der neuen Albaner für Skandalschlagzeilen, ohne dass die Beamten auch nur den kleinsten Fahndungserfolg gegen sie vermelden konnten. Wenn man mich fragt, wussten sie insgeheim genauso gut wie ich, dass man Gewalttäter wie diese nur mit Gewalt in die Knie zwingen konnte. Aber das zuzugeben wäre aus ihrer Sicht wohl einem Aufgeben gleichgekommen. Ein beispielhafter Zwiespalt. Die Gesetze der Straße hielten sich nun mal nicht an die Gesetze der Polizei. Solange sich die Polizei also an ihre eigenen Gesetze hielt, war sie dazu verdammt, den Königen der Straße immer ein paar Schritte hinterherzuhinken.

Gegen Viertel vor sieben setzten wir uns in Bewegung, um zur Uhlandstraße vorzurücken. Ich musste unweigerlich an meine Miliz in Beirut denken. Fast zehn Jahre war es her, dass ich ihr, ohne es zu wollen, den Rücken gekehrt hatte. Inzwischen war der Krieg im Libanon vorbei. Er hatte ohne meine Hilfe geendet. Oder doch nicht? War er mir gefolgt? Oder war ich es selbst, der ihn mit sich trug, egal wohin ich ging? Fest stand: Auch in Berlin herrschte jetzt Krieg, und ich ging ihm mit meiner eigenen Miliz entgegen. Nichts hatte sich geändert. Unsere Gruppe war inzwischen auf 50 Mann angewachsen. Die Polizisten schritten mit Helmen, Sturmmasken, Schilden und Schlagstöcken neben uns her wie eine Eskorte. Als wir unser Ziel erreichten, setzte erst mal Ernüchterung ein. Zwar wurden wir von einem Dutzend Unterstützern erwartet, aber von den Albanern war nichts zu sehen. Nur ein paar harmlose Touristen und Theaterbesucher kamen aus der U-Bahn und schüttelten über den Menschenauflauf auf der

Straße irritiert den Kopf. Sonst: gähnende Leere. Kniffen die Feiglinge etwa doch?

»Da ist einer von denen!«

Dieser Ausruf eines unserer Brüder durchschnitt die gespannte Stille wie ein Messerhieb. 60 Köpfe flogen in die Richtung, in die sein Finger zeigte. Tatsache. Am Ku'damm kam ein einzelner Albaner aus einer Imbissbude und wollte die Fahrbahn überqueren. Als er unsere Armee und die Polizisten bemerkte, überlegte er es sich anders. Blitzschnell schlug er einen Haken und rannte los Richtung Gedächtniskirche. Weit kam er nicht. Am Traditionskino *Filmbühne Wien* holten drei meiner Jungs ihn ein, warfen ihn zu Boden und ließen all die Wut an ihm aus, die sie eigentlich für seine ganze Clique aufgespart hatten. Ausbrüche wie dieser waren in der aufgeheizten Atmosphäre schwer zu vermeiden, aber sie waren weder verhältnismäßig noch klug. Das zeigte sich schon wenige Augenblicke später.

Während vor der Filmbühne noch die Fäuste flogen, öffnete sich an der Grolmannstraße die Eingangstür eines China-Restaurants. Damit war die Schonfrist der gähnenden Leere vorbei. Adrenalin pumpte durch meine Adern. Da waren sie. Die Albaner. Immer mehr von ihnen quollen aus dem Eingang des Restaurants heraus und sahen feindselig in unsere Richtung. Augenblicke wie dieser sind bei Massenschlägereien das letzte Durchatmen vor dem Eintauchen in die Hitze des Kampfes. Alle straffen sich, schlucken noch einmal ihre Skrupel runter, bringen sich in Stellung. In diesem Fall nutzte die Polizei die Ruhe vor dem Sturm für eine geistesgegenwärtige Aktion. Während die nunmehr vollzähligen Albaner – auch sie waren etwa 50 oder 60 Mann – anfingen, in unsere Richtung zu stürmen, bildeten die Uniformierten erstaunlich schnell und effizient eine Kette zwischen uns und ihnen. Als unsere Gegner die Kreuzung erreichten, war die Straße abgeriegelt und es gab kein Durchkommen mehr.

Die Beamten standen mit dem Gesicht in unsere Richtung. In ihrem Rücken drängten sich die Albaner. Durch die Phalanx der Uniformierten riefen sie uns Beleidigungen zu, die wir beantworteten, indem wir ebenfalls brüllten und Drohungen ausstießen. Die Stimmung stand auf der Kippe. Vereinzelt flogen Steine, es kam zu Schubsereien, einige Sicherheitskräfte machten von ihren Knüppeln Gebrauch. Aber die Kette der Polizisten hielt – eine Minute, zwei Minuten, drei Minuten, doch dann: Auf einmal drang durch das Gewirr aus Rufen und Drohgebärden der Kommandoruf: »Los!«

Danach passierte etwas Seltsames: Die Polizisten öffneten ihre Reihe, gaben die Straße frei und wichen zur Seite aus. Ob sie die Kraft verloren hatten oder eine Taktik dahintersteckte? Ich wusste es nicht. Und dies war nicht die Gelegenheit, sich über Fragen wie diese den Kopf zu zerbrechen. Jetzt hieß es nur noch: Abwehren und Angreifen.

Das Wegfallen der Polizei-Kette hatte zwei Entwicklungen zur Folge. Während die Gegner in der Mitte der Straße sofort frontal aufeinander losgingen, versuchten einige Albaner am Rande zu flüchten und wegzurennen, was wiederum dazu führte, dass meine Leute ihnen hinterherjagten. So verringerte sich die Anzahl der unmittelbar an der Schlägerei Beteiligten ein wenig. Diejenigen, die übrig blieben, zogen das Ding aber knallhart durch. Quer über die Kreuzung bildete sich ein brutaler Prügelpulk, in dem ein Hieb den nächsten gab und sehr bald nicht mehr nur Fäuste flogen, sondern auch Messer und Stöcke gezogen wurden. Ich selbst steckte mittendrin im Inferno. Auch Akhi war sofort von mehreren Albanern umringt.

Ich sah es, konnte ihm aber nicht helfen. Ich musste um mein eigenes Überleben kämpfen. Die Schläge kamen von allen Seiten, meine eigenen teilte ich ebenfalls in sämtliche Richtungen aus. Die Unterscheidung zwischen Freund und Feind fiel im Gedränge nicht immer leicht. Die Übersicht zu behalten, was um mich herum passierte, auch nicht. Ich nahm zwar wahr, dass einzelne Leute zu Boden gingen oder ausscherten, aber dass der Pulk von der Polizei eingekesselt wurde, merkte ich erst, als es schon zu spät war. Der Ring aus Sicherheitsbeamten schloss sich um die vielleicht dreißig verbliebenen Kämpfer, dann wurde er schrittweise enger gezogen, wobei einige Schläger durch gezielte Tritte und Knüppelschläge aus seiner Mitte entfernt wurden. Jetzt kämpfte ich an zwei Fronten. Während ich einerseits gegen meine eigentlichen Gegner bestehen wollte, musste ich gleichzeitig der näher rückenden Reihe aus Helmträgern mit Schlagstöcken trotzen. Schon bald war nur noch das Zweite von Belang. Als drei vermummte Polizisten mit ihren Knüppeln auf mich losgehen wollten, brüllte ich: »Basmala, hört auf mit dieser Scheiße! Steckt sofort die Totschläger weg! Wenn die Albaner uns abstechen, könnt ihr den Ku'damm vergessen!«

Das Echo auf diesen Wutschrei kam unerwartet. Aber es war deutlich.

»Keiner fasst Mahmoud an«, erklang eine Männerstimme am anderen Ende des Rings. Daraufhin öffnete sich die Reihe der Beamten, und ich konnte ungehindert raus aus dem Kessel der tobenden Wut. Ich war zu aufgeregt, um mich darüber zu wundern. Außerdem war die Action damit nicht vorbei. Erst jetzt sah ich das Chaos, das jenseits des Pulks von den Straßen Besitz ergriffen hatte. Einige Albaner und Araber wurden in Einsatzwagen geschubst, andere rangen noch mit den Polizisten oder lieferten sich gegenseitig Hetzjagden den Ku'damm und die Uhlandstraße runter. Zwei meiner Jungs wurden in diesem Moment zu einem Streifenwagen geschoben. Ich lief zu ihnen und fragte die Uniformierten: »Was habt ihr mit den beiden vor?«

»Mund halten«, lautete die patzige Antwort.

»Eskut! Halt selbst den Mund, du Arschloch«, schrie ich zurück. »Wenn du deinen verdammten Job machen würdest, hätten wir die Probleme hier gar nicht.«

Auf der Stelle stürmten von allen Seiten weitere Beamte heran, um mich festzuhalten. Ich wehrte mich, schubste sie weg. Sofort trafen mich die Schläge der Polizeischlagstöcke. Der Befehl »Keiner fasst Mahmoud an« hatte außerhalb des Kessels wohl keine Gültigkeit mehr. So gut ich konnte, duckte ich mich weg, schlug um mich, schützte meinen Kopf mit den Armen. Dabei gelang es mir irgendwie, mich freizustrampeln. Auf einmal stand ich auf offener Straße.

In meinem Rücken wüteten noch immer die Knüppelschwinger, aber vor mir war niemand, der mich aufhalten konnte. Eigentlich ein Wunder. Also los. Während hinter mir der Ruf »Achtung, der haut ab« laut wurde, pumpte ich sämtliche Kraft, die mir nach der Schlägerei geblieben war, in meine Beine und rannte wie ein Verrückter. Weg von dem Chaos. Immer geradeaus. Vorbei am Maison de France und dem Ku'-damm-Karree. Immer Richtung Westen. Es tat weh, meine Brüder im Kampf gegen die Albaner zurückzulassen, aber hätte die Polizei mich einkassiert, hätte ich ihnen auch nicht helfen können. In Momenten wie diesen war jeder auf sich selbst gestellt.

Auf Höhe des Olivaer Platzes war ich sicher, meine Gegner abgehängt zu haben. Aber ich wollte auf Nummer sicher gehen. Um mich aus der Schusslinie zu bringen, stürzte ich in den erstbesten Laden, der mir vor die Nase kam. Ich erinnere mich noch heute an den Geruch, der mir entgegenschlug, als ich krachend die Tür aufstieß. Er war süß, mild, verströmte eine Wärme und Geborgenheit, die im kompletten Kontrast zum Aufruhr von eben stand. Ich war in einem Geschäft für hochwertige Schokolade und Trüffel gelandet. Seltsamerweise war niemand da. Kein Kunde, keine Verkäufer. Ungehindert hastete ich durch den Verkaufsraum zu einer Treppe im Hintergrund, dann in den ersten Stock. Dort befand sich das Büro. Es war ebenfalls leer. Hier würde die Polizei garantiert nicht nach mir suchen.

Erschöpft und schwitzend ließ ich mich auf einen Stuhl sinken, um zu Atem zu kommen. Ich zog meine Jacke aus und suchte meinen Körper nach Wunden und Stichen ab, aber es sah gut aus. Bis auf ein paar Prellungen und Abschürfungen war ich unverletzt aus der Sache herausgekommen. Ich streifte mein verschwitztes T-Shirt ab, wusch mir an einem kleinen Waschbecken in der Ecke des Raums das Gesicht, spritzte mir kaltes Wasser auf den erhitzten Oberkörper. Für ein paar Sekunden betrachtete ich meinen eigenen Anblick im Spiegel über dem Waschbecken wie das Gesicht eines Fremden. Kaum hörbar flüsterte ich: »Niemand legt sich mit Mahmoud an.«

Danach war Schluss mit Erholungspause. Ich zog die Jacke wieder über, schnappte mein T-Shirt, öffnete das Fenster und sah mich nach einer Möglichkeit um, einen unbemerkten Abgang zu machen. Praktischerweise ging das Büro auf einen Hinterhof mit einer Reihe einstöckiger Garagen und Schuppen hinaus. Es war nicht schwer, vom Fensterbrett auf eines der Flachdächer zu springen und von dort über einige Stufen und Leitern in einen weiteren Hinterhof zu gelangen, dessen

Toreinfahrt auf die Lietzenburger Straße mündete. Inzwischen war es dunkel geworden, was mir sehr entgegenkam. Ich sprang ins nächste Taxi und sagte dem Fahrer, dass ich zum Breitscheidplatz wollte. Erst als er losfuhr, fiel mir ein, dass ich kein Geld dabeihatte. Aber das war das kleinste Problem. Ein größeres war, dass wir schon nach ein paar Hundert Metern auf eine Straßensperre zufuhren, an der ein Wagen mit Blaulicht Fahrzeuge anhielt und kontrollierte. Scheiße. Sofort schoss mein Puls wieder in die Höhe. Aus meiner Sicht war klar, was es mit der Aktion auf sich hatte. Die Kontrolle fand genau dort statt, wo die Lietzenburger Straße die Uhlandstraße kreuzte, also nur wenige Blöcke vom Schauplatz des Gefechts entfernt. Logisch, dass hier Fluchtwege abgeschnitten werden sollten. Ich musste raus aus diesem Taxi. Und zwar so schnell wie möglich.

»Pass auf, ich hab's mir anders überlegt«, sagte ich hastig zum Fahrer. Er guckte mich fragend an, als ob ich nicht alle Tassen im Schrank hätte. Irgendwie verständlich. Schließlich war ich erst vor wenigen Minuten eingestiegen.

»Und ich hab leider kein Geld dabei. Ana asif.«

Meine arabische Entschuldigung verstand er wohl nicht. Stattdessen schaltete sein Gesicht von fragend auf verärgert um: »Willst du mich verarschen?«

Ich schüttelte den Kopf und sah gleichzeitig aus dem Fenster Richtung Blaulicht. Bis zur Kontrolle waren vielleicht noch zehn Autos vor uns. Für Diskussionen blieb keine Zeit. Zu meinem Glück schob sich in diesem Moment die Leuchtreklame des Restaurants *Orient* in mein Blickfeld. Der Laden gehörte einem Freund, meine Jungs und ich gingen ab und zu dort essen. Diese Verbindung konnte ich mir jetzt zunutze machen.

»Yalla, nimm das«, sagte ich zum Taxifahrer und übergab ihm das T-Shirt, das ich die ganze Zeit über in der Hand gehalten hatte. »Geh damit in den Laden da vorne und sag dem Besitzer, dass du von Mahmoud kommst und ich dir 20 Mark schulde. Er kennt mich. Und er kennt auch das T-Shirt. Von ihm bekommst du dein Geld, ich schwör's.«

»Was soll der Scheiß?«

Ich hatte jetzt keine Zeit mehr für Erklärungen. Beim sechsten Wagen vor uns leuchtete gerade ein Polizist mit einer Taschenlampe ins Fenster. Wenn das auch hier im Taxi passierte, war ich geliefert. Raus hier. Mit einem knappen »Shukran« schwang ich mich aus dem Wagen, knallte die Tür zu und rannte los. Die Pfalzburger Straße nach Süden runter, durch die dunklen Parkflächen der Gerhard-Hauptmann-Anlage, vorbei am Gebäude des früheren Big Apple, rein in die U-Bahn Spichernstraße. Von dort fuhr ich drei Stationen bis Nollendorfplatz. Das war weit genug weg vom Zentrum der Schlägerei, dass ich mich wieder frei zu bewegen wagte. Von einer Telefonzelle aus rief ich in einem Café an, das meine Jungs und ich als Treffpunkt nach der Schlacht ausgemacht hatten. Auch dort waren wir bekannt. Der Besitzer holte Akhi an den Hörer. Im Schnelldurchlauf sprachen wir die Ereignisse der vergangenen Stunde durch. Die Bilanz des Abends war verheerend. Ein paar von uns waren verhaftet worden, ein Cousin in der Notaufnahme gelandet, nachdem die Albaner mit Eisenstangen auf ihn losgegangen waren und ihm beide Hände gebrochen hatten. Das war bitter. Die Aktion hatte alles nur noch schlimmer gemacht.

Als ich die Telefonzelle verließ und in die Klinik fuhr, um nach meinem verletzten Cousin zu sehen, war ich frustriert, müde und immer noch wütend. Und als ich nach dem Krankenbesuch nach Hause ging, fühlte ich mich völlig leer. Passenderweise begann es auf dem Heimweg wie aus Eimern zu schütten. Der berühmte Berliner Regen. Nachdem wir 1982 hierhergekommen waren, hatte ich ihn lange gehasst. Auch in Beirut hatte es Regen gegeben, aber ich hatte ihn nie so kalt und grau empfunden wie hier. Doch diese Einstellung veränderte sich mit den Jahren. Ich gewöhnte mich an die Kälte und das Grau. Sie gehörten zu dieser Stadt wie die Gedächtniskirche und die Siegessäule. Ich lernte den Berliner Regen als Naturspektakel zu schätzen, das nicht nur die Straßen und Plätze, sondern auch die Seele reinwusch. Von da an machte ich es zum Ritual, bei schlechtem Wetter bewusst ins Freie zu gehen und mich ohne Rückhalt gegen den Regen zu werfen. Ich tat es auch jetzt. Es war nötig. Mit dem heutigen Abend waren Tür und Tor zu weiteren Gefechten aufgestoßen worden. Die folgenden Wochen würden viel Kraft kosten.

Mein Cousin blieb drei Tage im Krankenhaus. Danach konnte er nach Hause. Aber seine Hände blieben vier Wochen lang im Gips. Kaum ein Tag dieser vier Wochen verging ohne Schlägereien zwischen den Albanern und meinen Leuten. Der Krieg, den ich heraufbeschworen hatte, ging unkontrolliert weiter – in den Wohnvierteln der Stadt, in den Jugendclubs, Diskotheken und natürlich am Ku'damm. Der Kampf an der Uhlandstraße hatte aus einem großen Konflikt viele kleine werden lassen. Es krachte ständig irgendwo. Jeder, der an der Schlägerei beteiligt gewesen war, hatte seine eigenen kleinen und großen Rechnungen zu begleichen, jeder Vergeltungsschlag entzündete ein neues Feuer, das den Flächenbrand der Feindschaft vergrößerte. Das war die Eigendynamik der Bandenkriege, die auch meine Aufrufe zur Zurückhaltung nicht aufhalten konnten. Ich selbst wollte erst wieder angreifen, wenn ich wusste, mit wem ich es hier überhaupt zu tun hatte. Schon früh am Morgen nach der Schlacht kam Adnan zu mir. Er war bereits informiert über das, was passiert war, betonte aber, dass die Hütchenspieler mit ihm nichts zu tun hatten.

»Das sind neue Leute. Flüchtlinge«, erklärte er. »Die wurden verfolgt, sind vor Armut geflohen, oder aus den Kriegen in Bosnien, Kroatien und Slowenien. Von mir lassen die sich nichts sagen. Wir haben selbst Stress mit denen.«

Adnans Worte erinnerten mich an etwas, was ich eigentlich seit Jahren wusste, aber zuletzt verdrängt hatte. Man konnte die Gruppen auf der Straße nicht anhand ihrer Nationalität über einen Kamm scheren. Die Motive auszuwandern änderten sich mit der Zeit. Und damit das Temperament, die Bündnisse und die Hackordnungen von Landsleuten. Die neuen Albaner waren arme Schweine, wie sie die Kriege und politischen Umstürze der Welt immer wieder hervorbrachten. Vermutlich war ihre Rohheit mit all der Scheiße zu erklären, die sie in ihren jungen Leben hatten ertragen oder mit ansehen müssen. So ein Schicksal war mir vertraut, und ich hatte dafür Verständnis, vielleicht sogar Mitleid. Aber es rechtfertigte nicht, was diese Typen Bassam, Abbo und meinem Cousin angetan hatten. Und es änderte nichts daran, dass ich zurückschlagen musste.

Jetzt, wo Adnan aus der Sache raus war, musste ich erst mal den Anführer der Hütchenspieler finden und mit ihm reden. So verlangte es die Ordnung. Mein Prinzip für Fälle wie diese ist folgendes: Wenn ein Konflikt eskaliert, wird ein Treffen mit dem Anführer der gegnerischen Gruppe vereinbart, bei dem ich ein letztes Mal persönlich versuche, den Streit auf friedliche Weise zu lösen. Lässt sich der Gegner darauf ein, wird ein

Ausgleich vereinbart und eine Regelung für die Zukunft getroffen. Verweigert das Gegenüber die Kooperation, geht der Krieg weiter, bis eine der beiden Gruppen zerschlagen ist. Je nach Sachlage kann das ein großes Duell, Vertreibung aus dem Kiez oder gnadenlose Vernichtung bedeuten. Dann ist alles erlaubt, und es kommen auch Waffen zum Einsatz. Aber das ist nur die letzte Instanz. Sie kommt nur zum Tragen, wenn wirklich gar kein anderes Verständigungsmittel mehr funktioniert.

Es dauerte lange, bis wir den Anführer der Hütchenspieler ausfindig gemacht hatten: Enver. Seine Leute waren nicht nur verschlagen, sondern auch verschwiegen. Wir mussten sie ewig bearbeiten, bis sie endlich einen Termin mit ihrem Boss vermittelten. Das Treffen fand etwa einen Monat nach der Uhlandstraßenschlacht statt, im gleichen China-Restaurant, aus dem die Bande damals herausgekommen war. Ich ging nicht allein hin. Mit dabei waren Akhi, unser Cousin, dessen Hände inzwischen keinen Gips mehr brauchten, und Bassam, der mittlerweile aus dem Krankenhaus entlassen worden war. Dass er mit seinen jungen Jahren den Mut aufbrachte, bei diesem Treffen mit dabei zu sein, rechnete ich ihm hoch an. Wir waren bewaffnet. Die Prügeleien der letzten Wochen hatten mehr als deutlich gezeigt, dass den Gegnern faire Spielregeln egal waren und ihnen in gewaltsamen Auseinandersetzungen jedes Mittel recht war. Schon die kleinen Fische von der Straße gingen mit Äxten und Messern auf ihre Gegner los. Es war klar, dass Enver härtere Geschütze auffahren würde. So trug ich eine scharfe Pistole und ein Messer bei mir, meine Begleiter hatten ebenfalls Messer in der Tasche, auch Bassam.

Als wir an der Grolmannstraße ankamen, war die Stimmung angespannt. Nach allem, was schon jetzt passiert war,

war eine friedliche Einigung äußerst fraglich, außerdem trugen wir alle die Narben der letzten Wochen mit uns herum. Hinzu kam, dass wir nicht auf eigenem Terrain unterwegs waren. Das China-Restaurant war Revier der Albaner. Keiner wusste genau, was uns hinter der Tür mit dem Neonschriftzug und den roten Laternen erwartete.

Es war noch früh am Abend, und im Restaurant waren kaum Gäste. Wir wurden trotzdem in einen Hinterraum gebeten. Dort erwartete uns Enver, ein schlanker Typ in Ballonseiden-Trainingsjacke und Baggy Jeans, mit drei seiner Leute. Einer von ihnen war der Junge, der Bassam das Messer in den Bauch gerammt hatte. Die beiden beschimpften sich schon, als wir den Raum betraten, aber ich pfiff Bassam zurück. Das hier war kein Duell der jungen Leute, es war eine Unterredung der Bosse. Und sie war nicht ungefährlich. Schon beim Eintreten sah ich, dass mein Gesprächspartner eine Axt im Hosenbein versteckt hatte. Das ließ nicht auf friedliche Absichten schließen. Der Raum war eng, weiß gekachelt, und von der Decke leuchteten Neonröhren jede versiffte Ecke mit ihrem grellen Schein aus. In dem harten Licht sah Enver noch blasser und kränklicher aus, als er es vermutlich unter freiem Himmel tat. Schon sein Anblick machte mich aggressiv. Meine Jungs und ich standen in der Mitte des Raums, hinter uns versperrten zwei albanische Riesen den Weg zurück ins Restaurant, zwischen uns und dem Hinterausgang funkelten uns Enver und seine Leute an. Das hier konnte richtig ungemütlich werden.

In der Tat zeichnete sich schon nach wenigen Minuten ab, dass eine Einigung im Guten in diesem Fall nicht nur unwahrscheinlich war, sondern nicht mal erwünscht. Das Verhalten der Albaner strotzte vor Aggression und Feindseligkeit. Sobald wir auf den Kampf von Bassam und dem Jungen zu sprechen kamen, war die Atmosphäre endgültig vergiftet. Erst wurde ich laut, dann Enver, dann die Jungs. Im Eifer des Gefechts sprang Bassam auf und schrie den Messerstecher an: »Ya charra, ich zertrete dich und spucke auf deine Leiche.«

Es folgten Gebrüll, Handgemenge, es wurden Waffen gezückt. Als ich merkte, dass Enver die Axt aus seinem Hosenbein zog und auf Bassam zustürmte, ging ich mit dem Messer dazwischen und rammte es ihm in den Oberschenkel. Er schrie auf, taumelte nach hinten. Auch seine Mitstreiter wichen einen Schritt zurück. Mit dem blutigen Messer in der Hand stand ich da und schleuderte dem Albaner meine finale Kriegserklärung entgegen: »Wenn ihr denkt, ihr könnt hier die Gesetze ändern, habt ihr falsch gedacht. Die Gesetze mache ich, und sie treffen alle, die sich mit mir oder meinen Brüdern anlegen.«

Mein Gegenüber sah mich mit funkelndem Blick an, Blut färbte den Stoff seiner Baggy Jeans auf Höhe des Oberschenkels tiefschwarz: »Und was soll das heißen?«

Während ich das Messer an Akhi abgab und mir die Hände mit einem Taschentuch abwischte, sagte ich: »Tod oder Knast.«

Zum ersten Mal seit unserer Unterredung sah ich Unsicherheit im Blick des Albaners aufblitzen. Vielleicht fragte er sich, auf welcher Seite ich stand. Oder wie genau meine Ansage gemeint war. Eine Erklärung gab ich ihm nicht. Zwischen uns gab es nichts mehr zu bereden. Ich signalisierte meinen Jungs mit einem Kopfnicken, dass wir fertig waren, und wir verließen das Lokal. All das passierte innerhalb weniger Sekunden. Die albanischen Schränke, die den Ausgang bewachten, waren so verdattert, dass sie uns widerstandslos passieren ließen. Nur Enver schrie uns noch einen Fluch hinterher, der unbeantwortet im leeren Gastraum des Restaurants verhallte.

Als wir später im Auto nach Neukölln saßen, fragte Bassam: »Onkel, was hast du mit ›Tod oder Knast‹ gemeint?«

Ohne Umschweife antwortete ich: »Dass das Arschloch am Ende ist.«

Tatsächlich war mir spätestens nach diesem Treffen klar: Die neuen Albaner mussten weg. Die Option »Tod« war natürlich zu verhindern, und auch »Knast« stand nicht ernsthaft zur Debatte. Zwar hatte ich während der Suche nach Enver eine sehr konkrete Ahnung davon bekommen, wie die Truppe organisiert war, was es für mich einfach gemacht hätte, ihren Chef durch einen anonymen Anruf bei der Berliner Polizei (von der ich ebenfalls wusste, wie sie tickte und arbeitete) in deren Arme zu treiben, aber so was war gegen meine Ehre. Vielmehr wollte ich jetzt, wo ich wusste, dass eine friedliche Lösung nicht möglich war, die gezielte Vertreibung der neuen Albaner aus Berlin forcieren. Wenn nötig, mit Adnans Hilfe, die er bereits angeboten hatte. So war die »Tod oder Knast«-Ansage im Raum mit den weißen Kacheln vor allem ein Manöver gewesen, um die Gegner zu verunsichern. Verunsicherung ist der erste Schritt zum Untergang eines Mannes. Und untergehen würde Enver. Das hatte ich mir geschworen. Ich sollte den Schwur halten. Allerdings dauerte es eine Weile. Vorher machte ich noch Bekanntschaft mit einem Mann, der ebenfalls Probleme mit den neuen Albanern hatte: dem Rotlichtprinzen vom Stutti.

Der gemeinsame Feind

Über seine Geschäfte wusste ich noch nichts, als ich Steffen Jacob das erste Mal begegnete. Ich wusste nur, dass er im Westberliner Nachtleben eine große Nummer war und pompöse Auftritte liebte. Er war zwanzig Jahre älter als ich, wohlgenährt, liebte Designer-Klamotten, Sonnenbrillen und Frauen. Schön war er nicht. Aber auffällig. Und ehrlich. Wir verstanden uns auf Anhieb, als Akhi ihn mir Anfang der Neunziger in einem von Pontikas' Läden vorstellte, wo wir auch nach dem Aus des Big Apple die Sicherheit machten. Ich erinnere mich nicht mehr genau, wo es war, aber wahrscheinlich im *Magic Ballroom*, ein kugelrunder Club an der Budapester Straße. Ursprünglich hatte der Laden als Rundkino für Touristen gedient, das aber gefloppt war. Danach hatte Pontikas ihn in einen Club umgewandelt. Schickes Ding. Unten Café, oben Piano-Bar, dazu Disco. Solche Locations der etwas gehobeneren Art mochte der Steffen. Da konnte er sich präsentieren und die Sau rauslassen, ohne selbst für alles verantwortlich zu sein. Er sagte immer: »Wenn ich ausgeh, mach ich Ferien von meinen eigenen Läden.«

Was das für eigene Läden waren, thematisierte er nicht, aber ich bekam schnell mit, dass er im Rotlichtbereich arbeitete. Schon in den Sechzigerjahren hatte er Puffs und Striptease-Schuppen besessen, inzwischen waren seine Hauptgeschäfte der *Evi-Club* und die Tabledance-Bar *Bon Bon* am Stuttgarter Platz. Deshalb wurde er von vielen als »Rotlichtprinz vom Stutti« bezeichnet. Wie gesagt, Striptease ist für uns Araber ein Tabu, aber womit ein Mann seinen Lebensunterhalt verdient, ist nicht meine Sache, solange er sich mir gegenüber korrekt verhält. Und das tat Steffen. Er wusste, dass sein Business für mich ein rotes Tuch war, und das respektierte er. Wenn wir uns in der City West über den Weg liefen, redete er nicht über die Details seiner Arbeit. Es gab für mich also keinen Anlass, seine Gesellschaft abzulehnen oder den Kontakt mit ihm zu meiden. Zumal ich ihn mochte. Er war ein Lebemann, wie er im Buche stand: offen, direkt, immer geradeheraus. Leute wie ihn gab es meiner Meinung nach viel zu wenige in Deutschland.

Eines Tages bekam ich einen Anruf. Er ging auf meinem ersten Handy ein, einem dicken schwarzen Klotz von Siemens, der für jede Hosentasche zu groß war und fast nie irgendwo Empfang hatte. Ich saß gerade mit meinen Jungs an der Lietzenburger im Café, wir tranken Chai und aßen von den Baklava, die uns die Frau einer meiner Brüder immer vorbeibrachte, als das Ding in meiner Jackentasche losdudelte. Es war nicht das erste Mal, dass das passierte, trotzdem sorgte immer noch jedes Klingeln für erstaunte Blicke. Keiner hatte damals ein Handy – wenn jemand eins hatte und benutzte, verstummte also sofort jedes andere Gespräch im Raum. Neben mir war Steffen Jacob einer der wenigen, die ich kannte, die auch ein Handy besaßen. Deshalb hatten wir auch sofort Nummern getauscht.

»Mahmoud, ich hab grad bisschen Ärger in Charlottenburg«, kam seine Stimme durch den Hörer. »Kannst du herkommen und hier ein Machtwort sprechen? Soll auch nicht umsonst sein.«

Ich musste nicht lang überlegen. Es wäre mir nicht im Traum eingefallen, ihm die Bitte abzuschlagen. Steffen war ein korrekter Typ, der richtigen Ärger von Lappalien unterscheiden konnte und nicht angerufen hätte, wenn es nicht wichtig gewesen wäre. Ich legte auf und gab meinen Brüdern mit einer auffordernden Geste zu verstehen, dass wir losmussten. Wir hatten es nicht weit. Es ging zur Cocktail-Bar am Savignyplatz. Steffen stand schon im Eingangsbereich und stritt lauthals mit dem Kellner. Als er mich sah, stürzte er sofort auf mich zu: »Danke, dass du kommst, mein Bester. Die haben hier nicht alle Latten am Zaun. Ich hab wichtige Geschäftspartner und ein paar Mädels aus München zu Gast und hatte den VIP-Tisch reserviert. Nach dem ersten Glas Schampus kommt der Kellner und setzt uns in die Ecke um. Er meint, der VIP-Tisch würde für eine neue Gruppe gebraucht. Und das in einem Laden, in dem ich schon Tausende von Mark für Getränke gelassen habe. Eine scheiß Frechheit ist das, Mann!«

»Beruhig dich. Wo sind deine Leute jetzt?«, fragte ich.

»Da drüben in der hintersten Ecke«, antwortete er und deutete in den Schatten hinter der Bar. »Ich bin völlig blamiert vor denen.«

»Und wo ist der VIP-Tisch?«

Er zeigte auf einen etwas erhöhten Bereich an der Stirnseite des Raums, der mit verschnörkelten Goldgeländern abgetrennt war. Dort saßen unter einem riesigen Kristallleuchter die Mitglieder der anderen Gruppe auf roten Samtsofas und tranken Champagner. Neben uns stand der Kellner und guckte abwartend, aber ich beachtete ihn gar nicht. Stattdessen sagte ich zu Steffen: »Los, hol deine Leute. Ich klär das.«

Dann ging ich auf das goldene Geländer zu, stieg die drei Stufen zu den Samtsofas hoch und machte den Champagner-Trinkern eine Ansage, dass der Kristallleuchter klirrte: »Ey, was ist los mit euch? Warum nehmt ihr den Leuten da den Tisch weg? Steht auf und verschwindet. Yallah!«

Während die Leute mit den Champagner-Gläsern mich entgeistert anstarrten, hastete der Kellner neben mich und redete wie ein Verrückter auf mich ein: »So geht das nicht, dieser Bereich ist nur für angemeldete Gäste, die Reservierung Ihres Kollegen hat sich mit der nächsten überschnitten …«

Gelaber. Ich hatte keinen Bock auf so was.

Ich drehte mich zu ihm, hob die Hand mit erhobenem Zeigefinger, sagte aber nichts, sondern schaute ihn nur schweigend an. Er verstummte mitten im Satz. Daraufhin setzte ich nach: »Pass mal auf, du Lappen. Was sich hier überschneidet, ist dein Problem«, schrie ich ihn an. »Du überlegst dir jetzt was. Bring einen zweiten Tisch, mehr Stühle, stell eine Trennwand auf, gib einen aus, was weiß ich. Aber einen zahlenden Stammgast vor seinen Gästen bloßzustellen ist ehrlos. So was macht man nicht.«

Die Folge waren noch ein paar halbherzige Proteste und jede Menge entsetzte Blicke von den umstehenden Tischen, aber am Ende wurden Sofas herumgeschoben, ein zweiter Tisch organisiert und Zusatzstühle herangeschleppt. Danach teilten Steffen und seine Leute sich den VIP-Bereich mit der anderen Gruppe. Immerhin. Die Respektlosigkeit war wiedergutgemacht, der Gesichtsverlust vor den Leuten aus München abgewendet. Für mich war der Vorfall kein großes Ding, so was passierte jeden Tag. Zu viele Leute hatten zu schlechte

Manieren und mussten gemaßregelt werden. Steffen aber war beeindruckt, wie schnell und effizient ich die Verhältnisse geradegezogen hatte. Von diesem Tag an rief er mich immer an, wenn er irgendwo Stress hatte. Mal schickte ich ihm zwei, drei Leute in eine Diskothek, dann übernahm ich bei öffentlichen Anlässen den Personenschutz für ihn oder schlichtete in einer Streiterei. Im Gegenzug zahlte Steffen großzügig, schanzte uns Aufträge zu und half meinen Brüdern, wenn die Probleme mit der Polizei hatten oder im Knast saßen, indem er Rechtsanwälte vermittelte und ihre Familien unterstützte. So unterstützten wir uns gegenseitig. Mit der Zeit lernten wir uns immer besser kennen, gingen auch mal abseits von Aufträgen zusammen essen. Wir wurden Freunde.

Steffen war ein Berliner Urgestein. Er kannte in der Stadt alles und jeden und hatte immer was zu erzählen. Darüber, dass er in Neukölln aufgewachsen war und Stars wie David Bowie und Chuck Berry in den Siebzigern in seinen Puffs gefeiert hatten. Über krasse Auseinandersetzungen mit noch krasseren Leuten, über wilde Partys, historische Skandale und gnadenlose Exzesse. Oft redete er so viel, dass ich von dem, was er sagte, nur die Hälfte kapierte, aber das störte nicht. Die Hauptsache war, dass wir uns im Kern verstanden, weil es in unseren Biografien trotz aller Unterschiede viele Parallelen gab. Der direkte Kontakt zum Geschehen auf der Straße, die Kenntnis der Unterwelt und der Bezug zu Neukölln waren nur ein paar davon. Uns ging nie der Gesprächsstoff aus. Vielleicht wäre meine Beziehung zu Steffen Jacob trotzdem nie so eng geworden, wie sie es am Ende war, wenn wir nicht einen gemeinsamen Gegner gehabt hätten: die neuen Albaner.

Seit der Schlacht an der Uhlandstraße herrschte Krieg in Berlin. Manchmal erwischten wir einen von Envers Leuten, manchmal lief es umgekehrt. Ich saß oft genug mit Adnan zusammen und sprach mit ihm darüber, was zu unternehmen war. Auch er und seine Leute stießen immer wieder mit den Hütchenspielern zusammen.

Es war eine harte Zeit, in der wir alle viele Opfer brachten. Wir kamen irgendwie damit klar, solche Auseinandersetzungen waren Teil unseres Lebens, trotzdem war der Krieg wie ein Magengeschwür, gegen das wir keine Medizin fanden. Enver und seine Truppe entzogen oder widersetzten sich jedem der üblichen Versuche, das Hauen und Stechen zu beenden. So setzte es sich unkontrolliert fort. Nicht nur in Adnans und meinem eigenen Hoheitsgebiet.

Auch Steffen bereiteten die neuen Albaner Kopfzerbrechen. Er hatte Mitte der Neunziger massive Probleme mit ihnen, weil sie ins Rotlichtgeschäft drängten und es dabei konkret aufs Revier am Stuttgarter Platz abgesehen hatten. Die Dynamik im Verlauf des Konflikts war vergleichbar mit dem, was ich selbst erlebt hatte. Erst wurden Steffens Mädchen auf der Straße angerempelt, bespuckt und geschubst, dann kam es zu Prügeleien zwischen den Türstehern seiner Läden und Envers Jungs, und schließlich führte das Ganze zu einem persönlichen Streit zwischen Steffens Leibwächter und einem der albanischen Nachwuchszuhälter. Die Folge war ein offener Schusswechsel, bei dem der Leibwächter den albanischen Gegner abknallte. Danach war Steffen seinen besten Mann los – er musste wegen Mordes mehrere Jahre in den Knast –, hatte dafür aber eine ganze Reihe neuer Probleme am Hals. Weil die Schießerei in seinem Evi-Club stattgefunden hatte, richtete sich Envers ganze Wut nun gegen ihn. Steffen war zwar überhaupt nicht an der Schießerei beteiligt und an dem betreffenden Abend nicht mal im Evi-Club anwesend gewesen – das wusste ich, weil er mit mir und meinen Brüdern gefeiert hatte –, aber das kümmerte Enver nicht. Er wollte Rache. Oder Geld. Die Forderung lautete: »100 000 Mark oder wir knallen dich ab.«

Steffen weigerte sich zu bezahlen und schaltete die Polizei ein. Es gab langwierige Befragungen, die aber immer in die falsche Richtung abdrifteten. Statt die erpresserische Morddrohung der Albaner zu thematisieren, zielten die Fragen der Beamten ständig auf Steffens Alibi in der Mordnacht ab. Ein paar Brüder und ich mussten sogar eine Aussage machen, weil wir ja bezeugen konnten, dass Steffen zur Zeit des Schusswechsels nicht im Evi-Club gewesen war. Die nichtssagende Zusammenfassung der Beamten lautete: »Wir haben den Fall aufgenommen. Wenn noch mal etwas vorfällt, rufen Sie uns wieder an.«

»Wenn noch mal etwas vorfällt?«, rief Steffen aufgebracht. »Sie müssen *jetzt* was unternehmen, nicht erst beim nächsten Mal. Diese Leute haben doch schon gedroht, mich umzubringen, wenn ich nicht bezahle. Der nächste Vorfall könnte sein, dass ich in den Laden komme und 'ne Kugel in den Rücken kriege. Dann soll ich Sie wieder anrufen, ja? Schönen Dank auch. Dann ist es sowieso zu spät.«

In diesem Moment tat sich eine weitere Parallele zwischen dem Rotlichtprinzen und mir auf: Für keinen von uns war auf die Polizei Verlass. Am Ende löste Steffen das Problem, wie er schon viele, wenn auch harmlosere Probleme in den letzten Jahren gelöst hatte: Er bat mich um Hilfe und forderte meinen Schutz. Ich ließ ihn auch diesmal nicht im Stich. Wer Steffens Feind war, war auch mein Feind. Und wenn wir die gleichen Feinde hatten, war das ein Grund, umso näher zusammenzurücken und unsere Kräfte für einen letzten großen Schlag zu sammeln. Auch wenn ich zu diesem Zeitpunkt keine Ahnung hatte, wie dieser letzte große Schlag gegen Enver aussehen würde, zweifelte ich keine Sekunde daran, dass er kommen würde. Bis es so weit war, mussten wir die Lage im Auge behalten, wachsam sein und gegenseitig aufeinander aufpassen. Das war Ehrensache. Sechs Wochen lang fuhren meine Leute und ich Steffen jeden Tag nach Hause in den Grunewald und holten ihn am nächsten Tag wieder dort ab. In der Öffentlichkeit war ich in dieser Phase ständig an der Seite des Rotlichtprinzen, hinter verschlossenen Türen rüstete ich mich fürs letzte Gefecht mit dem gemeinsamen Gegner. Es war ein Gefecht, das es in sich hatte. Die Schießerei im Evi-Club sollte nicht die letzte gewesen sein.

Attacke

Was fällt euch ein, meine Frau anzumachen, ihr Wichser?«

Der Typ, der uns diese Worte entgegenschleuderte, war ein Hemd. Er war klein, schmächtig, hatte kaum Muskeln. Keine Ahnung, wo er den Mut hernahm, so eine große Schnauze zu riskieren, oder warum er so aggro auf uns reagierte. Anfangs nahm ich ihn gar nicht ernst.

»Junge, komm runter«, beschwichtigte ich ihn. »Wir haben deine Frau nicht angemacht, so was machen wir nicht, verpiss dich.«

»Fühlst du dich stark, weil ihr zu dritt seid, du Hurensohn«, bellte er weiter. »Ist mir scheißegal, dass ihr mehr seid, ich ficke euch. Keiner macht meine Frau ungestraft an.«

Die Beschimpfungen trafen uns völlig unerwartet. Ich hatte mit Al-Ammu und seinem Sohn, die gerade aus Nordrhein-Westfalen zu Besuch waren, einen entspannten Tag verbracht. Wir hatten Familienrat gehalten und die jüngsten Neuigkeiten ausgetauscht, waren im Casino an der Lietzenburger gewesen und hatten nach einem Spaziergang durch den Kleistpark Akhi bei unserem Lieblings-Italiener an der Hauptstraße in Schöneberg getroffen. Dort standen wir nun zu viert in der

Sonne und redeten. Da ging das Hemd mit seiner Freundin an uns vorbei. Wir achteten gar nicht auf die beiden, waren viel zu sehr mit unseren eigenen Angelegenheiten beschäftigt. Doch an der nächsten Ampel drehte sich der Typ zu uns um, kam zurück, und das Geschrei ging los. Die Freundin stand solange geduldig an der Straßenecke und wartete. Ob sie ihn auf uns losgejagt hatte? Oder war sie genauso überrumpelt von dem plötzlichen Wutausbruch wie wir? Wir erfuhren es nicht. Der Junge machte weiter den Starken, ich sagte noch ein paarmal »Zisch ab!« und »Komm, du Kelb, geh weg«, aber nachdem er auf meinen Cousin losgegangen war, eskalierte die Situation wie im Zeitraffer.

Noch bevor der Angreifer meinen Cousin erreichte, ging Akhi dazwischen und schubste das Hemd weg. Der Typ stolperte rückwärts, fing sich aber schnell und griff wie ein tollwütiges Tier sofort wieder an. Noch mal wurde er weggeschubst. Noch mal kam er zurück. Und noch mal. Dann riss meinem Bruder der Geduldsfaden, und er ging zum Gegenangriff über. Mit einem kurzen, präzisen Jab setzte er dem Zirkus ein Ende. Knochen knirschten, und der Typ ging mit blutender Nase zu Boden. Zum ersten Mal seit Beginn der Streiterei löste sich die Freundin aus ihrer Lauerhaltung, lief mit einem entsetzten Schrei auf ihren Kerl zu und beugte sich über ihn. Ächzend ließ er sich von ihr aufrichten, sah uns noch einmal mit Killerblick an, dann humpelte er davon. An der Kreuzung drehte er sich noch einmal um und brüllte voller Hass: »Wir kriegen euch, ihr Bastarde, und zwar schneller, als euch lieb ist.«

Was zum Teufel war kaputt mit dem Jungen? Warum war er so feindselig? Und warum redete er auf einmal von »Wir«? Das war kein gutes Zeichen. Hinter seiner Wut musste deutlich mehr stecken als ein spontaner Anfall von Eifersucht.

Wahrscheinlicher war, dass er den Zusammenstoß bewusst herbeigeführt hatte, um seinen Leuten einen Vorwand für einen großen, von langer Hand geplanten Vergeltungsschlag zu liefern, dessen Ursprung viel tiefer saß als die lächerliche »Ihr habt meine Frau angemacht«-Nummer.

Es passierte öfter, dass Provokationen wie diese als Brandbeschleuniger für andauernde Streitereien benutzt wurden, und ich hatte schon eine Ahnung, von welcher Seite diese hier kommen konnte. Wie eine dunkle Prophezeiung geisterte immer wieder ein Name durch meinen Kopf: Enver. Es war gut möglich, dass hier gleich die Hölle losbrach. Nachdem das Hemd und seine Freundin um die Straßenecke verschwunden waren, lief mal wieder mein Handy heiß. Der Reihe nach telefonierten wir unsere Brüder ab: »Es gibt ein Problem, wir haben jemanden zusammengeschlagen. Er wird seine Leute auf uns hetzen. Holt mal ein Auto und Waffen her.«

»Waffen«, das bedeutete in dieser Zeit vor allem Äxte, Schlagstöcke und Messer. Für Akhi und mich galt spätestens seit der Schlacht an der Uhlandstraße und dem Personenschutzauftrag von Steffen Jacob allerdings auch, dass wir fast immer eine Pistole am Mann hatten. Es war nicht schwer für uns, an scharfe Schusswaffen heranzukommen. Wir hatten Verbindungen zu Schwarzmarktschiebern, die unter der Hand so ziemlich alles besorgen konnten, was man bei ihnen bestellte. Selbst handelten wir aber nicht mit Waffen, auch wenn es in den Medien oft so dargestellt wurde. Aber dazu später mehr.

Wir waren jetzt in höchster Alarmbereitschaft. An ein entspanntes Essen beim Italiener war nicht mehr zu denken. Nur Al-Ammu schickten wir vorsichtshalber ins Innere des Restaurants. Wer auch immer gleich angreifen würde, er hatte es auf uns Jüngere abgesehen, nicht auf unseren ehrenwerten

Onkel. Da das Ganze eine Berliner Angelegenheit war, hätte eigentlich auch unser Cousin aus Nordrhein-Westfalen nicht mitkämpfen müssen, aber er bestand darauf, meinem Bruder und mir beizustehen. Vorsorglich wechselten wir auf die andere Straßenseite, von der man die Kreuzung besser überblicken konnte. Wenn sich ein wilder Mob näherte, um Rache zu nehmen, wollten wir ihn rechtzeitig kommen sehen. Allerdings kam vorerst kein Mob. Stattdessen bog ein einzelner Macker – diesmal durchtrainiert, vor Kraft strotzend, mit Stiernacken und dicken Armen – um die Ecke, der mit dem Schlachtruf »Ihr schlagt meinen Bira? Dafür bezahlt ihr« auf uns zurannte. »Bira«? Das war ein kurdischer Ausdruck für »Bruder«. Steckten am Ende doch nicht Enver und die neuen Albaner hinter dieser Attacke? Wurden hier alte Fehden aus den Revierkämpfen zwischen Türken/Kurden und Arabern neu belebt? Aber warum? Die Feindschaft mit Ayaz und Seyed war längst Geschichte, der alte Einwandererkrieg beigelegt. Mit Rokar, dem heutigen Anführer der Kurden in Neukölln und Kreuzberg, hatte ich sogar ein gutes Verhältnis. Was sollte also das Theater? Es blieb keine Zeit, es herauszufinden. Bevor wir etwas erwidern konnten, zog der Stiernacken eine Knarre, zielte abwechselnd auf Akhi, meinen Cousin und mich und brüllte weiter: »Niemand schlägt einen Kurden, ohne zu bezahlen.«

Also tatsächlich die Kurden! Jetzt war ich mir sicher, dass es sich bei der Sache um einen Irrtum handelte. Ich machte mir nicht mal die Mühe, meine eigene Pistole zu ziehen, sondern bediente mich einer anderen Waffe, die, gezielt eingesetzt, ihre Wirkung selten verfehlte. Beschwichtigend hob ich die Hand und brüllte in meinem entschiedensten Tonfall über die Kreuzung: »Mach jetzt keinen Fehler, sondern hör mir zu.

Wir kennen den Jungen mit der Frau nicht, hatten keine Ahnung, dass er zu euch gehört. Grüß mal deinen Boss von Mahmoud. Rokar kennt mich. Sag ihm, dass das hier alles ein Missverständnis war. Wir werden uns entschuldigen.«

Mit so was hatte der Muskelmann offenbar nicht gerechnet. Er war sichtlich verunsichert. Zweifel flackerten durch seinen Blick, er fuchtelte noch ein paarmal unentschlossen mit dem Lauf seiner Knarre vor uns herum, murmelte dann zögerlich: »Wehe, du lügst!«

Damit machte er auf dem Absatz kehrt und rannte weg. Unser Cousin aus Nordrhein-Westfalen sah mich fragend an. Mein Bruder und ich klärten ihn auf. Auch Akhi kannte Rokar. Wir waren beide beruhigt, dass sich die aufgeheizte Situation vergleichsweise schnell und unkompliziert geklärt hatte, steckten uns erst mal eine Kippe an. Wir sollten sie nicht zu Ende rauchen. Die Erleichterung währte nur fünf, vielleicht sechs Züge. Dann flogen die Entspannungszigaretten in die Ecke. Denn jetzt brach doch noch die Hölle los.

Aus unterschiedlichen Richtungen kamen vier Autos auf uns zugeschossen, die mitten auf der Straße in die Eisen gingen, dass es nur so quietschte. Sie spuckten eine Bande von schweren Jungs aus, die deutlich weniger zögerlich waren als der Muskelmann von vorhin. Die Reifen dampften noch, als vor uns die erste Kugel in den Straßenbelag krachte. Für den Bruchteil einer Sekunde kamen vor meinem inneren Auge die Bilder vom Duell mit dem Schönling auf der Fasanenstraße wieder hoch. Aber sie wurden sofort vom nächsten Schuss weggeballert. Ohnehin hinkte der Vergleich. Das hier war tausendmal krasser als das Duell mit dem Drogenboss in den Achtzigern. Statt einem alten Ford sah ich mich vier getunten Sportkarren gegenüber. Auch die Anzahl der bewaffneten Angreifer hatte sich vervierfacht. Zusätzlich wurden die Schützen von einer Mannschaft aus acht Schlägern unterstützt, die zwischen den Schüssen mit Stöcken und Messern in unsere Richtung hieben. Gegen dieses martialische Drohszenario war die damalige Einschüchterungsaktion des Schönlings ein Witz gewesen. Nachdem die ersten Schüsse vor unseren Füßen den Asphalt durchlöchert hatten, hechteten Akhi, unser Cousin und ich hinter einen BMW, der am Straßenrand parkte. Dann sahen wir uns wortlos an und zogen unsere eigenen Waffen. Was bildeten sich diese Wichser ein, mit wem sie es zu tun hatten? Wir waren keine Anfänger mehr, die mit nichts als einer gehörigen Dosis Selbstüberschätzung den wilden Tieren des Berliner Straßendschungels entgegentraten. Wir waren Al-Zein, die Ordnungsmacht der City West. Wir gaben uns nicht kampflos geschlagen. Niemals. Also schossen wir zurück.

Man muss sich so eine Straßenschießerei nicht als Blutrausch mit menschlichen Nahkampf-Zielscheiben vorstellen. Auch aufbrausende Kämpfer sind nicht scharf darauf, einen Mord auf dem Gewissen zu haben. Statt direkter Körperschüsse sind bei solchen Gefechten eher Schreckschüsse das Ziel, die den Gegner auf Distanz halten, gegebenenfalls auch Streifschüsse, die ihn außer Gefecht setzen. Dadurch wird das höchstmögliche Maß an Einschüchterung erreicht und die eigene Brutalität bewiesen. In der Regel reicht das, um die Fronten zu klären. Wären damals an der Hauptstraße alle Beteiligten aufs Ganze gegangen, hätte wahrscheinlich keiner von uns die Schießerei überlebt. Trotzdem war sie auch ohne Todesopfer ein Tanz auf der Klinge. Gefühlt dauerte sie eine Ewigkeit. Wenn einem die Patronen um die Ohren pfeifen, sind die üblichen Regeln von Zeit und Raum außer Kraft gesetzt. Einerseits funktioniert man nur noch und kann keinen klaren Gedanken fassen, andererseits scheinen sich die unsicheren Sekunden beim Warten auf den nächsten Schuss ins Endlose auszudehnen.

Ich kann nicht mehr sagen, wie lange das Gefecht dauerte, bis die Polizei kam. Vielleicht waren es zwanzig Minuten, vielleicht auch nur fünf. Als die Sirenen losplärrten, sprang die kurdische Kampfeinheit zurück in die Sportwagen und bretterte mit Vollgas davon. Nur wenige Augenblicke später erreichten die Streifenwagen das Schlachtfeld und die Beamten sperrten die komplette Kreuzung. Sie trafen uns unbewaffnet an. Unsere Knarren hatten wir vor ihrer Ankunft in einen Gulli entsorgt. Natürlich wurden Akhi, unser Besuch aus Nordrhein-Westfalen und ich einer eingehenden Befragung unterzogen. Wir waren gewohnt einsilbig. Was war passiert? Man hatte uns angegriffen. Wer genau? Irgendwelche Chaoten, keine Ahnung, wer die waren. Ohne uns darüber im Klaren zu sein, sagten wir damit in gewisser Weise die Wahrheit. Das Hemd, der Stiernacken und die Sportwagenarmee gehörten tatsächlich zu einer Gruppe, mit der wir noch nichts zu tun gehabt hatten. Allerdings handelten sie im Namen einer anderen, die wir sehr wohl kannten.

Noch am selben Abend stand ich bei Rokar auf der Matte. Die Begegnung war wie ein Déjà-vu. Sie verlief genauso wie mein Treffen mit Adnan nach dem Messerangriff auf Bassam. Während ich vor Wut schäumte, war der Kurdenboss völlig arglos, brachte aber schnell in Erfahrung, dass die Sportwagen-Gang nicht aus seinen Leuten bestanden hatte. Sie gehörte zu einer neuen Generation kurdischer Flüchtlinge aus der Türkei und dem Irak, die derzeit unabhängig von Rokar und seinen Jungs in Berlin ihr Ding machten. Damit waren sie sozusagen das kurdische Gegenstück zu den neuen Albanern, die zuvor Adnans Autorität untergraben hatten. Aber das war nicht das Einzige, was die beiden Gruppen gemeinsam hatten. Als Rokar und ich uns auf die Suche nach dem Anführer der neuen Kurden machten, führte die Spur nicht nur schnell Richtung Ku'damm, unsere Nachforschungen ergaben auch, dass die Truppe offenbar mit den neuen Albanern gemeinsame Sache machten – beim Hütchenspiel, bei Rotlicht- und Drogengeschäften, im Kampf gegen die alte Ordnung. Ich war außer mir. Envers Offensive gegen die bestehenden Kräfteverhältnisse an der Gedächtniskirche hatte sich zu einem Kraken ausgewachsen, dessen gierige Fangarme auf weitere Gruppen übergegriffen hatten und jetzt systematisch daran arbeiteten, uns Platzhirsche zu zerquetschen. Wenn das so weiterging, würde es nicht mehr lange dauern, bis die Straßen der City West mit Leichen gepflastert waren. Zu meinem Erschrecken musste ich feststellen, dass wir nicht nur wenig, sondern eigentlich gar keine Zeit mehr hatten. Entscheidungen mussten her. Und zwar sofort. Leben oder Tod, Ordnung oder Anarchie, Enver oder wir.

In der Tat war die Schießerei an der Hauptstraße ein Zeichen dafür, dass wir die Fehde mit den neuen Albanern trotz aller Alarmsignale viel zu lange unterschätzt hatten. Der Vorfall mit der Sportwagen-Gang war der sprichwörtliche und überfällige Schuss vor den Bug des Machtzentrums Al-Zein. Schon längst waren viel zu viele Beteiligte in den Krieg hineingezogen worden, viel zu viele Verluste zu beklagen. Was ich damit meine, will ich am Beispiel von Chafik erklären. Seine Geschichte soll hier stellvertretend für alle stehen, die als Trittbrettfahrer der unbarmherzigen Eigendynamik eines Bandenkriegs zum Opfer fallen.

Kurz nach dem gescheiterten Schlichtungsversuch mit Enver im China-Restaurant kam es vor einer Diskothek mal wieder zum Streit zwischen den neuen Albanern und zwei meiner Brüder der jüngeren Generation. Auch dabei kamen Messer und Pistolen zum Einsatz. Chafik, einer unserer furchtlosesten Youngster, kam dabei ins Krankenhaus, Rafa, sein Kumpel, blieb unverletzt und bekam es irgendwie hin, einem der Albaner die Knarre abzunehmen. Wäre Rafa klug gewesen, hätte er sich über seine Unversehrtheit gefreut, wäre nach Hause gefahren und hätte die Waffe im Garten verbuddelt. Leider war er nicht klug. Er hatte nichts Besseres zu tun, als mit der Pistole in den nächsten Club zu rennen und dort vor seinen Freunden auf dicke Hose zu machen: »Hey Leute, wir haben auf die Albaner geschossen. Guckt mal, ich hab sogar die Waffe dabei.«

Er muss so demonstrativ mit der Knarre in der Disco rumgewedelt haben, dass auch Leute darauf aufmerksam wurden, die ihm nicht wohlgesinnt waren. Jedenfalls stand am nächsten Morgen um sechs Uhr das SEK vor seiner Tür und machte eine Razzia. Dabei wurde die Waffe sofort gefunden und beschlagnahmt.

Rafa musste mit aufs Revier. Dort wurde er so lange mit Fragen gelöchert, bis er ausplauderte, dass er gar nicht selbst auf die Albaner geschossen hatte, sondern Chafik – der daraufhin ebenfalls verhaftet wurde. Er kam in den Knast nach Moabit, wurde von den Beamten ebenfalls tagelang ausgefragt. Aber er war ein guter Junge, viel charakterstärker als sein Kumpel. Aus ihm war kein Sterbenswort über Details zur Schießerei herauszuquetschen. Allerdings hielt er irgendwann den Druck nicht mehr aus, den die Ermittler auf ihn ausübten. Eines Tages flippte er total aus, attackierte jeden, dem er im

Knast begegnete, mit roher Gewalt. Man wollte ihn mit einer Betäubungsspritze ruhigstellen. Dabei muss er sich gewehrt haben. Die Nadel rutschte ab und traf einen Nerv oder so was. Seitdem war Chafik geistig behindert.

Am Ende war das ganze Drama völlig umsonst. Da Rafa seine Zeugenaussage zurückzog und es keine weiteren Zeugen gab, wurde Chafik wieder freigelassen. Aber er war fertig, gebrochen, nicht mehr derselbe. Ein paar Jahre zuvor war er noch allein, ohne seine Eltern, voller Wagemut und Tatendrang nach Deutschland ausgewandert. Jetzt war sein einziger Wunsch, zurück zu seiner Familie nach Syrien zu kommen. Wir kümmerten uns darum, organisierten seine Reise nach Damaskus. Damals ging das noch. Ich weiß nicht mehr genau, warum, aber aus irgendwelchen Gründen ging Chafiks Flug von Dresden aus. Wir setzten ihn in den Zug dorthin. Aber er kam nie am Flughafen an. Von ihm hörten wir plötzlich nichts mehr, ein Telefonat mit seinen Eltern ergab, dass er es nie bis zu ihnen geschafft hatte. Drei Monate blieb er verschwunden. Ich setzte alle Hebel in Bewegung, gab meinen Rechtsanwälten seinen Namen, seine Daten, ein Foto und bat sie, sich umhören. Nach ein paar Wochen meldete sich mein Anwalt: »Mahmoud, ich hab herausgefunden, wo dein Freund sich aufhält.«

Die traurige Wahrheit war: Chafik lag in einer psychiatrischen Klinik irgendwo im sächsischen Nirgendwo. Auf dem Weg nach Dresden hatten ihn in der Bahn sechs Leute überfallen, niedergeschlagen, seinen Kopf eingetreten. Es waren wohl Neonazis, die einen Ausländer plattmachen wollten, ganz klar wurde das nicht. Angeblich konnten die Täter nicht ermittelt werden. Als wir in die Klinik fuhren, erkannten wir Chafik kaum wieder. Er bewegte sich nicht, schien keinen von uns zu erkennen, war vollgepumpt mit Psychopharmaka. Die Ärzte meinten, er hätte seit fünf Monaten kein Wort gesprochen. Er sei völlig am Ende.

Wir nahmen den Jungen mit zurück nach Berlin, kümmerten uns um ihn, gingen mit ihm zu Ärzten, sorgten dafür, dass er Medikamente bekam. Nach einigen weiteren Monaten völligen Schweigens fing er langsam wieder an, sich mitzuteilen. Anfangs schrieb er nur auf, was er zu sagen hatte, aber mit der Zeit kam die Sprache zurück. Noch immer war sein größter Wunsch, zu seinen Eltern nach Syrien zurückzugehen. Diesmal setzten wir ihn persönlich ins Flugzeug. In Damaskus nahmen ihn seine Eltern in Empfang.

Bis heute versorgen wir die Familie mit Geld und Medikamenten, kümmern uns darum, dass Chafik im Rahmen seiner begrenzten Möglichkeiten ein gutes Leben führen kann. Das ist das Mindeste, was wir tun können. Er ist einer von uns. Ein Opfer unserer eigenen Kriege. Seine Geschichte mag eine Verkettung unglücklicher Zufälle sein, aber für mich ist sie auch ein Symbol dafür, dass die Gewalt, die wir verursachen, sich irgendwann wieder gegen uns richtet. Manchmal gar nicht gegen uns selbst, sondern gegen andere aus unseren Reihen. Zu dieser Erkenntnis bin ich selbst erst relativ spät in meinem Leben gelangt, aber heute ist es mir wichtig, sie an junge Leute weiterzugeben. Besser, als die Opfer aus den eigenen Reihen dauerhaft zu unterstützen, so wie wir es bei Chafik tun, ist es doch, gar nicht erst welche zu erzeugen. Das geht nur, indem wir Konflikte friedlich lösen und Gewalt vermeiden. Wir sollten es zumindest versuchen. Dafür ist Chafiks Geschichte eine Mahnung.

Andererseits hat die Macht der Gewaltlosigkeit natürlich Grenzen. Auch dafür war der Konflikt mit den neuen Albanern beispielhaft. Was als immer krasser ausufernde Gewaltorgie beginnt, lässt sich nicht mit frommen Worten beenden. Das galt auch hier. Nach der Schießerei an der Hauptstraße schlossen Adnan, Rokar und ich uns zusammen – die alte Garde gegen die neue Verrohung. Wir waren uns einig, dass das einzig mögliche Mittel zur Wiederherstellung geregelter Verhältnisse die vollständige Vertreibung von Enver, seinen Leuten und den neuen Kurden aus Berlin war. Die Frage lautete: sie oder wir? Die Antwort auf die Frage war klar. Das Einzige, was nicht von Anfang an feststand, war, wie man sie ein und für alle Mal (und so, dass sogar Enver sie begriff) im kollektiven Bewusstsein der Stadt verankerte. Weitere Pannen konnten wir uns jetzt nicht mehr erlauben.

Wir gingen konsequent strategisch vor. Diesmal durften keine unberechenbaren Massenschlägereien, kein aussichtsloser Versuch eines Schlichtungsgesprächs und keine hinderlichen Einmischungen der Polizei unseren Kampf um die Wiedererlangung der Oberhand in der City West vereiteln. Stattdessen sollte die geballte Kraft der Einigkeit unseren Gegnern zeigen, dass sie von vornherein auf verlorenem Posten gekämpft hatten.

Zuallererst besannen wir uns auf einen Vorteil, den wir Enver und den neuen Kurden gegenüber ganz klar hatten: unsere gute Kenntnis der verschiedenen Berliner Stadtteile und unsere zahllosen Kontakte quer durch die verschiedenen Schichten von Unterweltregenten, Geschäftsleuten und Kiezgrößen. Bei der Rekrutierung von Verbündeten kam uns die verlustreiche Serie von Attacken seit der Uhlandstraßenschlacht sogar zugute. Das Hauen und Stechen hatte inzwischen so weite Kreise gezogen, dass eigentlich jeder Bandenboss, mit dem wir sprachen, den einen oder anderen Leidtragenden in den eigenen Reihen zu beklagen hatte. Die allgemeine Entschlossenheit, den Eindringlingen das Handwerk zu legen, war dementsprechend groß. Das war schon mal eine gute Grundvoraussetzung.

Nachdem ich nun eine große Mannschaft von Unterstützern hinter mir wusste, kam der nächste, etwas kompliziertere Teil. Ich ordnete rund um die Gedächtniskirche, am Stutti und der U-Bahn-Station Uhlandstraße Dauerbeschattung an. Tag und Nacht lagen meine Jungs auf der Lauer, um eingeübte Wege und regelmäßige Treffpunkte der feindlichen Gangs auszuspionieren. Jede noch so kleine Erkenntnis ließ ich mir berichten. Die Informationen wurden zu Puzzleteilen eines Schlachtplans, der in meinem Kopf mit jedem Tag konkretere Gestalt annahm. Bei alledem befahl ich meinen Leuten konsequente Zurückhaltung. Niemand sollte sich ohne Not zu erkennen geben, keiner aus Rachsucht oder im Affekt ein Exempel an unseren Gegnern statuieren. Ich selbst ließ mich in dieser Phase fast nie in der City West blicken. Wenn es partout nicht anders ging, fuhr ich hin, regelte die Dinge im Schnellverfahren und rauschte wieder ab. Ich wollte, dass wir vorerst unsichtbar waren. Enver und seine Vasallen sollten sich in Sicherheit wiegen und ohne Misstrauen ihren schmutzigen Geschäften nachgehen. Gerade weil sie beobachtet wurden, sollten sie sich unbeobachtet fühlen. Dann, zu einem Zeitpunkt, zu dem sie am wenigsten damit rechneten, wollte ich aus dem Dunkel treten und das Finale des Gegenschlags einleiten: die Vertreibung.

Es war nicht einfach, meine Leute im Zaum zu halten. Die erste Beschattungswoche lief noch einigermaßen diszipliniert, doch schon in der zweiten wurden viele unruhig.

»Mahmoud, was hast du vor?«, fragten sie. Oder: »Lass endlich zuschlagen. Ich ertrag's nicht länger, die Hurensöhne, ungehindert ihr Ding machen zu lassen.«

Meine Antwort war immer die gleiche: »Mach keinen Scheiß, Bruder. Einen Krieg von mehreren Monaten beendet man nicht in zwei Tagen. Vertrau mir, bei manchen Gegnern ist die tödlichste aller Waffen die Geduld.«

Ich erwartete nicht, dass alle verstanden, worauf ich hinauswollte. Ich erwartete nur, dass sie ihren Job machten. Das taten sie. Zwei Wochen lang lagen sie auf der Lauer, harrten aus, berichteten. Danach platzte auch mir fast der Kopf. Aus der Masse von Erkenntnissen hatte ich mir ein exaktes Bild von Envers täglichen Wegen, Gewohnheiten, Vertrauenspersonen und Geschäftsmethoden gemacht. Fast fühlte ich mich wie sein eigener Schatten. Eine besonders wertvolle Information war, dass Enver sich jede Woche mittwochs um 14 Uhr mit dem Boss der neuen Kurden – ein gewisser Dogan – in einer Bäckerei in der Uhlandstraße traf. Dabei verließen sie den Laden jedes Mal durch den Hinterausgang, rauchten eine auf dem Parkplatz im Hof, um sich anschließend zu trennen. Dogan verließ den Hof durch die Bäckerei auf die Uhlandstraße, Enver durch das bekannte China-Restaurant, dessen Hinterausgang ebenfalls auf den Parkplatz mündete, auf die Grolmannstraße. Ihr nächstes Treffen wollte ich nutzen, um meiner Unsichtbarkeit ein Ende zu setzen – und anschließend die Jagd zu eröffnen.

Der Erste, den ich einweihte, war Akhi: »Bruder, wir sind so weit. Ab Mittwoch schlagen wir zu.«

Er nickte zufrieden. Auch er wartete seit der Schießerei an der Hauptstraße ungeduldig auf eine Revanche.

»Sag den Jungs Bescheid, dass sie sich bereithalten sollen«, sprach ich weiter. »Sie müssen sich überall in der Stadt postieren und die Leute von Enver und Dogan kaputt schlagen. Wir brauchen einen Flächenbrand. Vorher machen wir den beiden eine Ansage. Ich schwör dir, Bruder, es ist die letzte.«

Nachdem ich auch Adnan und Rokar ins Boot geholt hatte, lief der Countdown. Sie instruierten ebenfalls ihre Leute, danach ging das große Hufscharren los. Als wir am Mittwoch in einem schwarzen 190er-Mercedes mit getönten Scheiben auf den Hinterhofparkplatz zwischen Uhlmann- und Grolmannstraße einbogen, lastete eine gespenstische Ruhe über der City West. Es war noch früh, erst Mittag. Bis Enver und Dogan eintreffen würden, hatten wir noch zwei Stunden Zeit. Trotzdem war die Aufstellung für die Zerschlagung der Gegner schon jetzt perfekt. Unsere Leute beschatteten die Vorder- und Hintereingänge der Bäckerei und des China-Restaurants, sie sicherten die Zufahrt zum Parkplatz und die umliegenden Straßen. Zusätzlich waren an allen Plätzen der Stadt, an denen die neuen Albaner und Kurden in den vergangenen Wochen ungestört ihr Ding gemacht hatten, unsere Leute stationiert – mit der Order, ab 14 Uhr zuzuschlagen. Nicht eine Sekunde früher. Auf keinen Fall wollten wir, dass Enver und Dogan vorzeitig Lunte rochen oder gewarnt wurden.

Die letzten zwei Stunden der Unsichtbarkeit vergingen quälend langsam. Die Spannung im Auto stieg mit jeder Sekunde, aber keiner sagte etwas. Es war alles bereit, es gab nichts mehr zu bereden. Stumm saßen wir in unseren Sitzen, rauchten, behielten die Hinterausgänge von Bäckerei und China-Restaurant im Auge und erwarteten die Ankunft der beiden Bandenführer. Auch als der Zeiger der Uhr im Drehzahlmesser an der Armatur die 14-Uhr-Marke hinter sich gelassen hatte, sprachen weder Adnan noch Rokar, Akhi oder ich. Nur unruhiges Hin- und Hergerutsche verriet unsere wachsende Nervosität.

Als mein Handy gegen fünf nach zwei ein lautes SMS-Piepen von sich gab, zuckten alle zusammen. Dies war der Moment, auf den wir gewartet hatten. Die SMS kam von Ibn al'amm. Er beschattete mit drei unserer Brüder den Eingang der Bäckerei. Ich hatte ihn extra mit einem Handy ausgestattet, damit er uns bei Envers und Dogans Ankunft eine kurze Vorwarnung schicken konnte. Das hier war sie. »Attacke«, stand im Display.

Es war so weit. Ich holte eine Knarre aus der Innentasche meines Sakkos, nickte meinen Leuten zu, und wir stiegen synchron aus dem Auto. Rokar und Akhi drückten sich im Schatten der Eisentür, die der Bäckerei als Hinterausgang diente, gegen die Hauswand, Adnan und ich hechteten hinter einen Transporter, durch dessen verdreckte Scheiben wir die Eisentür genau im Blick hatten. Die Sekunden danach: purer Nerventerror. Jetzt ging es um alles. Jede Überstürzung, jede unüberlegte Hast, aber auch jedes unangemessene Zögern konnten die komplette Aktion zum Scheitern verurteilen oder in ein Blutbad verwandeln. Während ich hoch konzentriert das Gelände jenseits der Scheiben beobachtete, schlug mein Herz bis zum Hals. Aber wie immer in solchen Situationen sah ich in dem treibenden Pochen keinen Anlass zum Rückzug, sondern nahm es als Ansporn. Es gab mir Kraft für das, was vor mir lag, pumpte Adrenalin durch meine Adern, gab den Takt vor.

Die Eisentür flog auf, Dogan und Enver traten heraus – arglos, redend, lachend, Kippen im Mundwinkel. Ein Blick zum Himmel, das Schnarren der Reibräder der Feuerzeuge, das Zischen des Tabaks beim Aufglimmen der Zigarettenköpfe … das war die Begleitmusik der letzten Ruhesekunde. Dann flog die Eisentür mit einem Knall ins Schloss. Sie wurde von Rokar zugetreten, der sich anschließend zusammen mit meinem

Bruder den überraschten Blicken der beiden Bandenkönige mit gezücktem Baseballschläger entgegenstellte. Envers Hand schnellte zu seiner Hosentasche, doch bevor er eine Waffe ziehen konnte, traten Adnan und ich aus der Deckung.

»Ya Charra«, brüllte ich mit Donnerstimme über den Platz. »Bleibt ruhig, dann passiert nichts.«

Waren Envers und Dogans Köpfe eben noch zu Rokar und Akhi herumgeschwenkt, flogen sie jetzt in meine Richtung. Hass lag in ihren Blicken, aber als sie meine Waffe sahen, flackerte auch die ernüchterte Erkenntnis darin auf, dass sie überrumpelt worden waren. Enver öffnete den Mund, um etwas zu sagen. Aber ich hatte nicht vor, mir sein Geschwätz anzuhören.

»Es gibt zwischen uns nichts mehr zu reden, Arschloch«, donnerte ich weiter. »Wir sind hier, um euch zu sagen, dass ihr tot seid. Ihr wollt euch nicht an die Regeln dieser Stadt halten? Dann habt ihr in dieser Stadt nichts verloren.«

Der Trotz in ihren Blicken machte mich noch wütender, als ich es ohnehin war, und das unablässige Zucken von Envers Händen, die sich offenbar nicht entscheiden konnten, ob sie doch noch ein Messer zücken oder sich nur zur Faust ballen sollten, führte dazu, dass ich mich vollends in Rage redete: »Ab diesem Moment drehen unsere Jungs euren Leuten in der ganzen Stadt die Luft ab, und sie werden so lange damit weitermachen, bis ihr weg seid. Wir kennen eure Reviere, wir sind in allen Kiezen, und wir sind mehr als ihr, also versucht gar nicht erst auszuweichen oder unterzutauchen. Verschwindet einfach. Je schneller, desto besser. Mit jedem Tag, den ihr länger in Berlin bleibt, schüttet ihr mehr Schmerz und Blut über euren eigenen Leuten aus. Das wollt ihr nicht. Irgendwann werden sie erkennen, dass ihr sie verraten habt. Dann richtet sich ihre Rache gegen euch, und sie werden euch vernichten. Wenn wir es dann nicht schon getan haben. Also verpisst euch. Sofort und für immer.«

Bis hierhin hatten die beiden feindselig, aber aufmerksam zugehört. Doch bei »für immer« war Envers Geduld am Ende. Sein Gesicht verzog sich zu einer hasserfüllten Fratze, sein Mund öffnete sich, seine Kehle würgte einen kehlig-dröhnenden Wutschrei hervor, seine Beine zuckten, und er fing an, in meine Richtung zu stürzen. Aber er kam nicht weit. Rokar kegelte ihm mit seinem Baseballschläger erbarmungslos die Beine weg. Statt mir an den Hals zu springen, flog der Boss der neuen Albaner in hohem Bogen durch die Luft und knallte vor meinen Füßen mit einem dumpfen Krachen auf den Asphalt. Er wollte sich sofort wieder hochrappeln, doch Rokar war schneller, drückte ihm seinen Schlagstock in den Rücken und nietete ihn am Boden fest. Dogan, der Chef der neuen Kurden, stand bei alledem mit undurchdringlichem Blick zwischen Akhi und der Eisentür und machte nichts. Erst als er seinen schnaufenden Komplizen am Boden liegen sah, fing auch er an zu rennen. Allerdings wollte er mich nicht angreifen, sondern abhauen. Bevor der Knüppel meines Bruders ihn erreichen konnte, machte der Kurde einen Haken nach links und rannte wie ein Besengter Richtung Parkplatzausfahrt. Wir jagten ihn nicht. Es war nicht nötig. Am Zugang zur Straße warteten schon die Fäuste unserer Jungs, um sich des Flüchtenden anzunehmen. Das Gleiche passierte im selben Moment an Dutzenden weiteren Orten in der ganzen Stadt. Der Flächenbrand, den ich gegenüber Akhi angekündigt hatte, war entzündet. Vom Wedding bis zum Bayerischen Viertel knockten Adnans, Rokars und meine Jungs die neuen Kurden und Albaner aus. Sie passten unsere Feinde beim Dealen, beim

Essen, beim Einkaufen oder auf dem Heimweg ab, allein oder in der Gruppe, mal frontal, mal aus dem Hinterhalt. Aber jedes Mal mit der gleichen Botschaft: »Sag deinem Boss, Berlin ist fertig mit euch. Verpisst euch. Für immer. Schöne Grüße von Mahmoud.«

Das Racheinferno tobte mehrere Tage hintereinander. Nach allem, was passiert war, hatte sich gezeigt, dass wir in diesem Fall nicht nachlassen durften. Enver war zu renitent, um aus Einzelschlägen seine Schlüsse zu ziehen. Er würde erst Ruhe geben, wenn ihm klar wurde, dass ihm keine Leute mehr blieben, die er als Kanonenfutter für seinen skrupellosen Unterweltfeldzug missbrauchen konnte. Nach ein paar Tagen muss er wohl ein Einsehen gehabt haben. Weder seine Leute noch ihn selbst traf man jetzt noch in unseren Revieren an. Ich sah ihn nach der Attacke auf dem Hinterhofparkplatz nie wieder. Dogan hingegen bat uns zwei Wochen nach meiner Ansage um eine Aussprache. Wir gingen darauf ein. Im Gegensatz zu Enver hatte mit ihm zuvor kein Schlichtungsgespräch stattgefunden, und im Gegensatz zu den neuen Albanern hatten seine Leute sich abgesehen von der Schießerei an der Hauptstraße nicht weiter in unsere Angelegenheiten gemischt. Er hatte eine zweite Chance verdient. Die nutzte er, entschuldigte sich und schloss sich danach mit seinen Leuten Rokar an. Das Gleichgewicht in der City West war wiederhergestellt. Ein Aufatmen ging durch den Kiez. Und ich war bereit für die große Party mit dem Rotlichtprinzen.

Der Pate und der Prinz

Alles wurde größer in dieser Zeit Mitte der Neunzigerjahre – die Geschäfte, die Kontakte, die Kämpfe, der Name, einfach alles. Auch die Familie. Nachdem im Laufe der Achtziger alle meine Geschwister nach Deutschland ausgewandert waren, kamen jetzt auch meine Eltern nach Berlin. Nach über zehn Jahren, in denen wir nur übers Telefon Kontakt gehabt hatten, waren wir wieder vereint. Das bedeutete mir viel. Wir waren immer in engem Austausch geblieben, hatten nie den Draht zueinander verloren, aber nach all der Zeit endlich wieder in direkten Austausch treten zu können, hatte eine ganz andere Qualität, die ich enorm schätzte. Auch wenn mein Vater mich noch immer gern bevormunden wollte. Wie damals in Beirut ermahnte er mich auch jetzt regelmäßig, den Ball flach zu halten. Er befürchtete, dass sich meine riskanten Geschäfte negativ auf die Asylanträge auswirken könnten, die er und meine Mutter gestellt hatten. Ob er recht hatte? Vielleicht. Nach welchen Kriterien die deutschen Behörden ihre Aufenthaltsgenehmigungen verteilten, habe ich nie verstanden. Fakt ist jedenfalls, dass auch meine Eltern fast zehn Jahre lang auf einer Duldung sitzen blieben. Ihre Hoffnung auf eine Aufenthaltsgenehmigung wurde enttäuscht.

Meine Frau und ich hatten inzwischen neun Kinder, die Großfamilie Al-Zein zählte um die 2000 Leute, von denen der Großteil in Berlin, Düsseldorf und Essen lebte. Die Deutschen, mit denen ich zu tun hatte, konnten diese Dimensionen oft nicht nachvollziehen. Sie fragten: »Kennst du diese vielen Leute überhaupt alle, Mahmoud?«, oder: »Verlierst du da nicht den Überblick?« Für mich wiederum waren diese Fragen etwas, was ich nicht nachvollziehen konnte. In der eigenen Familie den Überblick verlieren? Wie soll das gehen? Das sind meine Leute, wir gehören zusammen, egal, ob wir uns einmal im Jahr auf einer Hochzeit begegnen oder jede Woche beim Freitagsgebet in der Moschee. Durch andere Familienmitglieder sind wir sowieso immer in Verbindung. Der Zusammenhalt ist keine Frage von Kontaktpflege, sondern von einer familiären Grundeinstellung. Die Familie steht immer an erster Stelle. Für sie ist immer Zeit, und hinter ihr müssen andere Verpflichtungen zurückstehen. Diesen Grundsatz stellt keines unserer Mitglieder infrage. Somit ist auch das Gefühl der Zugehörigkeit keine Größe, die erst wachsen oder erarbeitet werden muss. Es ist einfach da. So ist das in allen arabischen Großfamilien.

Etwas anders ist es mit den Hierarchien innerhalb der Familie. Zwar werden auch sie nicht infrage gestellt, aber sie entwickeln sich dynamischer. Grundsätzlich gilt: Jeder wird wertgeschätzt, wobei die Älteren aufgrund ihrer Erfahrung und Lebensleistung automatisch einen größeren Respekt verdienen als die Jüngeren. Trotzdem definiert sich der gehobene Status eines Mannes nicht nur durchs Alter. Er hat auch mit Ansehen, Bekanntheit und Taten zu tun. Wer richtige Entscheidungen trifft, Macht bekommt und sich als umsichtiger Vermittler bewährt, wird von der Gemeinschaft als Anführer anerkannt. Dann hat sein Urteil gegebenenfalls mehr Gewicht als das seiner Väter und Großväter, und seine Autorität ist größer als ihre. Seine Verantwortung allerdings auch. Es wird erwartet, dass er sich der Probleme innerhalb der Familie annimmt, sich kümmert und den Überblick behält. Ob man das kann und will, hat mit Persönlichkeit zu tun. Al-Ammu war ein Beispiel für eine solch herausragende Persönlichkeit. Zu ihm sahen alle auf, weil er ein besonnener Anführer war, dessen Wort Gewicht hatte. Auch ich selbst hatte in Familienangelegenheiten immer wieder seinen Rat eingeholt, nachdem ich aus dem Libanon nach Deutschland gekommen war. Ich wusste: Auf meinen Onkel und sein Urteil war Verlass. Aber nicht nur das. Ich nahm mir auch ein Beispiel an Al-Ammu und eiferte ihm nach. Schließlich war es mir selbst ein Anliegen, mich zu kümmern. Um meine Familie, mein Umfeld, die Ordnung. In dieser Reihenfolge. Die Sorge, bei meinen Leuten den Überblick zu verlieren, hatte ich nie. Mir ist jedes Familienmitglied bekannt, und jedes hat seinen Platz in der Gemeinschaft. Aus dieser Haltung heraus habe ich mit der Zeit gelernt, den richtigen Ton zu treffen und mir Gehör zu verschaffen. Dieses Gehör hat mich zu dem gemacht, was ich in der Berliner Unterwelt lange war und in meiner Familie bis heute bin: zu einem Oberhaupt, dessen Stimme zählt. Aus dieser Position sind in jener großen Zeit in den Neunzigern Zuschreibungen wie »Der Präsident«, »El Presidente« und »Pate von Berlin« entstanden. Oft wurde geschrieben, ich hätte mir diese Titel selbst gegeben. Das stimmt nicht. Trotzdem wurden sie mir zum Verhängnis.

Für Steffen Jacob war ich spätestens nach der Vertreibung von Enver und den neuen Albanern nur noch sein Lebensretter. So stellte er mich seinen Freunden vor, und so begrüßte er mich bei jeder Begegnung. Die sechs Wochen nach den Morddrohungen, in denen meine Leute und ich täglich mit dem Rotlichtprinzen bis vor seine Haustür im Grunewald gefahren waren, hatten dazu geführt, dass wir uns persönlich sehr nahegekommen waren. Die Angst um sein Leben und die Sorge ums Geschäft hatten in dieser Zeit mehr an Steffen genagt, als er es sich nach außen anmerken ließ. Während er in der Öffentlichkeit weiter den Sprücheklopfer und Draufgänger gab, offenbarte er, wenn wir unter uns waren, seine nachdenkliche Seite. Für ihn war das Rotlichtgeschäft schon lange nicht mehr das, was es gewesen war, als er in den Sechzigern damit angefangen hatte. Der Streit mit den neuen Albanern war nur eins von vielen Beispielen dafür, wie unsicher und hart umkämpft das Business inzwischen war. Steffen spielte schon lange mit dem Gedanken, auszusteigen und sich stattdessen seinen größten Traum zu erfüllen: ein Vergnügungszentrum im amerikanischen Stil mitten im Herzen der City West. Ihm schwebte dabei nicht weniger vor als »die größte Touristenattraktion Berlins«. Ich sollte bei dem Riesenprojekt sein Partner werden und für die Sicherheit sorgen. Dafür bot er mir fünf Millionen an. Ich war sofort dabei. Nicht nur wegen des Geldes. Die Sache kam mir aus mehreren Gründen gelegen. Erstens waren wir Freunde. Zweitens waren wir wegen unserer Zusammenarbeit de facto sowieso Partner; ich sorgte ja immer noch für Steffens Personenschutz. Drittens geriet ich durch die Freundschaft mit dem stadtbekannten Rotlichtprinzen selbst immer mehr in den Fokus der Medien. Letzteres führte zu dem Gerücht, dass auch ich an Prostitutionsgeschäften beteiligt war. Das schadete meinem guten Ruf unter meinen Freunden. Eine Lüge war es sowieso. Zwar redete ich Steffen nicht bei seinen

Geschäften rein, aber wenn er mich um Rat fragte, war mein unmissverständlicher Kommentar jedes Mal, dass er wie ich die Finger vom Rotlicht lassen sollte. Dass er jetzt was Seriöses aufziehen wollte, fand ich eine gute Idee. Dass ich in das Geschäft einsteigen sollte, ebenfalls. Allerdings wollte ich der bewährten Methode treu bleiben, mich im Hintergrund zu halten. Deshalb sagte ich: »Mach du das Business, ich mache die Sicherheit. Das bleibt aber unter uns. Muss nicht jeder wissen, dass ich da mit drinhänge.«

Ich hatte gute Gründe dafür, die Sache unter der Hand laufen zu lassen. Offiziell durfte ich schließlich immer noch nicht arbeiten, außerdem hatte die Polizei mich nach wie vor im Visier. Ich wollte keine unnötige Aufmerksamkeit auf mich und meine Familie ziehen, also setzte ich auf Diskretion. Leider war Diskretion nicht die größte Stärke des Rotlichtprinzen. So ging mein Plan, im Hintergrund zu bleiben, gründlich schief.

Steffen hängte sich voll rein. Er ließ seine Kontakte spielen, sprach mit Architekten und Gebäudeplanern, holte Investoren ins Boot. 35 Millionen Mark sollte das Vergnügungs-Center kosten. Bei den meisten Planungsterminen war ich dabei. Je nach Vertrauenswürdigkeit der Gesprächspartner wurde ich als Steffens rechte Hand, als Mitinvestor oder einfach als Geschäftsmann vorgestellt. Manchmal spielten wir auch mit meinem damals aufkommenden Titel »El Presidente«. Wir machten uns einen Spaß daraus. Steffen war der Prinz, ich der Präsident. Zusammen waren wir das stärkste Team der City West.

In Kooperation mit Investoren aus München kaufte Steffen für 15 Millionen Mark ein Grundstück an der Lietzenburger Straße. Bis jetzt hatte sich an der Adresse eine Tankstelle befunden, bald sollte dort die Berliner Antwort auf Las Vegas entstehen. Alles sollte vom Feinsten sein: Casinos, Restaurants, Bars, Kinos, eine Disco hoch über der Stadt. Steffen flog mit seiner Freundin sogar nach Amerika, um auf dem echten Las Vegas Strip Ideen für Attraktionen und die Einrichtung zu sammeln. Eigentlich sollte ich mitkommen, aber das ging nicht. Um ein Visum für die USA zu bekommen, hätte ich einen gültigen Pass gebraucht. Den hatte ich nach wie vor nicht. Also fiel die Reise für mich aus. Das machte aber nichts. Es gab auch so genug für mich zu tun.

Andere wären an der Lietzenburger Straße mit einem solchen Großprojekt nicht weit gekommen. Die Gegend war noch immer das Revier von Banden unterschiedlichster Interessen und Herkünfte, die sich ihre Geschäfte und Wirkungsbereiche nicht durch Touristenanstürme kaputtmachen lassen wollten. Aber da im Kiez jeder wusste, dass ich in der Geschichte mit drinhing, hielten all die Revierkönige, die ein solches Projekt unter anderen Umständen von Anfang an sabotiert hätten, die Füße still. Der störungsfreie Ablauf der Vorbereitungen war ein eindrücklicher Beweis dafür, wie groß mein Einfluss auf die Unterwelt der Hauptstadt inzwischen war. Nicht umsonst entstand in dieser Zeit auch der Spitzname »Pate von Berlin«.

Nachdem die Stadt das Projekt abgesegnet und das Bezirksamt eine Baugenehmigung erteilt hatte, startete die heiße Phase. Die Bagger rückten an. Der Beginn der Bauarbeiten war ein Riesenspektakel. Politiker und Medienvertreter wurden eingeladen, Steffen flog mit seiner Freundin eine Runde im Helikopter über die Baustelle, anschließend gab es für alle geladenen Gäste ein großes Essen in einem Luxusrestaurant. Alle waren übermütig, tranken ohne Ende Champagner, ließen sich bereitwillig fotografieren und filmen. Auch ich stellte die Diskretion, die ich normalerweise walten ließ, bei dem Termin hintenan. Statt im Hintergrund zu bleiben, ließ ich mich vom Glanz der Veranstaltung blenden und ignorierte, dass sich die Kameras zwischenzeitlich auch auf mich richteten. So gibt es unter anderem Videoaufnahmen von diesem Tag, die mich dabei zeigen, wie ich Hummer an die Gäste verteile. Für die Presse war das Event ein Traum. Hier konnten sich die Journalisten und Fotografen nach Herzenslust durchfressen und nebenbei ein paar der zackigen Zitate sammeln, für die Steffen Jacob von der Berliner Boulevardpresse geliebt wurde. Irgendwann stellte ein Reporter vor versammelter Mannschaft jene folgenschwere Frage, die mein Leben für immer veränderte: »Sagen Sie mal, Herr Steffen, was ist Ihre Meinung? Wer hat in Berlin eigentlich die Hosen an? Der Bürgermeister oder die Wirtschaft?«

»Wer in Berlin das Sagen hat, wollt ihr wissen?«, fragte Steffen zurück, sah breit grinsend in die Runde und legte mir gleichzeitig den Arm um die Schulter. »Ganz einfach: Dieser Mann hier. Mahmoud Al-Zein hat in dieser Stadt tausendmal mehr zu sagen als der Bürgermeister und sein Senat.«

In dem Moment, in dem er diese Worte aussprach, wurde mir schlagartig klar, dass es ein Fehler gewesen war, mich so bereitwillig neben meinen Partner ins Rampenlicht zu stellen. Das hier hatte nichts mit dem mächtigen Ruf zu tun, der mir in der Unterwelt vorauseilte und von dem ich bei Geschäften und der Lösung von Konflikten regelmäßig profitierte. Nein, Steffens Antwort kam einer offenen Kampfansage an die Politik gleich, die mir in dieser Deutlichkeit eigentlich nur schaden konnte. Bis jetzt hatte ich den Einfluss meiner Familie aus gutem Grund nie an die große Glocke gehängt oder gar in der Presse thematisiert, weil mir klar war: Je mehr Leute dich kennen und deinen Erfolg sehen, desto mehr Feinde hast du. Und je mehr Feinde du hast, desto größer ist die Wahrscheinlichkeit, dass sich unter ihnen auch mal ein mächtiger befindet. Bürgermeister sind mächtig, und sie mögen es nicht, wenn jemand ihnen ihre Macht streitig macht. Journalisten wissen so was, weil sie mit den Eitelkeiten und Streitigkeiten der Mächtigen ihre Blätter füllen. Für den Reporter war Steffens Zitat also ein gefundenes Fressen. Am nächsten Tag konnte ich in der *B.Z.* eine Fotomontage bewundern, in der Berlins damaliger Bürgermeister Eberhard Diepgen und ich uns wie Boxer gegenüberstanden. Daneben stand sinngemäß die Überschrift: »Dieser Libanese hat mehr Macht als Diepgen«.

Das war's dann mit der Diskretion. Der Pate war über die Berliner Unterwelt hinausgewachsen. Die Schlagzeile wurde im Rathaus mit höchster Aufmerksamkeit gelesen. Ich glaube bis heute: Nach dieser Story sah Diepgen seine Position in Gefahr und wollte mich kaputtmachen. Beweisen kann ich es nicht, aber es ist eine Tatsache, dass die Polizei mich von diesem Tag an so heftig auf dem Kieker hatte wie nie zuvor. Mein zweites Mal Knast stand bevor – und damit die nächste Schlagzeile für El Presidente.

Knast und Qadar

Im März 1998 musste ich mal wieder in den Wedding. Zur Ausländerbehörde am Friedrich-Krause-Ufer, um meine Duldung zu verlängern. Bisschen warten, bisschen reden, ein paar Papiere hin- und herschieben. Für mich waren diese Termine eine lästige Pflicht, mehr nicht. Ich hatte sie Dutzende Male erlebt. Anfangs hatte ich noch gehofft, dass man mir dabei irgendwann die Bewilligung meiner Aufenthaltsgenehmigung mitteilen würde, aber diese Hoffnung hatte ich nach 16 Jahren und zwei Ablehnungen meiner Asylanträge aufgegeben. Jetzt marschierte ich nur noch alle sechs Monate hin zur Behörde, brachte den Papierkram hinter mich und ging danach zur Tagesordnung über. Normalerweise. Diesmal nicht.

Rückblickend habe ich die Sekunden, in denen Ibn al'amm und ich an diesem kühlen Frühlingstag über den Behördenparkplatz zu unserem Auto, einem silbernen 3er-BMW, zurückgingen, in Erinnerung, als hätte die Welt noch mal kurz den Atem angehalten. Tief hängende graue Wolken bedeckten den Himmel, kein Lüftchen wehte, außer uns war niemand unterwegs. So sah es jedenfalls aus. Ich weiß noch, dass wir Witze machten. Die Termine bei der Ausländerbehörde wurden immer mehr zur Schmierenkomödie. Einerseits war die Verachtung, mit der die Sachbearbeiter uns betrachteten, deutlich spürbar, aber weil sie nie offen artikuliert wurde, kommunizierten wir mit ihnen wie sehende Blinde. Neuerdings fragten wir uns außerdem, was die Bürohengste wohl miteinander redeten, sobald wir den Raum verließen. Überall auf den Tischen und in den Wartebereichen der Behörde sah man die *B.Z.* und andere Tageszeitungen herumliegen, die in der letzten Zeit über mich berichtet hatten. Wir waren fest davon überzeugt, dass die Sachbearbeiter genau wussten, mit wem sie es zu tun hatten. Aber sie ließen sich nichts anmerken. Diese Ungerührtheit gehörte zum Affentanz der sehenden Blinden dazu. Sie machte die Situation noch absurder.

Wir hatten unseren BMW fast erreicht, als auf einmal aus einem nebenan parkenden Mercedes vier Gestalten mit Sturmmasken heraussprangen, MPs auf uns richteten und irgendwas von »Keine Bewegung« brüllten. Gleichzeitig rauschten von hinten drei oder vier weitere Wagen heran, die meinen Cousin, mich und die maskierten Schützen einkreisten. Damit wollten sie uns wohl den Fluchtweg abschneiden. Hätten sie sich auch sparen können. Im ersten Moment waren wir viel zu sehr überrumpelt, um ans Abhauen zu denken. Bevor ich einen klaren Gedanken fassen konnte, wurde ich von einem Maskierten grob gepackt, er drehte mir den rechten Arm auf den Rücken und warf mich gegen unser Auto. Der Aufprall war wie ein verspäteter Weckruf. Schlagartig reagierte mein kompletter Körper auf den plötzlichen Überfall. Ich schrie, schlug um mich, tobte wie ein Wilder. Allerdings nur kurz. Mein Wutausbruch wurde von einer Armee weiterer Männer mit Masken erstickt, die in schier endloser Anzahl aus den zusätzlich herangerauschten Wagen hervorquollen. Ob ich in den ersten Sekunden nach der Attacke eine spontane Eingebung hatte, wer uns hier überhaupt angriff? Ich glaube, ehrlich gesagt, nicht. Jedenfalls ließ mein Kampfmodus erst nach, als sich von der Einfahrt her Sirenengeheul näherte und Polizeiwagen mit Blaulicht auf den Parkplatz rasten. Dann schnappten auch schon die Schellen um meine Handgelenke zu. Danach war es keine Frage mehr, worum es hier ging. Das war eine Verhaftung. Aber warum, verdammt? Ich verstand die Welt nicht mehr.

Ibn al'amm, dem ebenfalls Handschellen angelegt worden waren, und ich wurden in zwei unterschiedlichen Polizeiwagen auf die Rückbank geschubst. Dann startete die Reise ins Ungewisse. Auf der Fahrt überlegte ich fieberhaft, was der Grund für die Verhaftung sein mochte. Die Geschehnisse der letzten Wochen ratterten wie im Schnelldurchlauf durch meinen Kopf. Wir hatten viel gefeiert. Aber auch viel gearbeitet. Das Projekt Vergnügungs-Center nahm damals viel Raum ein. Nach dem Beginn der Bauarbeiten an der Lietzenburger und der damit einhergehenden Aufmerksamkeit der Medien musste ich an unterschiedlichsten Stellen Brände löschen. Manche Auftraggeber fürchteten, dass ich sie wegen meiner Beteiligung an dem Großprojekt sitzen ließ, andere wollten selbst mit einsteigen, weitere waren einfach nur sensationsgeil und gierten nach Insiderinfos. Außerdem waren da noch die Gruppen im Kiez. Sie zu beschwichtigen erforderte eine Menge Fingerspitzengefühl. Allerdings hatte ich bis jetzt das Gefühl, sie gut im Griff zu haben. Aber all das hatte doch keine Relevanz für die Staatsmacht. Oder?

Nach einer Viertelstunde Fahrt musste ich an einem Polizeirevier aussteigen, wo mir ein LKA-Mann mitteilte, dass ein Haftbefehl gegen mich vorlag. Er verriet auch, warum: wegen

Beihilfe zum Drogenschmuggel in 58 Fällen. Ich dachte, ich höre nicht richtig. Drogenschmuggel? In einem so großen Maßstab? Das musste ein Irrtum sein. Ich wusste zwar, dass ein Cousin von uns ein paar Dinger mit Drogen gedreht hatte, aber direkt beteiligt waren wir an diesen Geschäften nie. All das erzählte ich dem Polizisten aber nicht. Ich sagte erst mal gar nichts. Mein Plan war, dass ich mir einen Anwalt nehmen würde, der die Sache im Handumdrehen in Ordnung brachte. Dass es diesmal etwas komplizierter werden könnte, dämmerte mir erst, als ich mich erkundigte, was die SEK-Leute mit Ibn al'amm angestellt hatten. Der sei schon wieder entlassen, lautete die Antwort. Als ich daraufhin wissen wollte, wann ich denn entlassen würde, kam nur ein ablehnendes Kopfschütteln. Und die Ansage, dass ich vorerst in Untersuchungshaft blieb. Scheiße. Das war keine gute Nachricht. Denn so viel wusste ich: Wenn man erst mal in U-Haft saß, kam man in den seltensten Fällen wirklich schnell wieder raus. Das sollte sich in diesem Fall bestätigen.

Die ersten Wochen in der JVA Moabit waren hart. Ich wurde fast komplett von der Außenwelt isoliert. 23 Stunden am Tag saß ich allein auf wenigen Quadratmetern, die eine Stunde Hofgang, die mir zustand, musste ich ebenfalls allein verbringen, täglich wurde meine Zelle nach gefährlichen Gegenständen durchsucht, Kontakt zu anderen Gefangenen war streng verboten. Natürlich gab es ihn trotzdem. Wir Häftlinge kommunizierten über Rufe aus dem Zellenfenster miteinander. Ich nannte das immer den »Brüllfunk«. Auch wenn ich meinen Hofgang machte, riefen mir die Mitgefangenen »Halt durch, Mahmoud« oder »Go go go, Choya« zu. Dass der Pate in Moabit eingerückt war, sprach sich schnell herum unter den Knackis. Einige von ihnen kannte ich persönlich. So erfuhr ich viel Zuspruch. Aber richtige Gespräche gingen nicht. Die Einzigen, mit denen ich mich unterhalten konnte, waren die Kalfaktoren, also Häftlinge, die das Essen in die Zelle brachten. Mit denen verstand ich mich gut. Aber sie hatten immer nur wenig Zeit und wurden beaufsichtigt. Mit anderen Worten: Ich langweilte mich zu Tode. Die arabischen Bücher, die mir meine Familie ins Gefängnis schickte, waren schnell ausgelesen, für sportliche Betätigungen war die Zelle zu eng. So trank ich den ganzen Tag Tee, rauchte und guckte in den winzigen Fernseher, der mir genehmigt worden war, nachdem ich einen entsprechenden Vormelder geschrieben hatte. So nannten sich die Anträge, die man im Knast für alles und jedes, vom Arztbesuch bis zur Benutzung der Knastbücherei, schreiben musste. Der Fernseher lief viel. Meist kam nur Schrott. Allerdings brachte mich die Glotzerei auch auf eine Idee, die ich im Nachhinein bezeichnend finde für die zwiespältige Position, die ich in Deutschland hatte und immer noch habe.

Am 3. Juni 1998 kam in den Nachrichten die Meldung vom verheerenden ICE-Unglück in Eschede. Danach war ich total aufgewühlt. Die Bilder der ineinandergeschobenen Waggons, die wie zerknitterte Pappschachteln in der Landschaft lagen, die Vorstellung der brutalen Wucht, die eine Zugentgleisung bei 200 Stundenkilometern freisetzen musste, die stetig steigenden Zahlen von Toten und Verletzten – ich fand das alles schockierend und schrecklich und wollte irgendwas tun. Es machte mich ganz verrückt, dass ich tatenlos in meiner Zelle saß, während jenseits der Gefängnismauern so viel Schmerz wütete. Dann wurde im Fernsehen erwähnt, dass das Rote Kreuz zu Blutspenden für die Überlebenden aufrief. Als ich das hörte, sah ich meine Chance gekommen, doch noch einen kleinen Beitrag zur Linderung des Leids zu liefern. Ich setzte mich an meinen wackeligen Gefängnistisch und schrieb einen Vormelder an den Gefängnisarzt: »Ich, Mahmoud Al-Zein, möchte mich am Aufruf vom Roten Kreuz für die Opfer des ICE-Unglücks in Eschede beteiligen. Hiermit bitte ich um Genehmigung zur Blutspende.«

Den Vormelder gab ich dem Wärter mit. Danach wartete ich eine schlaflose Nacht lang, in der ich nicht zur Ruhe kam, weil ich so ungeduldig war und immer mehr schockierende Bilder und Erkenntnisse zum Unglück über die Mattscheibe flimmerten. Dann kam im Morgengrauen die Lebendkontrolle. Das war im Knast die Weckrunde, bei der alle Zellen einmal aufgeschlossen wurden, um zu prüfen, ob die Häftlinge anwesend und gesund waren. Manchmal brachten die Beamten dabei Post mit. In diesem Fall die Rückmeldung auf mein Blutspende-Schreiben. Sie war kurz und ernüchternd: »Antrag abgelehnt!«

Ich hätte mich ärgern können, aber das hätte auch nichts gebracht. Also schrieb ich den Vormelder beim Frühstück einfach neu. Diesmal richtete ich ihn nicht an den Arzt, sondern an die Anstaltsleitung. Die Reaktion kam mit dem Mittagessen: »Antrag abgelehnt.« Nächster Versuch. Diesmal schrieb ich an den Sozialarbeiter. Auch er lehnte ab. Danach fragte ich über den Brüllfunk aus dem Fenster, ob andere Häftlinge sich ebenfalls an einer Blutspende-Aktion beteiligen würden. Viele stimmten zu. In einem weiteren Brief an die Gefängnisleitung bot ich in unser aller Namen an, die Kosten für das medizinische Personal und den Transport der Blutkonserven selbst zu übernehmen. Trotzdem hieß es auch diesmal: »Antrag abgelehnt!«

Ich war stinksauer. Es war wie immer in Deutschland. Alles, was ich in diesem Land machte, wurde entweder verboten oder bestraft. Das Einzige, was ich durfte, war Nichtstun. Warum begriffen die Beamten nicht, dass so was bei einem Mann wie mir nicht funktionierte? Und warum bremsten sie jeden meiner Versuche, mich an der Gesamtgesellschaft zu beteiligen, aus? Aber wenn sie dachten, dass sie mich mit ihren schnöden Absagen kleinkriegten, hatten sie sich geirrt. Sie wollten komplette Untätigkeit von mir? Die konnten sie haben. Ich trat kurzerhand in den Hungerstreik. Als der Kalfaktor mit der Mahlzeit kam, sagte ich: »Schick mein Essen an den Boss hier. Mit schönen Grüßen von Mahmoud. Sag ihnen, ich esse erst wieder, wenn ich Blut spenden darf.«

Diese Botschaft ließ ich nun immer abwechselnd den erwähnten Adressaten zukommen. Das Frühstück ging an den Sozialarbeiter, Mittagessen an den Gefängnisarzt, Abendessen an die Anstaltsleitung. Jeden Tag gab es Ermahnungen von den Wärtern, aber gegen meinen Dickkopf waren sie machtlos. Verhungern musste ich trotzdem nicht. Es gab ja noch den Einkaufstag. Einmal die Woche durfte jeder Gefangene im Knastsupermarkt für 100 Mark einkaufen. In dem Laden gab es nicht viel, aber es reichte für die Grundversorgung. Ich kaufte Brot, Wurst, Nudeln, Reis und Soßen, dann bereitete ich mir mein Essen auf der Zelle selbst zu. Als die Beamten Wind davon bekamen, war die Hölle los. Ich bekam Einkaufssperre und durfte ab sofort keine Paketlieferungen mehr empfangen. Damit wollten sie mich von allen Möglichkeiten der Selbstversorgung abschneiden und dazu zwingen, wieder den Gefängnisfraß zu essen. Aber ich bin stur. Von solchen primitiven Schikanen lasse ich mich nicht beeindrucken. Wenn Mahmoud Al-Zein sich etwas vorgenommen hat, dann zieht er es durch. Ich ließ die offiziellen Mahlzeiten weiterhin zurückgehen und lebte nur noch von Tee und Zigaretten. Ja, das war nicht angenehm, aber es ging. Allerdings wurde ich immer dünner. Das merkten auch die Wärter. Ständig schickten sie mich auf die Waage, um mein Gewicht zu prüfen. Diesmal gab es keine Tricks. Ich wurde mit jedem Tag leichter. Und die Beamten immer nervöser.

Als nach einer Woche auch die Zigaretten und der Tee zur Neige gingen, wurde es eng. Ohne alles ging es dann doch nicht. Eine Notlösung musste her. Ich hatte einen iranischen Bekannten unter den Mithäftlingen, von dem ich wusste, dass er etwas mehr Freiheiten hatte als ich. Draußen war er ein mächtiger Mann gewesen, hatte für den iranischen Geheimdienst gearbeitet. Jetzt saß er im Knast wegen Beteiligung am sogenannten Mykonos-Attentat, bei dem vier Gegner der iranischen Regierung in einem Berliner Restaurant getötet worden waren. Wegen seiner langen Haftzeit hatte er gewisse Privilegien, darunter das Recht, zu telefonieren. Außerdem war bekannt, dass er Kontakte zu einigen Beamten pflegte, die ihm kleine Gefälligkeiten erwiesen. Beides wollte ich mir zunutze machen. Über den Brüllfunk beauftragte ich ihn, meiner Familie per Telefon die Bitte zukommen zu lassen, ein Fresspaket mit Essen und Zigaretten für mich zu packen. Da wir auf Arabisch miteinander sprachen, konnten uns die Wärter nicht verstehen. So weit, so praktisch. Allerdings gab es noch ein Problem: Weil ich offiziell keine Post empfangen durfte, war der Plan, dass das Paket an meinen Bekannten adressiert wurde, der es wiederum über eine seiner Kontaktpersonen unter den Beamten an mich weiterleiten sollte. Er versprach, sich zu kümmern. Danach hieß es abwarten.

Die Sache lief wie geschmiert. Drei Tage später hatte ich

mein Paket. Ich war begeistert. Nicht nur vom Essen, sondern auch vom Einfluss des Iraners. Aber schon einen Tag später kam die Ernüchterung.

»Mahmoud«, schrie der Bekannte in den Hof, »einer von den Wärtern auf deiner Station hat das mit dem Paket mitgekriegt.«

»Egal, ich hab die Sachen bekommen«, brüllte ich zurück. »Das ist das Wichtigste.«

»Hamdulillah!«, lautete seine zustimmende Antwort. »Aber, Bruder, das Arschloch hat meinen Kontaktmann gemeldet. Der hat jetzt Stress und eine Anzeige.«

Verdammt. Dass jemand anders wegen meines Hungerstreiks Probleme bekam, hatte ich nicht gewollt. Das musste geradegerückt werden. Ich hatte schon eine Idee, wie.

»Ich klär das«, brüllte ich dem Iraner zu. »Mach dir keinen Kopf, wird schon.«

Ich wusste genau, wer der Beamte war, der auf meiner Station Dienst gehabt hatte, während die Paketaktion gelaufen war: Schneider, so ein Hemd, das mich mit Herablassung und Angst behandelte und ansonsten für seine Überkorrektheit bekannt war. Er hatte gerade Schicht. Ich ging auf die Klingel und läutete Sturm. Zwei Minuten später rasselte auf dem Flur das Schlüsselbund, meine Zelle wurde aufgeschlossen, schon stand Schneider im Türrahmen. Bevor er irgendwas sagen konnte, schubste ich ihn gegen die Wand und schrie: »Pass auf, was machst du hier für Scheiße? Warum zeigst du deinen Kollegen an? Nur weil du *mich* ficken willst, muss *er* dran glauben? Das ist einer von deinen Leuten. Was bist du für ein ehrloses Arschloch?«

Schneider holte Luft und wollte etwas zu sagen, aber ich ließ ihn gar nicht erst zu Wort kommen.

»Diese Sachen waren wichtig für mich«, schrie ich weiter, zerrte das Paket aus seinem Versteck und hielt es dem Beamten unter die Nase. »Aber egal. Nimm! Vernichte alles oder iss es selbst, aber geh zu deinem Boss und zieh die Anzeige zurück, verstanden?«

Mit diesen Worten knallte ich ihm das Paket vor die Brust und stieß ihn raus aus meiner Zelle. Für einen kurzen Moment stand er wie hypnotisiert im Flur – das Paket, das er gerade noch aufgefangen hatte, in der Hand, Abscheu im Blick. Wieder wollte er etwas sagen, doch ich schnitt ihm erneut das Wort ab: »Laber nicht, geh los und lass die Anzeige streichen. Sofort.«

Das war's. Die Zellentür flog zu, der Schlüssel drehte sich im Schloss, ich war wieder allein. Ich konnte nicht sicher sein, ob meine Ansage bei einem Charakterschwein wie Schneider wirkte, aber sie tat es. Noch am gleichen Abend meldete der Iraner über den Brüllfunk, dass die Anzeige gegen seinen Kontaktmann zurückgezogen worden war. Danach war ich zufrieden. Aber hungrig. Trotzdem schlug ich auch die nächste Mahlzeit aus. »Geht zurück mit Gruß von Mahmoud«, sagte ich wie üblich zum Kalfaktor, auch wenn mein Magen knurrte.

Den Rest des Abends verbrachte ich damit, fieberhaft darüber nachzudenken, wie ich an etwas zu essen kommen konnte. Die berühmte Pendelmethode fiel in diesem Fall aus. Dabei versorgten sich Gefangene untereinander, indem sie Gegenstände an einem langen Bindfaden befestigten, aus dem Fenster abseilten und gezielt in Schwingung versetzten, sodass die Schmuggelware vor das Fenster der Nachbarzelle schaukelte, wo deren Insasse sie auffangen konnte. In Moabit funktionierte diese Methode aber nicht. Hier hatten die Fenster nicht nur Stäbe, sondern auch Fliegengitter aus Metall, deren Maschen so eng waren, dass nicht mal eine einzelne Zigarette durchpasste. Außerdem lag meine Zelle direkt neben dem Beamtenzimmer. Pendeln wäre zu riskant gewesen. Aber was dann?

Meine Rettung war Malik, der Kalfaktor, der auf meiner Station die Flure putzte. Er war Araber wie ich und saß wegen irgendeines Drogendeliktes. Wir unterhielten uns manchmal durch die Tür, wenn er vor meiner Zelle wischte. Ich hatte Malik bisher nur zweimal in meinem Leben gesehen. Wenn ich die Zelle sauber machen wollte, brachte er mir Besen, Lappen und einen Eimer mit Putzwasser an die Tür. Auch das gehörte in seinen Zuständigkeitsbereich. Weil wir als Gefangene keinen direkten Kontakt miteinander haben durften, durfte die Übergabe nur unter Aufsicht stattfinden. Malik gab das ganze Zeug einem Wärter, und der gab es weiter an mich. Keine gute Voraussetzung für den geheimen Austausch von Schmuggelware. Trotzdem hatte ich eine Idee, wie wir den Putzeimer für eine Essensübergabe nutzen konnten.

Ich beauftragte Malik, mir am Einkaufstag Brot, Wurst, Käse und Reis aus dem Knastsupermarkt zu besorgen. Die Lebensmittel sollte er doppelt in Mülltüten verpacken und in der Putzkammer verstecken. Anschließend wollte ich auf die Klingel gehen und gegenüber den Wärtern behaupten, dass ich meine Zelle sauber machen musste. Wenn Malik dann losgeschickt wurde, um mir Putzzeug zu bringen, sollte er das wasserdicht verpackte Essen im unteren Teil des Eimers festklemmen, Wasser mit viel Schaum darübergeben und mir das Ganze bringen.

»Du musst vorbereitet sein«, schärfte ich Malik durch die Zellentür ein. »Am besten machst du den Eimer schon vorher fertig, dann geht's schneller.«

»Okay.«

»Kauf auch zwei Konservendosen und pack sie mit in die Mülltüten. Nicht dass die Ladung zu leicht ist und an die Wasseroberfläche hochkommt.«

»Alles klar.«

»Und nimm viel Schaum, damit man nicht auf den Boden schauen kann.«

Er verstand. Nach dem Einkaufstag gab er mir durch die Tür sein »Bereit« durch. Eine Stunde später ging ich auf die Klingel. Schneider kam und sagte: »Al-Zein, was gibt's?«

»Ich will meine Zelle sauber machen. Ich brauch Putzzeug.«

»Kein Problem«, nickte der Wärter und brüllte den Flur runter: »Kalfaktor, einmal Eimer, Lappen und Besen für Al-Zein.«

Ein paar Minuten später bekam ich von Malik über Schneider Besen und Eimer ausgehändigt. Dann wurde die Tür hinter mir geschlossen, damit ich in Ruhe putzen konnte. Das tat ich. Wenn auch nur zum Schein. Erstens war meine Zelle nicht dreckig, zweitens war kaum Wasser im Putzeimer. Das Fresspaket war so dick, dass nur noch eine kleine Pfütze drüber gepasst hatte. Endlich konnte ich wieder essen und rauchen, war zufrieden. Aber ich freute mich wieder mal zu früh. Zwar versteckte ich die Fressalien geschickt und so gut wie idiotensicher, aber ich hatte nicht mit Schneiders Überkorrektheit gerechnet. Als er am nächsten Morgen zu mir kam, um wie jeden Tag nach gefährlichen Gegenständen zu suchen, fiel ihm auf, dass es in der Zelle nach Rauch roch. Er hatte an den Tagen zuvor mitbekommen, dass meine Zigaretten alle waren, also wurde er stutzig und suchte doppelt gründlich. Schließlich fand er meine neuen Vorräte hinter der Heizung. Eine Weile starrte er ratlos auf die Lebensmittelpackungen.

»Al-Zein, wo haben Sie das her?«

»Keine Ahnung«, zuckte ich mit den Schultern: »War auf einmal da.«

Schneider rief seinen Chef und den Stationsleiter dazu und informierte sie über den Fund. Die fragten mich dann noch mal, wo das Zeug herkam. Ich redete irgendwelchen Blödsinn: »Ist vom Himmel gefallen«, »Ist aus dem Boden gewachsen«, »Ihr seid doch hier die Experten!« Ich hätte ihnen alles erzählt, aber um nichts in aller Welt die Wahrheit. Das machte sie wütend. So wurde im gerichtlichen Eilverfahren eine Strafe für mich verfügt. Ich kam für zwei Wochen in den Bunker. Das war eine Isolationszelle im Keller. Da ging nicht mal mehr der Brüllfunk. Allerdings durfte ich Fernseher, Bücher, Tee und Zigaretten mitnehmen, die hatten sie mir gelassen, deswegen war's für mich kein Riesenunterschied. Im Bunker gab ich den Hungerstreik allerdings irgendwann auf. Die Sache mit der Blutspende für Eschede hatte sich inzwischen sowieso erledigt. Nachdem ich wieder aß, durfte ich auch wieder einkaufen gehen und Pakete empfangen. Der Alltag normalisierte sich. Mein Gewicht – ich hatte zwischenzeitlich fast 30 Kilo abgenommen – ebenfalls. Im Rest der Haftzeit wurde ich immer wieder gefragt, wie ich an das Essen hinter der Heizung gekommen war. Ich verriet es nie irgendwem. Dies ist das erste Mal, dass ich es in der Öffentlichkeit erzähle.

Der Gerichtsprozess zum Fall zog sich mehrere Monate hin. Die Beweisaufnahme wurde immer wieder unterbrochen und um ein paar Wochen vertagt. Einerseits waren die Verhandlungen eine willkommene Abwechslung zum Knastalltag, andererseits waren sie stinklangweilig. Ich ließ die Zeit auf der Anklagebank eher über mich ergehen, als dass ich mitfieberte. Auch wenn ich die Schärfe meines Verteidigers Johannes Eisenberg, der schon viele große Prozesse gewonnen und gedreht hatte, mochte, waren die Gerichtsverhandlungen kaum interessanter als alle anderen, die ich bis dahin erlebt hatte. In erster Linie wurde viel, schnell und kompliziert geredet, sodass ich maximal die Hälfte verstand. So döste ich die meiste Zeit vor mich hin. Nur einmal gegen Ende des Prozesses rastete ich aus. Das wurde mir dann gleich wieder zum Verhängnis.

Als die Staatsanwaltschaft meinen Cousin vernahm, der als Haupttäter in der Drogenschmuggelaffäre galt, wurde die Befragung zweisprachig durchgeführt. Der Staatsanwalt stellte die Fragen auf Deutsch, ein Dolmetscher übersetzte sie ins Arabische, mein Cousin antwortete auf Arabisch, was der Dolmetscher wiederum zurück ins Deutsche übertrug. Dass sich aus dieser Methode Unschärfen in Formulierungen ergaben, war unvermeidbar, aber dass Tatsachen verfälscht wurden, war unverzeihlich. Der Übersetzer verdrehte die Aussagen meines Cousins zu Geständnissen, die er überhaupt nicht gemacht hatte, und stellte Tatsachen so dar, dass sie dem Richter zwar in den Kram passten, aber weder die realen Gegebenheiten noch die Antworten meines Cousins wiedergaben. Für mich war es unvorstellbar, dass auf der Basis von solchen Lügen ein Urteil gefällt werden sollte. Das sagte ich auch. Leider ein bisschen zu deutlich.

»Ey, du Arschloch, warum lügst du?«, schrie ich den Dolmetscher von der Anklagebank aus an. »Du sollst übersetzen, keine Märchen erzählen. Sag die Wahrheit, sonst mach ich dich platt.«

Das mit dem Plattmachen hätte ich lieber weglassen sollen. Die Aussage wurde vom Gericht als Bedrohung nach Paragraf 241 des Strafgesetzbuches eingestuft. Dafür bekam ich sofort eine neue Anzeige. Während das eine Verfahren endete, hatte ich mir schon wieder das nächste eingehandelt. Ich hielt wohl besser den Mund, wenn ich die günstige Position, die Eisenberg im Laufe der Verhandlung für uns herausgeholt hatte, nicht aufs Spiel setzen wollte.

Grundsätzlich sah es gut aus für uns. Es war zwar klar, dass ich noch etwas länger im Knast bleiben würde – alles andere hätte an ein Wunder gegrenzt. Aber es zeichnete sich ab, dass sich der Vorwurf des 58-fachen Drogenschmuggels, für den ich angeklagt war, nicht aufrechterhalten ließ, weil der Staatsanwaltschaft der Hauptzeuge weggebrochen war. Demzufolge redete Eisenberg die Gegenseite unbarmherzig in Grund und Boden.

Im September 1998 war es so weit: Die Urteilsverkündung stand an. Das war ein großes Ding. Man konnte die Spannung im Gerichtsgebäude förmlich mit Händen greifen. Überall rannten hastige Menschen herum, es wimmelte von Sicherheitskräften, auf den Fluren und Treppen lauerten Fotografen. Durch die allgemeine Aufregung war spürbar: An mir sollte ein Exempel statuiert werden. Vordergründig ging es um Drogengeschäfte, aber aus meiner Sicht war die Verhandlung ein Stellvertreterkrieg: Stadt gegen Straße, der Bürgermeister gegen den Paten, vielleicht auch Diepgen gegen Al-Zein. Jeder wollte den Ausgang dieses Duells aus nächster Nähe miterleben. Entsprechend groß war der Andrang.

Eine ganze Mannschaft von Polizisten sicherte die Tür zum Verhandlungssaal. In der ersten Reihe saßen alle möglichen Pressevertreter, im Zuschauerraum hatten sich mindestens 50 meiner Leute versammelt, um mir und den Mitangeklagten Beistand zu leisten. Für mich war das Ganze nach all den langweiligen Prozesstagen und den einsamen Monaten auf der Zelle eher eine Party als alles andere. Viel zu verlieren hatte ich sowieso nicht. Ich war nur einer von neun Angeklagten, und die Anschuldigungen des Drogenschmuggels trafen auf mich, abgesehen von Mitwisserschaft, nicht zu. Mehr als Beihilfe konnte man mir nicht nachweisen, und Eisenberg würde schon dafür sorgen, dass wir vom Richter nicht über den Tisch gezogen wurden, da vertraute ich ihm völlig. So winkte ich meinen Leuten von der Anklagebank aus lässig zu und machte das Ganze zu einem großen Auftritt.

Am Ende bekam der Hauptangeklagte acht Jahre Knast und ich zweieinhalb. Ein halbes Jahr hatte ich davon bereits abgesessen. Ich nahm das Urteil hin, auch wenn ich die Strafe für ein bisschen Beihilfe lang fand. Doch da war ich der Einzige. Die Urteilsverkündung wurde begleitet von einem Aufschrei, auf den öffentliche Schlammschlachten folgten, bei denen sich Justiz, Politik und Polizei gegenseitig mit Dreck bewarfen. Die Urteile seien viel zu milde, fanden die Polizisten, die Richter seien eingeschüchtert und befangen, meinten die Politiker, die Polizei lasse wegen ihrer schlampigen Ermittlungen keine härteren Strafen zu, sagten die Juristen. Die Medien schlachteten die Uneinigkeit der Beamten genüsslich aus. Eine Skandalmeldung jagte die nächste. Die Zeitungen berichteten inzwischen ohnehin gern über mich. Wenn eine Meldung vom »Paten« handelte, hatte das hohes Sensationspotenzial, deshalb stürzten sich die Journalisten wie hungrige Hunde auf solche Storys. Im August 1999 bekamen sie eine weitere. Da wurde ich in einer gesonderten Verhandlung wegen der »Ich mach dich platt«-Bedrohung zu zusätzlichen zehn Monaten Haft verknackt.

Auch diesmal akzeptierte ich das Urteil, ohne mit der Wimper zu zucken. Sosehr ich im Alltag große Gesten und starken Widerstand lebte, so geduldig war ich in der Lage, mich in Situationen zu fügen, an denen ich sowieso nichts ändern konnte. Im Islam gibt es den Begriff »Qadar«. Er wird oft mit »Schicksal« übersetzt, ist aber eigentlich viel konkreter. Er bedeutet, dass Allah jedes Ereignis im Leben eines Menschen in einem bestimmten Maß für einen bestimmten Ort und eine bestimmte Zeit vorgesehen hat. Das leuchtet mir ein. Jeder Rückschlag im Leben führt am Ende zu neuen Erkenntnissen, jede Niederlage zu neuer Stärke. Genauso kann Einsamkeit in einer neuen Freundschaft aufgehen. Vielleicht in einer Freundschaft, die schon immer da war, aber noch auf den richtigen Ort und Zeitpunkt gewartet hat, um ihr volles Maß zu entfalten. Diese Erfahrung machte ich in der zweiten Hälfte meiner Haftzeit.

Ein alter Bekannter

Komplett tatenlos war ich während meiner Zeit in Haft nie. Auch von der Zelle aus gibt es Möglichkeiten, Einfluss auf die Welt jenseits der Mauern zu nehmen, denn es gibt im Knast vieles, was es dort offiziell nicht geben dürfte, angefangen mit Handys. Je länger ein Gefängnisaufenthalt dauert, desto mehr Löcher bekommt die Abschottung. Da ist der Brüllfunk im Innenhof, da sind die Besuchstage und nicht zuletzt auch Sozialarbeiter, Gefängnispsychologen und Wärter, also Menschen, die mit der Zeit Sympathien entwickeln und hier und da ein Auge zudrücken. So trug ich auch vom Knast aus zur Lösung von Streitigkeiten und zu Abschlüssen von Geschäften bei, indem ich meine Brüder dazu autorisierte, in meinem Namen zu handeln.

Zugleich vertrieb ich mir die Zeit, indem ich viele Vormelder schrieb. Einer davon war die Grundlage für alle weiteren: »Hiermit beantrage ich, Mahmoud Al-Zein, die Anschaffung einer Schreibmaschine für meine Zelle, mit der ich meine Korrespondenz erledigen kann.«

Auf diese Idee hatte mich mein Anwalt gebracht. Er erzählte mir, dass viele Häftlinge ihre Vormelder mit Schreibmaschine schrieben, weil das ordentlicher aussah, nicht rumschmierte und man sich damit gut die Zeit vertreiben konnte. Das leuchtete mir ein, und in Anbetracht der Tatsache, dass ich noch zwei Jahre Knast vor mir hatte, stellte ich mich darauf ein, noch viele Vormelder zu schreiben. Die Schreibmaschine war also eine sinnvolle Anschaffung. Darin war die Anstaltsleitung ausnahmsweise mit mir einer Meinung. Dem Antrag wurde stattgegeben.

Als meine Familie mir ein nagelneues Exemplar auf die Zelle schickte, war ich richtig aufgeregt. Noch nie in meinem Leben hatte ich vor einer Schreibmaschine gesessen, war immer nur in den Amtsstuben von Beamten mit welchen konfrontiert gewesen. Ich machte mich mit der Technik vertraut, tippte ein paar Probebögen, danach liefen die Tasten heiß. Jede Nacht saß ich an meinem kleinen Tisch und schrieb einen Vormelder nach dem anderen: Fernseher, Besuch, Einkaufen, Arzt … Ich beantragte alles, was es zu beantragen gab. Vielleicht freuten sich die Leute von der Anstaltsleitung, dass sie endlich mal lesbare Vormelder ohne handschriftliches Geschmiere von mir bekamen. Vielleicht merkten sie auch, dass ich mir nach der turbulenten Zeit in U-Haft jetzt Mühe gab, kooperativ zu sein. Jedenfalls entsprachen sie nach ein paar weiteren Monaten Isolation einem ungewöhnlich weitreichenden meiner Wünsche: Sie ließen mich zum Arbeitsdienst zu. Diese Bewilligung war ein großer Schritt Richtung Lockerung und ein Meilenstein in Sachen Abwechslung für den eintönigen Gefängnisalltag.

Ich wurde im Haus 3 eingeteilt, einer Zweigstelle der JVA Plötzensee in der Lehrter Straße. Die Arbeitsstätte war ein unauffälliger Backsteinbau in einer noch unauffälligeren Straße, die wegen ihrer früheren Nähe zur Berliner Mauer lange vor sich hin geschlummert hatte. Im Prinzip schlief sie immer noch. Aber nur einen Kilometer entfernt brummte der Fortschritt. Dort ging die Baustelle des Berliner Hauptbahnhofs in die heiße Phase. Auf der Fahrt zum Haus 3 beobachtete ich deren Fortschritte immer aus dem Fenster. Hier entstand nicht weniger als eine neue Welt. Die Gigantomanie des Großprojekts hatte nichts mehr mit dem engen, etwas verwahrlosten Berliner Westen zu tun, in den ich Anfang der Achtziger eingewandert war. Zwischen den Presslufthämmern und überhohen Kränen zeigte die neue Hauptstadt ihre Muskeln. Dass sie sich dabei ein bisschen übernahm, war nach Pannen und Verspätungen in der Planung schon damals abzusehen. Trotzdem faszinierte mich, dass hier der »größte Kreuzungsbahnhof Europas« entstehen sollte, von dem in der Zeitung ständig die Rede war. Wahrscheinlich motivierte es mich sogar für meine eigene Arbeit. Ich verrichtete sie genauso gewissenhaft wie einst die Schlossertätigkeit in Wuppertal. Das befriedigende Gefühl, zu einem Betriebsablauf beizutragen, stellte sich wieder ein und eine angenehme Atmosphäre von Kollegialität und Freundschaft.

Echte Freundschaften sind im Gefängnis selten. Der Zusammenhalt der Knastgemeinschaft hält meist nur so lange, bis der Kampf um den eigenen Vorteil beginnt. Da dieser Kampf eine der wenigen Beschäftigungen ist, die in den engen Grenzen des Knastlebens etwas bedeuten, ist er im Gefängnisalltag allgegenwärtig. Ständig will sich jemand bei einem Stärkeren beliebt machen, nur um ihm später bei jemand noch Stärkerem wieder in den Rücken zu fallen, es wird viel gelästert, gelogen und intrigiert. So was mag ich nicht. Da zog ich mich raus. Umso mehr freute es mich, als mir bei der Arbeit in Haus 3 ein alter Bekannter über den Weg lief, der die Erinnerung an eine Zeit mit sich brachte, in der ich eine Menge echten Zusammenhalt und wahrhaftige Solidarität erlebt hatte. Es war Karim, der Sohn von Jacob, meinem früheren Nachbarn aus der Potsdamer Straße. Er war jetzt nicht mehr der kleine Junge, der mit uns am Tisch gesessen und unseren Gesprächen gelauscht hatte. Er war ein junger Mann – groß, kräftig, mit Bart. Trotzdem erkannte ich ihn sofort wieder, als er im Haus 3 auf mich zukam und sagte, dass er für meine Abteilung eingeteilt worden sei.

»Bist du nicht der Sohn von Jacob?«, fragte ich.

Karim nickte und erwiderte: »Und du bist Mahmoud, der Mann, der im zweiten Stock vom Wohnheim an der Hauswand von einer Wohnung zur anderen geklettert ist.«

Wir mussten beide lachen beim Gedanken an die alte Geschichte. Sie hatte in einer anderen Zeit, in einer anderen Welt stattgefunden. Dass ich aus der Potsdamer Straße ausgezogen war, war gut 15 Jahre her. Seitdem hatte ich Karim nicht mehr getroffen. Trotzdem war es, als ob wir noch gestern zusammen am Küchentisch gesessen hätten. Zwischen uns herrschte jene Form von Verbundenheit, die für mich Familie ausmacht. Wir sprachen die gleiche Sprache, hatten ähnliche Wege genommen. Als ich ihn fragte, was ihn in den Knast gebracht hatte, antwortete er knapp: »BTM-Vergehen.«

Zwei Gefangene, ein Haftgrund. Keine weiteren Fragen. Von diesem Moment an waren wir unzertrennlich. Da ich unter den Jungs aus Plötzensee einer der wenigen Älteren war, wurde ich zum Vorarbeiter ernannt. Zu meinen Aufgaben gehörte, dass ich einteilte, wer mit wem arbeitete. Das Team Karim und Mahmoud war nun eine feste Größe. Wir hatten uns jede Menge zu erzählen, redeten viel. Über damals und heute, über Licht und Schatten, über das Leben im Allgemeinen. Was ich früher mit Jacob besprochen hatte, besprach ich jetzt mit

Karim. Er hatte inzwischen die ruhige Art seines Vaters übernommen. Der Kreis schloss sich.

Über unsere Gespräche vergaßen wir aber nicht unsere Pflicht. Die war uns beiden wichtig. Es war bekannt, dass die Arbeit in Haus 3 eine Vorbereitung auf gelockerte Haftbedingungen war. Wer sich hier gut schlug, konnte damit rechnen, irgendwann aus dem geschlossenen in den offenen Vollzug verlegt zu werden. Im offenen Vollzug durfte man am Wochenende zur Familie, konnte Freizeitaktivitäten wahrnehmen, bekam sogar Urlaub. Da wollten alle hin. Auch Karim und ich. Also strengten wir uns an.

Es war allerdings auch nicht schwer, dem Soll in Haus 3 gerecht zu werden. Unsere Aufgabe war, die Innenausstattung für Reisebusse vorzubereiten. Teppiche anpassen, Zierleisten stutzen, Matten zuschneiden – das waren Tätigkeiten, die wir im Auftrag eines großen öffentlichen Busunternehmens verrichteten. Jeden Montag bekam ich von der Hausleitung 30 Seiten Faxe mit Materialbestellungen und Maßen für Sonderanfertigungen in die Hand gedrückt. Die zu erledigenden Tätigkeiten verteilte ich gerecht unter den Arbeitern. Danach hatten wir den Rest der Woche Zeit, unseren Zuständigkeitsbereich abzuarbeiten, waren aber meist schon viel früher fertig.

Einmal sollten Karim und ich Kunststoffmatten für die Wärmeisolierung der Busse zuschneiden. Ich sah mir die Maße an, prüfte das Material, schnitt ein Probemuster zurecht. Alles passte perfekt. Danach rissen wir die Arbeit im Akkord runter. Karim brachte die Kunststoffmatten und hievte sie auf den Tisch, ich trug mit Maßband und Stift die Muster auf, beim Zuschnitt wechselten wir uns ab. Es lief wie am Fließband, wir ergänzten uns prima, kamen schnell voran. Zu schnell. Irgendwann sagte Karim: »Machst du hier Marathon, oder was? Wir haben noch vier Tage Zeit, mach mal langsam.«

»Du kennst mich, Karim«, lautete meine Antwort. »Wenn ich einen Lauf habe, bremse ich mich nicht. Und wenn ich mir etwas in den Kopf setze, dann ziehe ich es durch. Jetzt habe ich mir in den Kopf gesetzt, diese Arbeit hier fertigzukriegen. Also hol die nächste Matte und lass weitermachen.«

Das Ende vom Lied war, dass wir unser komplettes Wochenpensum am Feierabend des Montags fertig hatten. Unsere Kollegen konnten es nicht glauben. Auch die Beamten staunten. Wahrscheinlich gaben sie den kleinen Rekord an ihre Vorgesetzten weiter. Jedenfalls wurde ich wenig später zu einem Gespräch mit der Anstaltsleitung gebeten. Anfangs war ich misstrauisch. Vorsichtshalber nahm ich Karim mit, der jetzt oft bei Terminen mit Behördenvertretern und Anwälten für mich übersetzte. Sein Deutsch war viel besser als meins. Er half mir, mich klar auszudrücken, wenn mir mal wieder die richtigen Worte fehlten. Bei einem Gespräch mit den Knastchefs waren klare Worte sicher wichtig. Ich stellte mich auf ein Streitgespräch ein.

Doch zu meiner Überraschung verlief die Unterredung erstaunlich freundlich. Man versicherte mir, dass das Personal nur Gutes über mich berichtet habe, unter anderem, dass ich friedlich, fleißig und ordentlich sei. Auch ging man in der Anstaltsleitung davon aus, dass ich meiner Familie keine weiteren Sorgen bereiten wollte, also keine akute Fluchtgefahr bestehe. Eigentlich habe also niemand in Moabit und Plötzensee ein Problem mit meiner Lockerung. So erfreulich das alles klang, ich hatte von Anfang an im Gefühl, dass die Sache einen Haken hatte. So war es auch. Als ich anmerkte: »Wenn keiner ein Problem damit hat, mich zu lockern, warum tun Sie's dann nicht?«, begannen die Beamten abzuwiegeln. So einfach sei das nicht, man müsse so was sehr genau bedenken; besonders in einem speziellen Fall wie meinem läge die Entscheidung nicht nur bei der Anstaltsleitung, bla, bla, bla. Sie waren nicht so dumm, mir direkt ins Gesicht zu sagen, was sie zurückhielt, aber ich ahnte von Anfang an, was los war.

Als dann noch unvermittelt das Thema gewechselt wurde und die Frage kam, was ich täte, wenn ich überhaupt kein Geld hätte, war die Sache für mich endgültig klar: Die Knastchefs hatten Angst vor der Presse. Nach dem aufsehenerregenden Prozess war mehr als wahrscheinlich, dass meine Lockerung in den Medien einen Aufschrei der Entrüstung zur Folge gehabt hätte. Die Frage nach Geld erscheint in diesem Zusammenhang auf den ersten Blick unpassend, aber bei genauerer Betrachtung war sie folgerichtig.

In der letzten Zeit hatten die Zeitungen immer wieder thematisiert, dass meine Familie und ich Sozialhilfe kassierten, um im gleichen Atemzug zu betonen, dass ich ein Leben in Saus und Braus führte. Solche Berichte hatten 1998 sogar dazu geführt, dass die Sozialbehörde die Zahlungen zeitweise einstellte. Mein Anwalt und ich waren dagegen vorgegangen und hatten vor Gericht recht bekommen, was weitere aufgescheuchte Schlagzeilen nach sich gezogen hatte. So richtig verstand ich das Theater nicht. Es war nun mal gesetzlich festgeschrieben, dass Asylbewerbern im Duldungsstatus Sozialhilfe zustand. Dass ich von dieser Regelung Gebrauch machte, war einfach nur mein gutes Recht. Ob es zu meinem Lebensstil passte, stand auf einem völlig anderen Blatt. Das war eine moralische Frage, die den Medien deutlich mehr Kopfzerbrechen zu bereiten schien als mir. Ich selbst konnte angesichts der Tatsache, dass meine Asylanträge seit nunmehr 18 Jahren ignoriert, beziehungsweise abgelehnt wurden, obwohl die deutschen Behörden wussten, dass sie mich nicht abschieben konnten, zu alledem ohne jedes schlechte Gewissen sagen: selbst schuld. Trotzdem war mir klar, dass viele Menschen in mir nur den Mann sahen, der bei Empfängen mit Steffen Jacob Hummer verteilte, den Titel Pate trug und in den angesagtesten Clubs und Bars der Stadt verkehrte. Solche Menschen dachten dann wahrscheinlich, mir ginge es im Leben nur ums Geld. Vielleicht galt das auch für die Anstaltsleitung. Aber diesen Zahn wollte ich den Beamten ziehen.

»Wissen Sie, ich bin im Libanon aufgewachsen, im Krieg, in ärmlichen Verhältnissen«, antwortete ich. »Ich kann auch Brot und Oliven essen, wenn es kein Fleisch und keinen Fisch gibt. Und wenn es eine plausible Rechtfertigung dafür gäbe, dass meine Familie ohne Geld auskommen müsste, dann würde ich sie akzeptieren.«

Letztendlich war die Erklärung genau wie das gesamte Gespräch Zeitverschwendung. Meine Haftzeit verstrich, ohne dass ich in den offenen Vollzug wechseln durfte. Dank der Arbeit in der Lehrter Straße und dank Karim, den mir das Qadar genau zum richtigen Zeitpunkt ins Haus 3 geschickt hatte, verging das letzte Jahr in Haft trotzdem schnell. Unsere Freundschaft überdauerte den Knast. Wir blieben auch nach der Entlassung ein gutes Team. Das bewahrte mich aber nicht davor, dass es schon bald wieder eine Menge Turbulenzen gab. Die Rückkehr des Präsidenten ging mit einer Staatsaffäre und tödlichen Schüssen einher. Schüssen, die für mich den Anfang vom Ende bedeuten sollten.

Familienangelegenheit

Als ich 2001 aus dem Knast kam, war die Luft dünner geworden in Berlin. In Neukölln stand ein neuer Bezirksbürgermeister namens Buschkowsky in den Startlöchern, der sich die Bekämpfung von sogenannten Integrationsverweigerern auf die Fahne schrieb, im Landeskriminalamt arbeitete eine Arbeitsgruppe mit dem Titel »Ident« an der Abschiebung unliebsamer Zuwanderer, die Berliner Zeitungen beschäftigten sich inzwischen nicht mehr nur mit meiner Familie, sondern nahmen auch andere arabische Großfamilien in den Fokus ihrer Skandalberichterstattung.

Mich kümmerte all das zunächst wenig. Ich bin keine Person, die sich von Nachrichten und Politikern den Alltag diktieren lässt. Mich interessiert nicht, was die Zeitungen über mich oder andere Familien schreiben, sondern nur, was wirklich passiert. Abou-Chaker, Remmo, Miri, Ali-Khan … Ich kannte diese Leute seit Jahren. Wir hatten ähnliche Wege hinter uns, trafen uns auf Festen, auf der Straße, waren befreundet. Die Familienfehden, über die berichtet wurde, waren meist halb so schlimm. Oft waren es Streitereien zwischen einzelnen Mitgliedern, die nicht repräsentativ für das Gesamtverhältnis zwischen den Familien und ihren Anführern waren.

Wenn ich musste, schritt ich trotzdem ein, aber mein Hauptanliegen war das nicht. Mein Hauptanliegen war meine eigene Familie.

Ich hatte ein schlechtes Gewissen, dass ich meine Frau und meine zehn Kinder so lange allein gelassen hatte, war ihnen dankbar, dass sie mich während der Knastzeit unbeirrt unterstützt hatten – nicht nur mit der Schreibmaschine, auch durch regelmäßige Besuche, Pakete und die Erledigung von organisatorischen Dingen.

Ich hatte immer gewusst, dass meine Frau stark war, und dass ich ihr viel verdankte, aber als wir jetzt wieder vereint waren, wurde es mir umso bewusster. Sie und die Kinder empfingen mich ohne ein Wort des Vorwurfs, obwohl klar war, dass sie durch meine Verhaftungen Unannehmlichkeiten hatten hinnehmen müssen. Dadurch, dass sie mit mir verwandt waren, gerieten auch sie in den Fokus der Stadt, der Szene und der Medien. Als Angehörige des »Bösewichts« Mahmoud Al-Zein galten auch sie als böse. Die dunkle Wolke der Vorurteile hing ständig über ihnen. Das war meine Schuld. Damit hatte ich ihnen unrecht getan. Das wollte ich ändern.

Wir zogen in dieser Zeit von Neukölln nach Kreuzberg in die Großbeerenstraße. Das lag genau zwischen der City West und Neukölln – den zwei Orten, an denen ich hauptsächlich meine Geschäfte machte. Die neue Wohnung war der perfekte Standort, um schnell zu allen Brüdern, Freunden und Geschäftspartnern hinzukommen.

Ich war im Knast ständig über die Entwicklungen in den Kiezen informiert worden, trotzdem musste ich mich erst mal wieder einfinden. In einer Metropole wie Berlin veränderte sich in einem Zeitraum von über zwei Jahren ungeheuer viel. Während ich in Moabit gesessen hatte, war am Potsdamer

Platz das Sony Center eröffnet worden, in Mitte war Gerhard Schröder ins neue Bundeskanzleramt eingezogen, die Wilmersdorfer Moschee hatte endlich neue Minarette bekommen. Das waren nur ein paar Beispiele für den äußerlichen Wandel der Stadt, der sich im Innern fortsetzte, zum Beispiel bei der Verschiebung von Brennpunkten und Geschäftsfeldern. Steffen Jacobs Las-Vegas-Projekt an der Lietzenburger Straße hatte sich infolge von Problemen beim Bau und Unstimmigkeiten mit Geschäftspartnern zerschlagen.

An der Stelle des geplanten Vergnügungszentrums stand jetzt ein stinknormales Hotel. Steffen war nicht traurig darüber. Er verwirklichte sich jetzt privat. 1999 war er Vater eines Sohnes geworden, jetzt heiratete er seine Freundin – und ich war Trauzeuge.

Die Hochzeit war ein gigantisches Fest. Passenderweise fand sie in dem Ort statt, nach dem die Straße benannt war, in der ich jetzt in Kreuzberg wohnte: Großbeeren. Genauer: im Schloss Diedersdorf, einer weitläufigen Anlage mit Gutshaus, Park und Gartenpavillon, 20 Kilometer südlich von Berlin. Dort mietete Steffen für alle seine Freunde Hotel-Suiten, ließ ein Luxus-Menü auftischen und schickte einen Hubschrauber übers Gelände, der für die Braut Rosenblätter regnen ließ. Natürlich war auch die Presse anwesend. Es war eine schöne Feier. Als Trauzeuge musste ich mit einem Säbel die erste 15-Liter-Flasche Champagner des Tages köpfen. Kein Problem, das schaffte ich souverän. Viel mehr Aufsehen erregte allerdings, dass Steffen mir danach die Hand küsste. Da fragten die Journalisten sofort, warum er das tat.

»Ich würde Mahmoud auch die Schuhe küssen«, lautete seine Antwort. »Er hat sein Leben für mich riskiert und damit meines gerettet. Ohne ihn könnte ich diese Hochzeit nicht feiern. Er hat mir in der schwärzesten Stunde meines Lebens zur Seite gestanden. Das kann die Polizei nicht von sich behaupten.«

Den letzten Satz sprach er demonstrativ in Richtung der LKA-Beamten, die am Rand des Schlossparks lauerten und alles filmten. Steffen Jacob hatte einen Freundeskreis, in dem sich viele Leute tummelten, die die Polizei auf dem Kieker hatte. Neben mir waren einflussreiche Geschäftsleute aus dem Nachtleben und Mitglieder verschiedener Rockergruppen dabei. Ich kannte diese Leute alle. Sie waren auch meine Freunde. Für einige von ihnen übernahm ich genau wie für Steffen ab und zu Personenschutz- und Security-Jobs.

Rückblickend hat die Tatsache, dass die Polizei das unbeschwerte Hochzeitsfest mit Einsatzkräften und Kameras überwachte, eine hohe Symbolkraft. Sie war bezeichnend für die Dauerbeobachtung, der inzwischen jeder meiner Schritte unterlag. Ich war jetzt nicht mehr der kleine Bandenkönig, der sich durch ein paar aus dem Ruder gelaufene Machtkämpfe Ärger mit der Polizei eingehandelt hatte. Jetzt war ich El Presidente, der Pate von Berlin. Der letzte Prozess und die anhaltende Berichterstattung während meiner Zeit im Knast hatten den Namen und den Ruf von Mahmoud Al-Zein trotz meiner Abwesenheit stetig wachsen lassen – nicht nur in den Augen der Behörden, auch in meiner eigenen Welt. Auf der Straße wirkte mein Einfluss, ohne dass ich aktiv dazu beitrug, Leute beriefen sich ohne mein Wissen auf meine Worte, Unbekannte setzten Hoffnungen in mich, die außerhalb meiner eigenen Wahrnehmung lagen. Die Figur des Paten war größer geworden als ich selbst.

Aus diesem Zustand erwuchs eine große Verantwortung, der ich gerecht werden wollte. Ich kann schlecht Nein sagen.

Der Wille, Zeit zu Hause mit der Frau und den Kindern zu verbringen, war eine Sache, der Sog der Außenwelt eine andere. Wenn es plötzlich an der Tür klopfte, meine Frau öffnete und da stand eine Mutter, die mich um Rat fragen wollte, weil ihr Sohn Probleme wegen einer Schlägerei hatte, sagte meine Frau zwar: »Mahmoud kann nicht, er schläft«, aber da ich meine Ohren überall habe, hörte ich vom Schlafzimmer aus trotzdem zu. Dann gesellte ich mich eben doch zu den Frauen und versuchte zu helfen. Wenn ich zum Frieden und zu etwas Gutem beitragen konnte, tat ich das auch.

Die Realität war allerdings, dass es täglich Tausende von Streitereien gab und ich nicht überall gleichzeitig sein konnte. Lange versuchte ich es trotzdem. Ein aussichtsloses Unterfangen.

Außerdem war da noch der Druck der Behörden. Man hätte meinen können, nach der Abgeltung der Haftstrafe hätte er nachgelassen, aber das Gegenteil war der Fall. Die erwähnte AG Ident der Berliner Polizei nahm meine Familie gnadenlos in den Fokus. Die Ermittlungsgruppe war extra für den Zweck gegründet worden, die Identität staatenloser Asylbewerber wie mir zu entschlüsseln, um ihre Abschiebung zu erzwingen. Der Name Mahmoud Al-Zein stand ganz oben auf der Abschussliste. Wie ich später aus den Medien erfuhr, wurde für das Projekt ein Riesenaufwand betrieben. Man erstellte Stammbäume, durchforstete Vorstrafenregister, checkte internationale Einwohnermeldelisten. So weit, so ehrgeizig. Bei aller Gründlichkeit ging mit den Beamten aber wohl zwischenzeitlich der Eifer durch. In meinem Fall ermittelten sie, dass ich angeblich Mahmoud Uca hieß, aus der Türkei stammte und am 6. Dezember 1972 geboren worden war. Das hätte bedeutet, dass ich mein erstes Kind im Alter von neun Jahren gezeugt hatte. Wie sollte das gehen? El Presidente mochte auf Übergröße angewachsen sein, aber dazu war selbst er nicht fähig.

Die deutschen Behörden schreckten trotzdem nicht davor zurück, mit ihren Kollegen in der Türkei in Kontakt zu treten, um meine Abschiebung in die Wege zu leiten. Jedoch ohne Erfolg. Sie bekamen die Auskunft, dass Mahmoud Uca inzwischen aus der Türkei ausgebürgert worden war. Weil er nicht zum Militärdienst erschienen war, hatte die türkische Regierung ihn in die Staatenlosigkeit entlassen. Und zwar nur wenige Monate, bevor die deutsche Ausländerbehörde seine Abschiebung in die Türkei veranlassen wollte. Die wenigsten glaubten an einen Zufall. Der Vorfall machte die Runde bis in höchste politische Kreise und führte zu einem diplomatischen Eklat zwischen der Türkei und Deutschland. Der damalige Innenminister Otto Schily soll seinem türkischen Amtskollegen Abdülkadir Aksu einen persönlichen Brief geschrieben haben, in dem er Aksu völkerrechtliche Schummelei zulasten Deutschlands vorwarf. An der Staatenlosigkeit von Mahmoud Uca änderte dieser Brief allerdings nichts. Seine Abschiebung, die mich hätte treffen sollen, fiel aus. Ich erfuhr erst im Nachhinein aus der Zeitung von meiner angeblichen türkischen Herkunft und der Staatsaffäre, die sich an meiner Person entzündet hatte. Es war besser so. Stress mit Schily und Kollegen konnte ich nicht gebrauchen. Ich hatte mit meinen eigenen Leuten genug Ärger am Hals.

Der Vorfall, der die Allgegenwart meiner Macht im Kiez und das überlebensgroße Image des Paten auf den Punkt brachte, war gleichzeitig derjenige, der meinen endgültigen Sturz einläutete. Bei keiner seiner verschiedenen Eskalationsstufen war ich persönlich dabei, trotzdem schwebte mein Name über den Ereignissen wie ein düsteres Omen. Es begann damit, dass wir zu Ostern 2003 Besuch aus Nordrhein-Westfalen bekamen. Al-Ammu und ein paar Cousins kamen nach Berlin. Ich befand mich zu dem Zeitpunkt gar nicht in der Stadt, sondern war selbst im Nordrhein-Westfalen, um die Verlobung meines ältesten Sohnes vorzubereiten, so kümmerte sich Akhi um den Besuch. Die Cousins brachten einen Bekannten mit: Suat, einen jungen Türken, der scharf darauf war, die grenzenlosen Möglichkeiten der neuen Party- und Sexhauptstadt Berlin auszukosten, die inzwischen überall beschworen wurden. Schon am ersten Abend zeichnete sich ab, dass Suat Probleme machte. Er ging mit meinem Bruder in eine Diskothek, trank zu viel, kokste zu viel, belästigte Mädchen, hatte sich nicht unter Kontrolle. Als ich am nächsten Tag davon erfuhr, stellte ich ihn am Telefon zur Rede.

»Dein Verhalten bringt Schande«, rief ich in den Hörer. »Du schadest damit nicht nur dir, sondern auch meiner Familie. Als Gast benimmt man sich, statt dem Ruf der Gastgeber zu schaden, also hör auf, Scheiße zu bauen.«

Der Junge stimmte kleinlaut zu, schien verstanden zu haben. Für mich wäre die Sache damit erledigt gewesen. Jeder benahm sich mal daneben. Wenn er danach Manns genug war, mit den Konsequenzen zu leben und sich zu bessern, war das verzeihlich. Doch Suat gehörte nicht zu den Leuten, die sich durch einen wohlgemeinten Warnschuss stoppen ließen. Das zeigte sich schon am nächsten Abend.

Wieder stürzten sich die Jungs ins Nachtleben. Dabei landeten sie im Jungle Club, einer Diskothek an der Rudower Straße in Buckow, ein Stück außerhalb der City. Ich kannte den Laden nur flüchtig. Er war weder übermäßig angesagt noch als

Schlägerhöhle verschrien, eher ein überschaubarer Kiez-Club mit zwei Etagen, Tanzfläche, Lounge und gemischten Gästen. Mein Freund Yassin Aoun machte dort die Sicherheit, deshalb hatte ich mal vorbeigeschaut. Später wurde berichtet, es hätte Rivalitäten zwischen uns gegeben und ich hätte Pläne gehabt, den Club zu übernehmen. Alles Quatsch. Ich hatte keine Probleme mit Yassin oder der Familie Aoun. Sie eigentlich auch nicht mit mir. Bis zu diesem Abend.

Auch diesmal guckte unser Besucher aus Nordrhein-Westfalen zu tief ins Glas und zog ein paar Nasen zu viel. Während Akhi oben in der Lounge war, fasste Suat auf der Tanzfläche ein Mädchen ins Auge, mit dem er irgendwann auf dem Männerklo landete. Vielleicht nahm er den Ruf von Berlin als Sexhauptstadt zu wörtlich und dachte, hier wären alle Mädchen leicht zu haben. Vielleicht war er auch einfach zu voll oder hatte generell keinen Anstand. Jedenfalls bedrängte er die junge Frau auf der Toilette, zwang sie dazu, ihn zu küssen, und wurde dabei von Yassin und einem weiteren Security-Mann erwischt. Sie schritten sofort ein, zerrten Suat von der Frau weg, schlugen ihn. Richtig so. Wenn jemand derart Grenzen überschreitet und Frauen belästigt, muss er zur Rechenschaft gezogen werden. Für so ehrloses Verhalten gibt es keine Entschuldigung. Suat zu bestrafen, das wäre natürlich eigentlich unsere Aufgabe gewesen, aber Akhi bekam den Fehltritt anfangs nicht mit. Als er vom Tumult auf der Toilette hörte, sprintete er hin, ging dazwischen und verteidigte Suat. Auch hier sage ich, richtig so. Unser Gast hatte sich zwar danebenbenommen, aber er war unser Freund, unterstand also unserem Schutz. Allerdings sollte sich das Eingreifen meines Bruders als verhängnisvoll erweisen. Es führte dazu, dass die Auseinandersetzung sich weiter zuspitzte.

Aus einem gewöhnlichen Diskothekenkonflikt wurde nun ein Stellvertreterkrieg: Aoun gegen Al-Zein. Das hieß, es ging hart zur Sache. Beide Seiten hatten einen Status zu verteidigen, beide waren gefechtserprobt, beide waren bewaffnet. Schnell kamen Messer ins Spiel, auch eine Pistole soll gezogen worden sein. Der Tanz um die Klinge begann. Kampferfahren, wie sie waren, hätten mein Bruder, Yassin und ihre Leute es vermutlich trotzdem hinbekommen, die Sache mit Augenmaß und ohne Blutvergießen zu Ende zu bringen, wenn da nicht jemand mitgemischt hätte, der weder eine Waffe noch Kampferfahrung oder Augenmaß hatte: Suat. Er gab den Harten, warf sich dazwischen und hatte Sekunden später tiefe Messerstiche in Bauch und Schulter. Der Türke schrie auf, brach zusammen, der Kampf war schlagartig vorbei. Mein Bruder erkannte sofort den Ernst der Lage, zerrte Suat mithilfe unserer Leute aus der Kampfzone heraus und verfrachtete ihn ins Auto. Dann fuhren sie mit glühenden Reifen Richtung Innenstadt zum nächsten Krankenhaus. Auf dem Weg wurden sie von der Polizei angehalten. Als die Beamten den blutenden Suat auf der Rückbank sahen, riefen sie einen Krankenwagen. Der Junge wurde mit Blaulicht in die Charité gebracht, fiel danach ins Koma, aus dem er erst nach mehreren Wochen erwachte. Sein Leben stand auf der Kippe.

Als ich von dem Vorfall hörte, war mir sofort klar, dass jetzt Alarm war. Ich ließ von einem Augenblick zum anderen alles stehen und liegen und raste zurück nach Berlin. Zuerst fuhr ich in die Charité. Dort war Suats Zustand inzwischen stabil, aber der komatöse Junge nicht ansprechbar. So rief ich meinen Bruder und alle anderen zusammen, die im Jungle Club dabei gewesen waren. Es war Zeit für den Familienrat. Ich ließ mir haarklein berichten, was passiert war, danach überlegten wir gemeinsam, was wir tun sollten. Übereiltes Handeln war nicht ratsam, es hätte nur zu weiterem Blutvergießen geführt. Außerdem war die Lage kompliziert. Nicht nur war die Ehre des Mädchens beschmutzt worden, auch meine und Yassins Familie hatten Grenzen überschritten. Oberflächlich betrachtet erforderte ein Gewaltakt, wie er an Suat verübt worden war, einen sofortigen Rückschlag, aber wenn man die Vorgeschichte berücksichtigte, sah das Ganze anders aus. Bei allem Mitleid für Suat war unstrittig, dass er sich zuerst danebenbenommen hatte und dass der Messerangriff eine Folge seines eigenen provozierenden Verhaltens gewesen war. Dass die Aouns ihn übertrieben hart rangenommen hatten, war wohl mit der Härte zu erklären, mit der man einem mächtigen Gegner begegnete. Dass Suat zwar zu uns gehörte, aber nicht mit unserer Erfahrung ausgestattet war, hatten Yassin und seine Leute nicht wissen können. Angesichts dieser Ausgangslage nahmen wir Abstand von einem Vergeltungsschlag und machten erst mal gar nichts. Ich ging davon aus, dass sich Yassin oder die Familie Aoun früher oder später bei uns melden würden, um sich zu entschuldigen oder ihre Sicht der Dinge mitzuteilen. Aber vier Tage vergingen, ohne dass sich jemand rührte. Dann begann der fünfte – und mit ihm eine lange Reihe von Schockstößen, die mein Leben nach und nach zu einem Spießrutenlauf werden ließen.

»Die Polizei hat heute Morgen die Wohnung von Yassin Aoun gestürmt. Es gab 'ne Schießerei. Zwei Polizisten hat's erwischt. Ein Krankenwagen musste kommen.«

Das war die Nachricht, die einer meiner Brüder mir am Mittwoch nach Ostern persönlich zum Frühstück überbrachte. Er war nicht bei der Schießerei dabei gewesen, aber Neuigkeiten wie diese sprachen sich auf der Straße schnell herum. Anfangs waren sie immer mit Vorsicht zu genießen. Jeder hatte von jedem irgendwas gehört, sodass die Berichte mit der Zeit durch Gerüchte, Vermutungen und Fehlinterpretationen verfälscht wurden. Man musste verschiedene Quellen befragen, um zum Kern der Wahrheit vorzudringen. Ich telefonierte sofort in der Gegend herum und machte mich schlau. Das Bild, das sich dabei zusammensetzte, entsprach im Großen und Ganzen dem, was am nächsten Tag in der Zeitung zu lesen war: Ein Sondereinsatzkommando war am frühen Morgen des 23. April zur Wohnung von Yassin Aoun gefahren, um eine Hausdurchsuchung zu machen. Anlass war die Messerstecherei im Jungle Club, infolge derer in der Disco ermittelt worden war. Als die SEK-Beamten Yassins Tür eintraten, wurde aus der Wohnung sofort geschossen. Einen Beamten namens Krüger erwischten die Kugeln trotz Schutzschild und Helm direkt im Gesicht, ein weiterer Polizist erlitt Verletzungen durch Streifschüsse. Nach der Schießerei wurden vier Leute verhaftet, darunter Yassin selbst. Der Beamte Krüger starb ein paar Stunden nach dem Einsatz im Krankenhaus an inneren Verletzungen. So weit die harten Fakten.

Aber es gab bei der Sache noch eine andere, weniger eindeutige Ebene, die sich wie ein roter Faden durch die Erzählungen der Eingeweihten zog. Man sagte, die Schüsse auf den Polizeibeamten seien ein Versehen gewesen. Yassin und seine Leute hätten nach der Nacht im Jungle Club nicht damit gerechnet, von der Polizei zur Rechenschaft gezogen zu werden, sondern von einer anderen Machtinstanz in Berlin – der Familie Al-Zein.

»Die wollten eigentlich nicht den Krüger plattmachen«, hieß es mal mehr, mal weniger direkt. »Die Kopfschüsse sollten wen ganz anders treffen, Mahmoud. Die waren für dich bestimmt.«

Jemand anders wäre von einer solchen Vermutung vielleicht schockiert gewesen, aber für mich klang sie nur logisch. Sie erklärte, warum die Aoun so still geblieben waren. Während ich darauf gewartet hatte, dass sie sich bei mir meldeten, um sich für die Messerattacke gegen Suat zu entschuldigen, waren sie sicher gewesen, dass ich zu ihnen kommen und Rache nehmen würde. Für den Vergeltungsschlag hatten sie sich mit scharfen Waffen gerüstet. Krass, aber nachvollziehbar. Das Drama gab mir nachhaltig zu denken.

Das war also aus dem übergroßen Image vom Paten geworden? Das Bild eines brutalen Killers, dessen tödlicher Wut man nur mit geladenen Knarren gegenübertreten konnte? Dieses Bild musste ich geraderücken. Nachdem die Vermutung, die Schüsse hätten in Wirklichkeit Mahmoud Al-Zein gegolten, auch in den Zeitungen auftauchte und damit mein Name in unmittelbaren Zusammenhang mit dem Polizistenmord gesetzt wurde, entschloss ich mich zur Gegenoffensive. Ich wendete mich selbst an die Medien. Davon erhoffte ich mir, den Skandalschlagzeilen über meine Person ein Ende zu setzen. Leider ging der Plan nach hinten los.

Grüne Welle

Der Plan war folgender: Nach all den Negativschlagzeilen über die Messerstecherei im Jungle Club und die Affäre um den erschossenen SEK-Beamten Krüger wollte ich den Medien das wahre Gesicht des Paten von Berlin zeigen – das Gesicht des Mannes, der in der Stadt Straßenkriege verhinderte, das Gesicht des Friedensstifters.

Karim, der inzwischen auch aus dem Knast raus war, kümmerte sich um die Kontaktaufnahme zu den Journalisten, allen voran zu zwei Redaktionen, die mit Vorliebe über die Al-Zeins und andere Großfamilien berichteten: *Spiegel TV* und die *B.Z.* Der Interview-Termin fand etwa einen Monat nach den Schüssen auf Krüger statt. Auf der Straße. Während wir im schwarzen Audi A6 von Ibn al'amm durch Berlin rollten, stellte mir ein Reporter Fragen. Ich wiederhole sie hier nicht, weil sie sowieso nur darauf abzielten, Vorurteile zu bestätigen. Es ging den Journalisten nicht darum, meine Sicht der Dinge zu verstehen, sondern darum, ihre eigenen Vorurteile über den Paten bestätigt zu sehen, um sie anschließend an ihre Leser und Zuschauer weiterzugeben. Dass ich kein Drogenpapst, sondern Security-Experte war, kam nur am Rande vor, dass ich meine Macht dazu nutzte, für Ordnung auf den Straßen zu sorgen, wurde kaum thematisiert. Das reinigende Gewitter, das ich mir von der Medienoffensive versprochen hatte, blieb aus. Weder rückte das Interview schiefe Bilder gerade, noch brachte es Licht ins Dunkel meines düsteren Images. Es kultivierte lediglich das nebulöse Bild vom »Unterweltkönig«, als der ich in der folgenden Fernsehausstrahlung bezeichnet wurde. Die nichtssagenden Ausschnitte, die gesendet wurden, kann man sich heute immer noch bei YouTube angucken. Man kann es aber auch lassen. Sie sind weder spannend noch aufschlussreich. Nur oberflächlich.

Vielleicht hätten wir darauf vorbereitet sein müssen, dass die Journalisten kein Interesse daran hatten, die Wahrheit herauszufinden. Damit hätten sie sich schließlich selbst den Treibstoff für die nächste Skandalschlagzeile weggenommen. Aber Karim und ich waren nun mal keine Medienexperten. Im Nachhinein mussten wir uns wohl oder übel eingestehen, dass die Aktion schiefgegangen war. Um eine Erfahrung reicher, sagten wir uns, dass man mit Journalisten am besten genauso umging wie mit Polizisten: überhaupt nicht. Sie verstanden unsere Sprache nicht. Oder wollten sie nicht verstehen. Also besser gar nicht erst mit ihnen reden, statt sich die Worte im Mund umdrehen zu lassen.

Es wurde allerdings trotzdem weiter über mich berichtet. Es gab ja immer mal wieder Anlass dazu. Einer davon war die Hochzeit meines Sohnes. Da kamen Rockerfreunde von mir mit einer Abordnung aus 200 Motorradfahrern zur Feier. Damit legten wir die halbe Stadt lahm. Ganz Berlin stand kopf.

Wir fuhren im Konvoi vom Wedding nach Neukölln. Mit mir an der Spitze. Schon im Vorfeld waren die Polizisten in heller

Aufregung. Dass die Familie Al-Zein Hochzeit feierte, war ihnen bekannt, aber mit einem Massenauflauf der Biker hatten sie nicht gerechnet.

An der Osloer Straße, wo der Konvoi startete, rief ein Kripomann mich zu sich: »Herr Al-Zein, heute ist die Hochzeit Ihres Sohnes. Sie wollen ein Fest ohne Ärger feiern, also sorgen Sie dafür, dass es hier keine Schießerei mit den Rockern gibt.«

»Wieso Schießerei?«, fragte ich. »Das sind Hochzeitsgäste, die wollen mit uns feiern. Warum sollten die ihre Waffen ziehen?«

Eine Antwort blieb der Beamte schuldig, aber ich versprach ihm, dass niemand schießen würde. Mein Wort gilt. Pro forma redete ich mit dem Boss der Motorrad-Gang, ließ ihn wissen, dass ich mich für ihn verbürgt hatte. Eigentlich war das überflüssig. Auch er sagte: »Mahmoud, mein Freund. Wir sind zum Feiern hier, nicht zum Schießen.«

Danach ging's los. Osloer Straße nach Westen, über die Reinickendorfer nach Süden Richtung Nordhafen. Ein irres Gefühl inmitten dieser knatternden Armee kraftstrotzender Maschinen durch die Stadt zu rollen. Es war ein heißer Tag, die Sonne strahlte, wir hupten, brüllten, ließen die Motoren aufheulen. Ein paar Biker-Jungs wurden übermütig, scherten aus, fuhren Slalom, kreuzten Bürgersteige und überfuhren rote Ampeln. Als wir die Lehrter Straße erreichten, fuhren wir plötzlich einer Mannschaft aus 30 Streifenwagen mit Blaulicht entgegen, die uns den Weg versperrte. Ich stieg ab, stellte die Einsatzleiter zur Rede: »Was wollt ihr? Lasst uns durch.«

Sie wussten, wer ich war. Alle Polizisten in Berlin taten das: »Herr Al-Zein, so geht das nicht. Sie haben unseren Kollegen versprochen, dass es keinen Ärger gibt.«

»Es gibt keinen Ärger«, rief ich. »Alle sind gut gelaunt, alle feiern, keiner schießt. Das ist das Einzige, was ich euren Kollegen versprochen habe. Ich stehe zu meinem Wort.«

Sie wollten diskutieren, aber dafür hatte ich jetzt keine Geduld. »Passt auf, was ihr tut, und macht keinen Fehler«, sagte ich zu den Beamten. »Wenn ihr die Hochzeit von meinem Sohn kaputtmacht, gibt es ein Problem zwischen uns. Dann fließt Blut. Also lasst uns durch, wir müssen nach Neukölln.«

»Wir machen keinen Fehler«, wurden sie ernst. »Wir wollen nur eine Lösung finden. Wenn 200 Motorradfahrer in der Innenstadt über rote Ampeln und Bürgersteige fahren, kracht es schneller, als irgendwer gucken kann, und es gibt Tote. Das wollen wir alle verhindern. Unser Angebot: Sie fahren uns hinterher. Wir machen grüne Welle bis Neukölln. Im Gegenzug halten sich Ihre Leute an die Verkehrsregeln.«

Damit konnte ich leben. Wieder redete ich mit dem Boss, die Biker-Armee wurde mit ein paar zackigen Gesten und Worten auf Mäßigung eingeschworen, dann ging die Fahrt zum Hochzeitssaal weiter.

Die Polizeiwagen fuhren mit Blaulicht vorweg, wir hupend und grölend hinterher. Lustigerweise überfuhren wir dabei viel mehr rote Ampeln als vorher. »Grüne Welle« bedeutete, dass die Polizisten die Kreuzungen sperrten und wir auch bei Rot freie Fahrt hatten. Es war wie bei einem Staatsempfang. Völlig verrückt, aber friedlich. Die Beamten hielten ihr Versprechen, ich hielt meins, alle waren zufrieden.

Danach feierte ich mit meiner Familie und den Freunden die Hochzeit meines Sohnes bis zum nächsten Morgen. Wir waren über 800 Leute. Es war eines der ausgelassensten Feste, die ich je erlebt habe. Allerdings war es auch eines der letzten, bevor die Uhr für mich endgültig zu ticken begann.

Abrechnung

(2003 bis heute)

»Leben heißt Borgen und Zurückzahlen.«
(Libanesisches Sprichwort)

Während die Deutschen im Dezember 2003 ihren vierten Advent feierten, jagte ein Orkan namens »Jan« über ihr Land. Der Sturm riss Bäume um, deckte Häuser ab, legte Stromnetze lahm, in Berlin mussten seinetwegen mehrere Weihnachtsmärkte schließen. Während alle Menschen in ihre Häuser flüchteten und sich vor den tobenden Gewalten der Natur in Sicherheit brachten, ging ich nach draußen. Um nachzudenken, in mich zu gehen und Bilanz zu ziehen über das verhängnisvolle Jahr 2003. Es war dieser Sturm, von dem ich zu Beginn des Buches erzählte, dass er mir die Kraft gab, die Dinge ins Reine zu bringen. Dem ich mich entgegenstellte, um mit ihm zu tanzen, statt vor ihm wegzulaufen, so wie ich es immer bei Unwetter tat. Wenn man so will, waren der Orkan und ich uns ziemlich ähnlich. Wir wirbelten Deutschland beide durcheinander. Es gibt aber einen großen Unterschied zwischen uns: Jan zog vorüber, aber ich bin immer noch da.

Zugriff

Die Zuversicht, die ich aus meinem Tanz mit dem Orkan mitnahm, hielt nicht lange an. Die Unruhe, die mich im Prinzip schon seit Ende meiner letzten Haft begleitete, war schnell wieder da, und sie wuchs, ohne dass es konkreten Anlass dafür gab oder ich es mir genau erklären konnte. Vielleicht hatte ich eine Vorahnung, vielleicht waren es auch einfach die vielen kleinen Zeichen, die den Verdacht immer mehr zur Gewissheit werden ließen, dass in den Behördenstuben, Polizeirevieren und Redaktionen Berlins unter Hochdruck an meinem Sturz gearbeitet wurde.

Es gab diverse Gerüchte, die diesen Verdacht stützten. Dass man sich beim SEK vorgenommen hatte, den getöteten Kollegen zu rächen. Dass Krügers Witwe versprochen worden war, nach Yassin Aoun auch mich hinter Schloss und Riegel zu bringen. Dass in rechtsradikalen Kreisen die Haltung vorherrschte, ich müsse für Krügers Tod bezahlen, weil die tödlichen Schüsse eigentlich mir gegolten hatten. Wie gesagt, es waren nur Gerüchte. Aber sie waren alles andere als unwahrscheinlich. Und sie ließen mich nicht kalt, auch wenn ich es anfangs nicht wahrhaben wollte. Ohne es zu merken, stürzte ich mich immer weniger aus Begeisterung in Geschäfte und

Partys als vielmehr, um mich abzulenken. Hinzu kamen die großen und kleinen Brände, die es in den Clubs und Brennpunkten der Stadt zu löschen galt, die ständige Verantwortung, der Druck, meiner Position als Schlichter gerecht zu werden. Ich hatte jetzt oft Kopfschmerzen, schlief schlecht, absolvierte meine Spaziergänge durch Regen und Sturm häufiger als gewöhnlich, aber ohne, dass sie ihre volle reinigende Wirkung entfalteten.

Ich würde nicht sagen, dass ich Angst hatte. Angst ist konkret. Mit konkreten Dingen komme ich klar, weil ich mich mit ihnen konfrontieren kann. Ungewissheit hingegen ist ein Nervengift. Sie lähmt, ohne dass man etwas dagegen tun kann. So was ist für mich die Hölle.

Im April 2004 endete der Prozess wegen des erschossenen SEK-Beamten. Yassin sagte im Laufe der Verhandlungen aus, dass er geschossen hatte, weil er davon ausgegangen war, Al-Zein käme, um sich für die Messerstecherei im Jungle Club zu rächen. Seine Strafverteidiger plädierten auf Notwehr, aber der Richter leitete aus der Aussage einen Tötungsvorsatz ab. Das Urteil lautete »lebenslänglich«.

Ich bedauerte das. Für mich war der Tod des Beamten ein schrecklicher Unfall und die Art und Weise, wie es dazu gekommen war, ein großes Missverständnis. Ich hatte Yassin nie verurteilt für das, was er getan hatte. Die Messerstiche im Jungle Club waren unnötig hart gewesen, aber Suat hatte sich zuerst danebenbenommen und die Security obendrein provoziert. Inzwischen war er wieder vollständig gesund. Ich hegte keinerlei Groll. Das harte Urteil tat mir leid. Das ließ ich auch jeden wissen.

Irgendwann kamen die Aoun-Leute zu mir und erzählten, dass Yassin im Gefängnis die Lockerung seiner Haft beantragt hatte. Der Antrag war vom Sozialarbeiter abgelehnt worden. Begründung: »Wir können dich nicht rauslassen. Zu gefährlich. Du hast schließlich Probleme mit Al-Zein.«

»Was reden die?«, regte ich mich auf. »Ich habe keine Probleme mit Yassin.«

»Kannst du uns das schriftlich geben?«, fragten seine Brüder.

Das konnte ich. Ich schrieb auf einen Zettel, dass ich keine Rachegedanken gegen den Jungen hegte und die Lockerung seiner Haft unterstützte. Diese Worte besiegelte ich mit meiner Unterschrift. Den Zettel leiteten die Aoun-Leute an den Sozialarbeiter weiter. Und tatsächlich: Einige Wochen später klappte es mit Yassins Lockerung. Zu diesem Zeitpunkt saß ich allerdings selbst schon wieder im Knast.

Es begann mit einer Warnung im Januar 2005. Da bekam ich von zwei Bekannten, die über fünf Ecken Kontakte zur Polizei hatte, den Hinweis, dass das LKA meine Verhaftung vorbereitete. Die Männer waren vertrauenswürdig, ihre Botschaft eindeutig: Ich sollte auf der Hut sein und, wenn es so weit war, sofort untertauchen. Sie wollten dranbleiben und mich vorher anrufen, damit ich rechtzeitig rauskonnte aus Berlin. Darauf musste ich mich dann wohl verlassen.

Ich legte mir für den Warnanruf ein Extra-Handy mit einer eigenen Nummer zu, die ich nur den beiden Bekannten gab, sonst niemandem. In den Tagen nach dem ersten Hinweis guckte ich ständig auf dieses Telefon, ohne dass es je klingelte. Das Ganze war eine ungewohnte Situation für mich. Ich tappte durchs Ungefähre, war aber trotzdem gewarnt, ich wusste Bescheid, war aber trotzdem ahnungslos. Dieser Zustand war noch eine Nummer stressiger als die diffuse Unruhe, die ich sowieso die ganze Zeit mit mir rumtrug. Der Februar war ein einziges großes Kräftemessen mit meinen eigenen Nerven, doch mit der Zeit legte sich die Anspannung wieder etwas. Nachdem das Alarm-Handy wochenlang nicht geklingelt hatte, verlor es seine stumme Autorität. Ich trug es zwar weiterhin bei mir, guckte aber nur noch selten drauf. Statt tagein, tagaus einem Warnzeichen entgegenzufiebern, von dem ich weder wusste, wann es kam, noch, ob es überhaupt jemals kommen würde, bereitete ich lieber meinen schrittweisen Rückzug aus dem Auge des Sturms vor. Der nächste Umzug war in Arbeit.

So unglaublich es klingt: Ein Freund, dem ich mal einen größeren Gefallen getan hatte, wollte mir ein Haus schenken. Er war Jugoslawe und wirklich sehr reich. Wir kannten uns seit Jahren, deshalb hätte ich von ihm gar keine Bezahlung verlangt, aber aus Dankbarkeit bestand er darauf, sich erkenntlich zu zeigen. So schlug er vor, eine seiner zahlreichen Immobilien auf mich zu überschreiben. Noch nie in meinem Leben hatte ich ein eigenes Haus besessen, war nie auch nur auf den Gedanken gekommen, wie das wäre, aber reizen tat mich die Vorstellung natürlich schon.

Für Dienstag, den 26. April 2005, vereinbarten wir eine Besichtigung einer Villa in Buckow am südlichen Stadtrand von Berlin. Dieses Datum werde ich nie vergessen, denn der Tag entwickelte sich zu einem der härtesten in meinem Leben. Am Vorabend zog ich noch mit Brüdern und Freunden durch die Clubs und Casinos am Ku'damm, wir feierten wie die Verrückten, verloren jegliches Zeitgefühl. Als ich irgendwann nachts nach Hause in die Großbeerenstraße kam, fiel ich erst mal todmüde ins Bett und schlief wie ein Stein.

Als mich meine Frau am nächsten Tag weckte, war es Mittag.

»Ich geh jetzt mit den Kindern los zu Akhi und seiner Frau«, meinte sie. »Vergiss nicht die Hausbesichtigung. Dein Essen steht auf dem Tisch.«

Während ich mich hochrappelte und mich sammelte, sagte sie noch: »Dein Handy hat ein paarmal geklingelt.«

Ich nahm den Hinweis zur Kenntnis, mehr aber auch nicht. Mein Handy klingelte ständig. Alle wollten immer irgendwas von mir. Aber bitte nicht jetzt. Jetzt musste ich erst mal wach werden. Was stand heute an? Klar, der Termin in Buckow. Aber bis dahin waren noch drei Stunden Zeit. Also erst mal duschen, Kaffee trinken, essen. Während ich im Bademantel frühstückte, klingelte es an der Wohnungstür. Davor stand einer der beiden Bekannten, die mich zu Beginn des Jahres vor den Verhaftungsplänen des LKAs gewarnt hatten.

»Mahmoud, wir haben versucht, dich anzurufen«, sagte er hastig. »Es liegt ein Haftbefehl gegen dich vor, jetzt wird's eng. Heute wollen sie dich schnappen. Der Vordereingang unten am Haus wird schon observiert. Nicht mehr lange, dann kreisen überm Haus Helikopter. Wenn du kannst, verschwinde.«

Die Worte prasselten auf mich ein wie Gewehrschüsse. Haftbefehl? Weswegen? Verschwinden? Wie, wenn das Haus umstellt war? Egal, es würde schon irgendwie gehen. Ich rief meinen Cousin an. Von dem Verhaftungskommando erzählte ich ihm nichts, wollte keine unnötige Unruhe verbreiten. Ich bat ihn nur, mich wie geplant für den Termin in Buckow abzuholen.

»Park unten vor dem Hauseingang«, sagte ich. »Dann ruf an, ich komme runter.«

Während ich mich anzog, fiel mein Blick auf das Alarm-Handy. Drei Anrufe in Abwesenheit. Mist. Die hatte meine Frau also gemeint.

Es dauerte nicht lange, bis Ibn-al'amm anrief: »Wir stehen vorm Haus.«

Es ging also los. Im Laufschritt spurtete ich das Treppenhaus runter. Was hatte der Bekannte gesagt? Der Vordereingang wurde observiert? Wenn ich Pech hatte, lief ich beim Verlassen des Hauses also direkt der Polizei in die Arme, aber das musste ich riskieren. Einen Hinterausgang gab es nur im Keller, und er führte in einen kleinen Hinterhof, der von einer hohen Mauer umgeben war. Kletter-Action zum Nachbargrundstück und Flucht zu Fuß schien mir im Moment weniger aussichtsreich als die Flucht nach vorn. Offenbar waren die Beamten noch nicht in der Mannschaftsstärke vor Ort, dass sie direkt ins Haus eindrangen oder die Wohnung stürmten, wie sie es bei der Vollstreckung von Haftbefehlen meines Wissens normalerweise taten. Also Augen zu und durch.

Mit Karacho stieß ich die Haustür auf, schoss wie ein Blitz über den Bürgersteig und sprang in den abfahrbereit auf der Straße stehenden Audi meines Cousins auf den Beifahrersitz. Noch während ich die Tür zuknallte, rief ich zackig: »Abfahrt, sofort!«

Ibn-al'amm reagierte auf der Stelle. Diese Form von Geistesgegenwart und blindem Verständnis war der Vorzug von Leuten, die einen wirklich kannten, der Vorteil meiner Brüder. Statt Fragen zu stellen, befolgten sie meine Anweisungen. Für Erklärungen war später immer noch Zeit. Mit quietschenden Reifen fuhren wir an, bretterten über die nächste Kreuzung und nahmen im Vollgastempo Kurs auf Buckow. Währenddessen sah ich immer wieder hektisch nach hinten, hielt Ausschau nach Hubschraubern und Verfolgern. Meine drei Brüder auf der Rückbank grinsten: »Was ist los mit dir, Mahmoud? Hast du Paranoia, oder was?«

Die Ahnungslosen! Im Gegensatz zu Ibn-al'amm hatten sie offenbar noch nicht erfasst, dass ich zu Scherzen in diesem Moment überhaupt nicht aufgelegt war. Durch die Heckscheibe sah ich, dass ein schwarzer Mercedes trotz unserer überhöhten Geschwindigkeit eisern an uns dranblieb. Das war keine Paranoia. Das war höchste Alarmstufe.

»Wir werden verfolgt«, sagte ich zu meinem Cousin. »Den schwarzen Wagen müssen wir loswerden. Bieg rechts ab.«

Auch jetzt handelte er, ohne Fragen zu stellen. Er konnte das. Wie ich hatte er die Straßen Berlins im Blut, kannte jeden Schleichweg und jeden Schlupfwinkel. Außerdem wusste er, wie man Verfolger abhängte, es war nicht das erste Mal, dass er es tun musste. Eine rasante Zickzackfahrt begann. Hier ein Haken nach rechts, da ein Schlenker nach links, in umgekehrter Richtung durch eine leere Einbahnstraße, zurück auf die Hauptstraße, dann wieder Vollgas. Auf diese Weise gelang es uns, den Verfolger abzuhängen. Ich entspannte mich ein bisschen. Allerdings war mir auch klar, dass es mehr als knapp gewesen war.

Als wir an der Zieladresse in Buckow vorfuhren, hatten wir die Straße wieder für uns allein. Auch der Himmel war frei von Hubschraubern. Unglaublich, dass ich inzwischen sogar auf so was achtete. Vorsichtshalber riet ich Ibn-al'amm, nicht vorm Haus zu parken, sondern in einer Garage auf dem Grundstück. Von dort sprinteten wir in die Villa, wo der Besitzer und unser Freund Moufid uns schon erwarteten. Vor ihnen konnte ich offen sprechen und die gesammelte Runde darüber aufklären, was los war: »Passt auf, Brüder, die Kripo ist hinter mir her. Wir müssen vorsichtig sein, die wollen mich heute verhaften.«

»Aber warum?«, fragten sie. Ich zuckte mit den Schultern: »Keine Ahnung. Aber ich fahre nachher mit Moufid in seinem

Auto zurück nach Berlin. Den Audi haben die jetzt garantiert im Visier.«

Alle nickten nachdenklich, aber zustimmend. Mehr gab es vorerst nicht zu klären. Also begann die Hausbesichtigung. Wir ließen uns Zeit, inspizierten jedes der zahlreichen Zimmer in aller Ruhe, rauchten eine auf dem Balkon, tranken Tee in der offenen Küche. Keine Frage, das Haus gefiel mir. Ob mir trotzdem klar war, dass ich hier niemals einziehen würde? Dass der elegante Marmor, die luftigen Räume und der weite Blick von der Terrasse schon einen Tag später durch die triste Enge und den Muff in einer Zelle in Moabit ersetzt werden würden? Ich weiß es nicht mehr. Ich weiß nur noch, dass wir nach der Besichtigung beschlossen, mit Moufids Corsa erst mal zu Ibn-al'amm zu fahren. Dort wollte ich ein paar Sachen einpacken und meinen nächtlichen Abgang zur Verwandtschaft in Nordrhein-Westfalen in die Wege leiten. Ein schlüssiger Plan. Vielleicht hätte er sogar funktioniert. Wenn ich nicht eine entscheidende Kleinigkeit vergessen hätte: mein Handy auszuschalten.

Auf der Rückfahrt blieb anfangs noch alles friedlich. Trotzdem gaben wir wieder Vollgas. Moufids kleiner Corsa lief auf Hochtouren. Plötzlich heftete sich mit rasender Geschwindigkeit ein schwarzer Golf an unsere Stoßstange. Weitere Autos folgten ihm.

»Scheiße, das sind sie«, zischte ich.

»In dieser Kiste?«, lachte Moufid. »Mach dich locker, Mahmoud. Die Kripo jagt doch niemanden in so einer kleinen Karre.«

Er irrte sich. Der Golf scherte aus, fuhr in einem irrsinnigen Überholmanöver links an uns vorbei und setzte sich vor uns. Bevor wir auch nur über eine Kehrtwendung nachdenken konnten, waren wir eingekeilt von der Armada nachfolgender Wagen und der »kleinen Karre«, die im nächsten Moment unvermittelt vor uns in die Eisen ging. Moufid konnte gerade noch rechtzeitig bremsen. Er fluchte laut auf, während aus dem Golf eine Mannschaft bewaffneter Männer mit Sturmmasken raussprang und auf uns zulief.

»Mach keinen Scheiß, hat eh keinen Zweck«, rief ich noch. »Nimm die Hände hoch, wir steigen aus.«

Die letzten Worte gingen unter im Klirren umherfliegender Glassplitter. Die Fensterscheibe des Corsas wurde eingeschlagen, Pfefferspray in die Fahrerkabine gesprüht, die Türen aufgerissen. Reflexmäßig kniff ich die Augen zu. Schreie, Schläge, dumpfes Krachen, dann packte mich irgendwer am Kragen und zerrte mich aus dem Auto. Die Männer mit den Sturmmasken müssen eine große Wut gehabt haben. Sie waren brutal, prügelten auf mich ein. Ich schlug zurück – blind, weil das Pfefferspray in meinen Augen brannte und ich nicht richtig gucken konnte. Ich landete ein paar Treffer, hatte aber gegen die zahlenmäßige Übermacht der Polizisten keine Chance. Ein fester Tritt, und ich geriet ins Straucheln. Ein gezielter Stoß, und ich fiel hin. Dabei knallte ich mit dem Kopf hart auf den Boden. Ich hörte noch das Klicken der Handschellen. Dann wurde mir schwarz vor Augen. Das Spiel war aus.

Hinter der Panzerscheibe

Vier Stunden Notaufnahme, eine Woche Justizvollzugskrankenhaus, 20 Monate Untersuchungshaft – das waren die Folgen der spektakulären Verhaftungsaktion an der Buckower Chaussee. Als ich nach einer kurzen Ohnmacht wegen des Schlags auf den Kopf wieder zu mir kam, war das Erste, was sich in meinen verschwommenen Blick schob, ein Kameramann, der seine verdammte Linse direkt auf mich richtete – meine Zwangslage schamlos ausnutzend, sichtlich scharf darauf, Filmaufnahmen vom bewusstlosen, gefesselten Mahmoud Al-Zein in seiner ganzen Wehrlosigkeit in den Kasten zu bekommen. Mit einem würdevollen Umgang, auf den sich Behörden und Medien sonst so gern beriefen, hatte das garantiert nichts zu tun.

Wie die Beamten war auch der Kameramann vermummt, er trug eine Sturmmaske. Ein Zeichen dafür, dass das Manöver von langer Hand geplant worden war, dass Medien und Polizei eng zusammengearbeitet hatten, um die Story vom Sturz des Paten in größtmöglicher Öffentlichkeitswirksamkeit in Szene zu setzen.

Der Anblick des sensationslüsternen Fernsehfritzen, der in feigem Sicherheitsabstand um mich rumsprang, machte mich rasend: »Macht die Kamera weg«, schrie ich die Kripoleute an, die mich am Boden festhielten. Sie reagierten kaum, unternahmen nichts gegen den Spanner. Stattdessen kam ein weiterer Beamter mit Maske und teilte mir mit, dass ein Haftbefehl gegen mich vorlag. Ich wollte wissen, warum.

»Sie sind vorläufig festgenommen, mehr sag ich Ihnen nicht«, lautete seine Antwort. »Wir werden Sie gleich zur Polizeibehörde am Tempelhofer Damm bringen.«

Auf dem Weg dorthin wurde ich noch in einem Neuköllner Krankenhaus notärztlich versorgt. Sofort waren meine Jungs und meine Familie vor Ort. Sie erzählten, dass zeitgleich mit meiner Verhaftung bei einigen unserer Leute Razzien stattgefunden hatten. Auch bei mir zu Hause in der Großbeerenstraße hatten Einsatzkräfte kurz nach meinem Ausrücken die Wohnung gestürmt. Was für ein Glück, dass sich meine Frau vorher mit unseren Kindern zu Akhi und seiner Familie abgesetzt hatte. So war ihr die Zerstörungswut der SEK-Leute erspart geblieben. Meine Jungs waren außer sich über das, was passiert war. Ein paar von ihnen dachten sogar laut über einen Rachefeldzug gegen die Polizei nach, doch ich ermahnte sie zur Mäßigung. Dann stürmte auch schon mein Anwalt in die Notaufnahme. Als er erfuhr, was passiert war, regte er sich dermaßen auf, dass er die Polizisten, die mich bewachten, mit hochrotem Kopf und Rage im Blick quer über den Flur lauthals beschimpfte. Die Folge war, dass auch ihm Handschellen angelegt wurden. Es war das pure Chaos.

Später in der Polizeibehörde ließen die Beamten die Bombe platzen: Der Grund für meine Verhaftung war mal wieder bandenmäßig organisierter Drogenhandel. Angeblich läge eine Aussage gegen mich vor. Ich dachte, ich hörte nicht richtig, hatte aber nicht viel Zeit, mich zu wundern. Vom Tempelhofer Damm ging es direkt weiter zur JVA Moabit. Dort kam ich eine Woche ins Gefängniskrankenhaus. Durch den Aufprall bei der Verhaftung hatte ich mir eine Gehirnerschütterung zugezogen. Allerdings erholte ich mich schnell. Moufid traf es schlimmer. Auch er war aus dem Corsa gezerrt und zu Boden geworfen worden. Dabei hatten ihm die Einsatzkräfte aufs Ohr geschlagen. Sein Gehör ist bis heute geschädigt.

Was den Vorwurf des bandenmäßig organisierten Drogenhandels anging: Es dauerte mehrere Wochen, bis sich das Puzzle der Anschuldigungen zu einem Gesamtbild zusammenfügte. Mein Eindruck, dass das Ganze eine künstlich aufgeblasene Racheaktion von LKA, Medien, Justiz und ein paar meiner persönlichen Gegner war, erhärtete sich im Zuge der Erkenntnisprozesse eher, als dass er sich auflöste. Für mich war und blieb das Theater eine Schmutzkampagne. Das einzig Gute daran war, dass diejenigen, die sich auf Biegen und Brechen an mir rächen wollten, sich im Prozess immer wieder selbst ins Knie schossen. Auch wenn das eine schwache Entschädigung für all den Ärger war, den ich infolge der Verhaftung hinnehmen musste.

Die Untersuchungshaft wurde noch mehr zur Hochsicherheitsaffäre ausgebaut, als ich es ohnehin gewohnt war. Einzelhaft, Einzelhofgang, Zellenfilzen, Redeverbot – das war mir alles bereits bekannt. Jetzt aber kamen zusätzliche Schikanen hinzu. Ein Beispiel dafür war das Duschen. Jedes Mal führten mich drei Wärter zum Waschraum. Vor dem Eintreten musste ich meine Tüte mit Shampoo, Seife und Bürste vorzeigen. Einer der Aufpasser, ein dicker Kerl mit Brille, machte sich einen Spaß daraus, mir immer wieder die gleichen dummen Fragen zu meinen Badeutensilien zu stellen: »Und was wollen Sie hiermit?«

Was sollte ich mit einer Bürste schon wollen? Dafür, dass ich sie nicht zur Kreissäge umbauen konnte, sorgten die Beamten ja durch ihre täglichen Zellendurchsuchungen. Nach einer Weile provozierte mich schon die bloße Aufforderung, meine Sachen vorzuzeigen, so sehr, dass ich den Dicken anbrüllte und hart gegen die Wand schubste. Sofort gab's Alarm. Sechs weitere Aufseher kamen angerannt, es brach ein Riesentumult los, wir schrien und stritten. Von diesem Tag an war der Dicke nicht mehr für mich zuständig, und ich wurde beim Hofgang statt von drei Beamten jetzt von zehn begleitet. Jeweils vier nahmen mich links und rechts in die Mitte, zwei waren für das Auf- und Zuschließen der Flur- und Außentüren zuständig. Ich reagierte auf die übertriebenen Maßnahmen mit Zynismus.

»Hört zu, beim nächsten Besuchstag müsst ihr mir etwas mitbringen«, sagte ich zu Akhi und meiner Frau. »Ich brauche einen schwarzen Anzug, feine Schuhe, eine Krawatte und eine Cohiba-Zigarre.«

»Was willst du denn damit im Gefängnis?«, fragte meine Frau.

»Erzähl ich euch später«, antwortete ich geheimnisvoll.

Zwei Wochen drauf bekam ich endlich die geforderten Klamotten und die Zigarre. Am Folgetag wurde ich wie üblich um sieben Uhr morgens zum Hofgang abgeholt. Meine zehn Aufpasser staunten nicht schlecht, als sie die Zellentür aufschlossen. An diesem Morgen stand ihnen nicht mehr der Häftling Mahmoud Al-Zein gegenüber, sondern der Mann, den sie alle in ihm sahen: der Pate von Berlin. Gekämmt, geschniegelt und Zigarre paffend drehte ich meine Runden, als wäre die triste Freiluftanlage der JVA Moabit ein Nobelcasino und der Hofgang ein Pokerturnier. Das war meine Art, den Beamten zu zeigen, dass ich mir meinen Stolz nicht nehmen ließ. Mein Herz brannte, aber nach außen gab ich mich stark und unerschütterlich. Damit lachte ich meinen Gegnern ins Gesicht, ohne direkt auf ihre Erniedrigungen eingehen zu müssen. Sie hatten es herausgefordert.

Während die Beamten wahrscheinlich dachten, ich sei komplett durchgedreht, applaudierten die Häftlinge, die von ihren Zellenfenstern den Innenhof einsehen konnten, für die Show des Paten. Wie bei der Haft 1998 erfuhr ich auch jetzt jede Menge Zuspruch durch den Brüllfunk. Schon beim erneuten Einrücken in Moabit war ich mit Jubel empfangen worden. Jetzt wiederholte er sich bei jedem Hofgang. Es gab ein unsichtbares, aber machtvolles Band der Verbundenheit zwischen den anderen Häftlingen und mir. Vielen gab es Kraft zu wissen, dass der Pate genau wie sie hinter Gittern saß und Däumchen drehen musste. Geteiltes Leid ist halbes Leid.

Wenn ein großer Mann von der Straße in den Knast geht, fühlt sich der kleine Mann von der Straße, der ebenfalls im Knast sitzt, gleich ein bisschen weniger gescheitert. Vielleicht fühlt er sich sogar in seinem Weg bestätigt. Eine solche Rechtfertigungslogik habe ich im Knast oft erlebt. Ich kann sie auch nachvollziehen. Sie gleicht den demütigenden Status der Verbannung durch den erhebenden Zustand aus, Mitglied einer verschworenen Gemeinschaft zu sein. In manchen Kreisen geht diese Denke so weit, dass Leute, die im Knast gesessen haben, höheres Ansehen genießen als diejenigen, denen diese Erfahrung erspart geblieben ist. Ich selbst habe nie so gedacht. Dass ich das Gefängnis nicht fürchtete, hatte nichts damit zu tun, dass ich es romantisierte. Inzwischen gehe ich so weit zu sagen, dass es Quatsch ist, wenn Leute behaupten, dass Knast einen härter macht, wie es heutzutage manche Rapper tun. Ich spreche aus Erfahrung, wenn ich sage: Hinter Gittern zu sitzen ist langweilig, unproduktiv und lähmend. Kein Mensch braucht so was, um besser, cooler oder härter zu werden. Also, Jungs, seht zu, dass ihr um Haftstrafen herumkommt, statt auf sie hinzuarbeiten. In Freiheit könnt ihr mehr bewegen. Umgekehrt muss allerdings auch keiner verzweifeln oder sich wertlos fühlen, weil er im Gefängnis landet. Wie immer im Leben muss man auch hier den Kopf hochhalten und das Beste aus der Situation machen. Die Pate-Show im Innenhof ist nur ein Beispiel für diese Herangehensweise. Sie war ein Augenzwinkern in einer Zeit, in der ich sonst an allen Fronten für die Wiederherstellung meiner verletzten Ehre stritt. Beziehungsweise Anwälte dafür streiten ließ. Denn der härtere und bedeutendere Kampf fand nicht in der JVA statt, sondern vor Gericht.

Nach der Verhaftung dauerte es knapp ein Jahr, bis die Verhandlung endlich losging. Normalerweise haben Gefangene in Untersuchungshaft ein Recht darauf, dass ihr Prozess spätestens nach einem halben Jahr startet. Aber was war in diesem Fall schon normal? Wie wackelig die Anklage war, zeigte sich schon daran, dass der Prozess nach drei Monaten erst mal von einem Befangenheitsskandal gestoppt wurde. Aber eins nach dem anderen.

Der Hauptzeuge war mein ehemaliger Bekannter Michel. Ich hatte früher mit ihm zusammengearbeitet, manchmal Unterstützung von ihm bekommen und ihm im Gegenzug ein paar Geschäfte abgesichert und Kontakte vermittelt. Einer davon war mein Freund Till. Till war Deutscher und leitete eine Autovermietung. Er war ein korrekter Typ, zuverlässig, freigiebig, aber auch etwas zu gutgläubig. Michel überredete Till irgendwann dazu, ihm Autos ohne Vertrag zu vermieten. Diese Autos wurden für Drogenkurierfahrten nach Holland und zurück genutzt. Michel machte das heimlich, ohne Till davon zu erzählen. Ich fand das nicht in Ordnung. Als ich die beiden eines Tages gemeinsam antraf, sprach ich ein Machtwort: »Till, du gibst Michel keine Autos mehr. Der baut damit nur Scheiße.«

Damit war die Freundschaft zwischen Michel und mir zwar beendet, aber das war mir egal. Übermäßig gemocht hatte ich ihn sowieso nie, angewiesen war ich sowieso nicht auf ihn. Ich konnte gut damit leben, dass jeder von uns wieder seiner eigenen Wege ging. Doch Menschen betrachten Dinge unterschiedlich, und die Entwicklung des Verhältnisses zwischen zwei Leuten erscheint je nach Perspektive in einem anderen Licht. Vielleicht war Michel verärgerter über meine Standpauke, als ich angenommen hatte. Vielleicht war es aber auch nur eine Verkettung chaotischer Umstände, die dazu führte, dass er mich bei der Polizei anschwärzte. Genau weiß ich es nicht. Ich kann mir nur mithilfe meiner eigenen Logik und durch Berichte aus unterschiedlichen Quellen zusammenreimen, wie es zu der Anzeige kam.

Da stellt sich die Sache folgendermaßen dar: Till ließ sich trotz meines Machtworts weiter von Michel breitschlagen, ihm Autos ohne Verträge zu überlassen, Michel und seine Leute setzten ihre Holland-Trips in gewohnter Form fort, dann wurden sie bei einer ihrer Kurierfahrten mit einer Ladung Drogen unterm Rücksitz von der Polizei erwischt, und Michel kam in den Knast. Die Beamten müssen ihn bei ihren Verhören ordentlich in die Mangel genommen haben, dabei kam vermutlich zur Sprache, dass wir uns kannten. Wenn es so war, war es für die Staatsanwaltschaft die große Chance, mich endlich hinter Schloss und Riegel zu bringen. Ich kann es nicht beweisen, aber nach allem, was mir berichtet wurde, legte man Michel ein Angebot vor: Entweder er bekam 15 Jahre plus SV, als Sicherungsverwahrung, oder er zog seinen Kopf aus der Schlinge, indem er behauptete, dass er selbst nichts mit der Drogenbande zu tun hatte und alles über mich, Mahmoud Al-Zein, gelaufen war. Im Gegenzug sollen ihm ein Freispruch und die Aufnahme ins Zeugenschutzprogramm angeboten worden sein.

Wie auch immer es wirklich war, so in der Art muss es gelaufen sein. Jedenfalls wurden ich und zehn weitere Leute verhaftet, und ein Prozess nahm seinen Lauf, der vom Anfang bis zum Ende eine Lachnummer war. Als er im März 2006 endlich begann, wurde das Amtsgericht Tiergarten mal wieder zur Trutzburg. Polizisten sperrten das Gebäude nach allen Seiten ab, Michel wurde von vermummten SEK-Leuten in den Saal geführt, Till, ich und die weiteren Angeklagten mussten bei der Verhandlung hinter einer kugelsicheren Panzerscheibe sitzen. Dann ging die Abrechnung los. Erst sagte Michel gegen seine Frau aus, danach gegen seinen Bruder, dann gegen seinen Schwiegervater, schließlich gegen seinen Cousin. Die fünfte Aussage ging gegen mich. Er selbst habe mit den Drogengeschäften nichts zu tun gehabt, meinte er. Verdammter Lügner. Auch wir Angeklagten mussten aussagen, aber ich war wie üblich maulfaul. Unsere Verteidiger waren dafür umso redseliger. Meinem Anwalt Becker gelang es ohne Probleme, Zweifel an Michels Glaubwürdigkeit zu streuen, indem er Drogenfunde bei ihm nachwies und mögliche Rachemotive offenlegte. Schon nach ein paar Verhandlungstagen kamen die ersten Angeklagten auf Bewährung frei. Der Prozess kippte immer mehr zu unseren Gunsten.

Im Juni 2006 folgte dann der große Skandal. Scheinbar reichten die Beweise nicht aus, um die harte Strafe durchzudrücken, die mir alle an den Hals wünschten, deshalb wurden andere Seiten aufgezogen. Till und ich saßen vor der Verhandlung gemeinsam in einer Wartezelle hinterm Gerichtssaal, als er mir flüsternd erzählte, der Richter habe ihm ein Angebot gemacht. Da Michels Aussage nicht stichhaltig genug sei, forderte man ihn, Till, zu einer zweiten Aussage auf. Darin sollte er behaupten, nicht Michel, sondern ich hätte die Autos bei ihm geliehen und die Drogen-Geschäfte mit den Holländern gemacht. Als Belohnung winkte ein Freispruch. Scheiße! Ich war von der deutschen Justiz ja einiges gewohnt, aber bei so windigen Methoden blieb sogar mir der Mund offen stehen. Doch Till beruhigte mich sofort. Er versicherte mir, dass er weiterhin zu mir stand und nicht vorhabe, auf den Deal einzugehen. Vielmehr forderte er mich auf, meinem Anwalt zu erzählen, dass man ihn zur Falschaussage genötigt hatte. Seine Verteidiger seien sogar bereit, das Ganze zu bezeugen.

Dann mal los. Ich redete mit Becker, Becker bekam einen roten Kopf und redete mit Tills Anwälten, danach stürmte er wutentbrannt zum Richter und machte ihn zur Schnecke. Sinngemäß sagte er: »Du bist kein Richter mehr. Was sind das für Methoden? Von Staatsanwälten kennt man solche Deals, aber für einen vereidigten Richter sind sie mehr als unwürdig. Was wird aus der Neutralität der Justiz, wenn der Vorsitzende des Gerichts die Zeugen zu Falschaussagen anstiftet? So was gibt es in Deutschland nicht. Wir sind doch keine Bananenrepublik. Ich schwöre dir, das war dein letzter Prozess.«

Becker behielt recht. Der Richter wurde suspendiert. In den Zeitungen war danach immer nur von »Befangenheitsanträgen« die Rede, nie vom vollen Ausmaß des Skandals. Trotzdem lag der Prozess den ganzen Sommer über brach und wurde erst im September 2006 wiederaufgenommen. Mit einem neuen Richter. Der war vernünftig. Nach drei Verhandlungsmonaten musste er erst mal eine Anordnung abnicken, die Becker dem Bundesverfassungsgericht in Karlsruhe abgerungen hatte: Da ich inzwischen ganze 20 Monate in Moabit gesessen hatte, bekam ich wegen der überlangen U-Haft Haftverschonung. Das bedeutete, dass ich vorerst frei war. Der Prozess lief zwar weiter, bis die finalen Urteile gesprochen wurden, aber bevor es nicht so weit war, konnte ich nach Hause gehen. Das muss man sich mal vorstellen. Die Anordnung aus Karlsruhe bedeutete nicht weniger, als dass über ein Jahr, das ich hinter Gittern gesessen hatte, illegitim war. Ich war zu Unrecht 20 Monate meiner Freiheit beraubt worden. Für mich ist das ein noch viel größerer Skandal als die krumme Tour mit Michel.

Der Jubel im Saal war riesig, als der Richter dem Beschluss aus Karlsruhe stattgab. Wie immer waren die Zuschauertribünen voll mit meinen Leuten. Sie sprangen von den Sitzen auf, fielen sich gegenseitig um den Hals, machten Victory-Zeichen in meine Richtung. Auch ich konnte mein Glück kaum fassen. Deshalb wollte ich es nicht herausfordern.

»Wenn das Urteil Haftverschonung heißt, gehe ich aber nicht noch mal zurück in den Knast«, sagte ich zu Becker. »Sag dem Richter, ich verlasse das Gericht jetzt sofort mit meinen Leuten durch den Haupteingang.«

Das sei alles andere als üblich, raunte Becker mir zu. Ich nickte. Natürlich wusste ich, dass Angeklagte, die aus der U-Haft kamen, nach der Aufhebung ihrer Haftstrafen normalerweise noch mal in den Knast zurückgingen, um ihre persönlichen Sachen und ihre Entlassungspapiere zu holen. Aber was kümmerte mich das? Was wollte ich mit Entlassungspapieren, wenn ich eine Haftverschonungsanordnung vom Bundesverfassungsgericht hatte? Und was zählten die paar Bücher, Klamotten und Lebensmittel, die ich noch auf der Zelle hatte, wenn ich schon in ein paar Stunden in meiner eigenen Wohnung in Kreuzberg sein konnte – umgeben von viel mehr Büchern, Klamotten, Lebensmitteln und vor allem meiner eigenen Familie?

»Ja, ich weiß«, sagte ich beschwörend. »Aber üblich hin oder her, ich geh nicht zurück. Die Wärter in Moabit provozieren mich ständig. Die haben mich auf dem Kieker. Am Ende behalten die mich noch da. Das Risiko gehe ich nicht ein. Ich gehe direkt nach Hause. Meine Sachen kann die Anstalt behalten.«

Becker nickte zunächst nachdenklich, wandte sich dann aber an den Richter und informierte ihn über das weitere Verfahren. Höflich, aber bestimmt verkündete mein Anwalt, dass sein Mandant auf die übliche Entlassungsprozedur verzichten und durch den Haupteingang direkt in die Freiheit gehen werde. Der Richter bekam große Augen, sie stritten, Becker musste zum Pult vortreten, und sie steckten die Köpfe zusammen. Währenddessen leerten sich im Zuschauerraum die Reihen. Mit dem Haftverschonungsentscheid war die Sitzung geschlossen und der Prozess vertagt worden. Keiner ging davon aus, dass jetzt noch irgendwas passierte. Auch meine Leute strömten grüppchenweise aus dem Saal.

»Wartet mal!«, rief ich ihnen auf Arabisch hinterher. »Ihr habt das Urteil gehört, aber die wollen mich hierbehalten.«

Entsetzte Gesichter, ungläubiges Raunen, aufgebrachte Rufe. Dann war es, als ob ein Film rückwärts abgespielt wurde.

Leute, die bereits auf den Flur entschwunden waren, strömten zurück in den Saal und tobten durch die Sitzreihen ans Geländer, das den Verhandlungsbereich vom Zuschauerbereich trennte. Tumult brach los. Meine Leute riefen mir zu: »Gibt's ein Problem, Bruder?«

Ich rief zurück: »Chara! Die wollen, dass ich wieder in den Knast gehe!«

Die Jungs ballten die Fäuste, machten Anstalten, über die Absperrung zu klettern. Der Richter, der kein Arabisch verstand, sah alarmiert hoch und wollte von mir wissen, was es mit dem Geschrei auf sich hatte.

»Unwichtig, Herr Richter«, antwortete ich. »Aber machen Sie jetzt keinen Fehler. Wenn Sie mich nicht sofort gehen lassen, kann ich für nichts garantieren.«

Damit war die Sache gelaufen. Der Richter winkte ab und ließ mich gehen. Wahrscheinlich war er froh, mich los zu sein. Durch die Reihen meiner Leute ging erneutes Jubeln, ich selbst sprang auf und warf Kusshände durch den Raum. Der Rest war eine Parade des Triumphes. Unter dem Klatschen meiner Jungs verließ ich den Gerichtssaal. Eskortiert von Sicherheitspolizisten stiegen wir die Treppe zum Haupteingang hinunter, marschierten über die gesperrte Straße zum Auto meines Cousins, fuhren in einem langen Konvoi hupender Brüder nach Hause in die Großbeerenstraße. Ein Tag, der für mich mit der Lebendkontrolle in einer winzigen Zelle der JVA Moabit begonnen hatte, endete als rauschendes Fest, bei dem wir mit der Familie meine unverhoffte Freiheit feierten.

Am nächsten Tag waren in den Zeitungen Schlagzeilen zu lesen wie: »Premiere: Erstmals wird ein Gefangener nach Haftaufhebung direkt aus dem Gericht entlassen.« Endlich mal wieder eine Story über den Paten von Berlin, die mir gefiel.

Ende einer Ära

Nach der Haftverschonung zog sich der Prozess noch über ein Jahr hin. Er lief nicht so, wie es sich die Drahtzieher erhofft hatten. Statt straffrei auszugehen, bekam Michel fünf Jahre Knast aufgebrummt, und statt 15 Jahre, die die Staatsanwaltschaft ursprünglich für mich anvisiert hatte, kam ich mit vier Jahren und drei Monaten davon. Selbst dieses Urteil, das nach langwierigen, zähen Verhandlungen im März 2008 gefällt wurde, war nur möglich, weil Becker mich zu einem Geständnis überredete, beziehungsweise zu einer Selbstanklage. Ich wollte solche Winkelzüge zu Anfang nicht, sah aber am Ende ein, dass es besser war als eine unendliche Fortsetzung der kostspieligen Gerichtsverhandlung. Die Staatsanwaltschaft hätte nach dem Mammutprozess sowieso nicht lockergelassen, bis irgendeine Form von Verurteilung stattfand. So räumte ich ein, dass ich Michels Drogentransporte in drei Fällen abgesichert hatte, und gab außerdem ein paar Haschisch-Delikte zu. Mir war sehr wichtig dabei, dass ich mich nur selbst belastete, nicht aber meine Mitangeklagten oder irgendwen sonst. Becker regelte das souverän. Er einigte sich mit dem Staatsanwalt und dem Richter auf die besagten vier Jahre und drei Monate, von denen knapp zwei Jahre wegen der überlangen U-Haft schon abgegolten waren. Das war okay. Zumal wir uns auf offenen Vollzug einigten. Ich kam in die Justizvollzugsanstalt in Berlin Hakenfelde. Dort durfte ich arbeiten, Besuch empfangen und am Wochenende zu meiner Familie. Allmählich gewann ich den Glauben an die Balance zwischen Gerichtsbarkeit und gesundem Menschenverstand zurück. Leider musste ich feststellen, dass sie nur innerhalb der engen Grenzen des offenen Vollzugs zu herrschen schien. Jenseits der Knastmauern gingen die Skandalschlagzeilen, der Tratsch und die Vorverurteilung ungebrochen weiter. Das Bild vom Phantom des Gewaltmenschen Mahmoud Al-Zein hatte sich zu tief in den Berliner Köpfen festgesetzt, als dass es sich innerhalb meiner zwei Jahre in Hakenfelde in Wohlgefallen aufgelöst hätte. Das fiel mir nach meiner Entlassung zunehmend unangenehm auf.

Nach dem Ende der Haft gingen mir das schwindende Vertrauen, die Feindseligkeit in den Ämtern und die immer reißerischere Berichterstattung der Medien zunehmend auf die Nerven. Sosehr ich die Stadt Berlin, meine zweite Heimat, liebte, so sehr verachtete ich die verbissene, zum Selbstläufer verkommene Jagd ihrer Behörden auf meine Familie. Im Jahr 2010, kurz nachdem ich mit durchweg positiven Berichten und Gutachten aus dem offenen Vollzug entlassen worden war, wurde meine Mutter in die Türkei abgeschoben. Allein, ohne meinen Vater. In die Türkei, nicht in den Libanon. Sie war Opfer einer jener fragwürdigen Identitätszuschreibungen der AG Ident. Von Istanbul schlug sie sich auf eigene Faust nach Beirut durch. Mein Vater folgte ihr wenig später. Er wollte nicht ohne sie in Deutschland bleiben. Die Abschiebung nahm mich sehr mit. Es wollte mir nicht in den Kopf, wie man eine alte Frau am Abend ihres Lebens allein in ein Land abschieben konnte, das sie überhaupt nicht kannte. Die Unmenschlichkeit dieser Maßnahme führte mir überdeutlich vor Augen, dass Berlin für meine Familie verbranntes Gelände war, dass wir dort nie zur Ruhe kommen würden. Ich entschied mich für einen harten Schnitt: den Umzug nach Westdeutschland. Kein Richter, kein Polizist und keine Behörde drängten mich zu dieser Entscheidung. Ich traf sie aus eigenen Stücken. Für mich allein. Nach fast drei Jahrzehnten ging eine Ära zu Ende.

Mahmoud, lass mal reden

Im Frühling 2011 zog ich mit der ganzen Familie nach Duisburg. Die Leute dort waren ganz aufgeregt, als sie mitbekamen, dass Mahmoud Al-Zein in ihre Stadt gezogen war. Ein paar Tage nach dem Umzug redete das ganze Viertel über mich, den neuen Nachbarn mit der bewegten Vergangenheit.

»Was macht Al-Zein hier bei uns?«, fragten die Menschen. »Er ist doch der Pate von Berlin.«

In dieser Zeit absolvierte ich viele Besuche, wurde oft eingeladen. Alle möglichen Leute meinten: »Komm, Mahmoud, lass mal zusammen essen und reden.«

Eigentlich hatte ich keine Lust auf so was. Die Aufmerksamkeit war mir unangenehm. Aber wie gesagt: Ich kann schlecht Nein sagen. Also war ich doch ständig irgendwo zu Gast. Immer war es das Gleiche. Ich saß da, alle Leute guckten erwartungsvoll, aber jedes Mal dauerte es eine Weile, bis irgendjemand die Frage stellte, die ihnen allen auf den Lippen brannte: »Was machst du hier in Duisburg? Warum bist du aus Berlin weggegangen?«

»Ich mache Ferien bei euch«, lautete meine Antwort. »Ich bin fertig mit dem Nachtleben und der kriminellen Welt. Zocken, Schießereien, Probleme. Das ist kein Leben. Hier hab ich meine Familie, meine Kinder, meinen Frieden. Es geht mir gut bei euch.« Das meinte ich völlig ernst. Nach Jahrzehnten, in denen ich an Berlin gefesselt gewesen war, die Stadt nur sehr selten verlassen hatte und wegen der Ortsbindung der Duldung nie hatte in den Urlaub fahren können, fühlte sich ein dauerhafter Umzug tatsächlich wie Ferien an. Behördlich blieb ich weiterhin in Berlin gemeldet – offiziell durfte ich die Stadt weiterhin nicht verlassen –, aber meine Basis war jetzt Duisburg. Hier war alles etwas beschaulicher, es war nicht rund um die Uhr was los; wenn die Geschäfte um 20 Uhr zumachten, war Feierabend. Kein brodelndes Nachtleben, keine Parallelwelt. Für so was musste man ins 30 Kilometer entfernte Düsseldorf fahren. Aber ich wollte gar nicht. Ich wollte wirklich einen Gang zurückschalten.

Im Baumarkt kaufte ich Erde, Schaufel, Harke, Setzlinge, pflanzte Obst an, besorgte Hühner und Hasen, bestellte meinen eigenen Garten. Damit war ich zufrieden. Ich wollte keinen Luxus und keine Exzesse mehr, auch wenn mir das niemand glaubte. In der Anfangszeit kamen alle möglichen Gruppen und Geschäftsleute aus Duisburg, Essen und Düsseldorf zu mir, die mich für ihre Projekte einspannen wollten. Jedes Mal winkte ich ab. »Lass mal«, war mein häufigster Satz in jenen Tagen. Ich wollte wegkommen von den Gruppen, den Sog des Gestern hinter mir lassen. So ganz funktionierte das zugegebenermaßen nicht. Wir können die Fußabdrücke, die wir im Leben hinterlassen, nicht völlig ausradieren, nur weil wir ihnen den Rücken kehren. Sie bleiben bestehen, werden von anderen Menschen entdeckt, weiterverfolgt und so lange vertieft, bis wir irgendwann selbst wieder über sie stolpern. In meinem Fall kam ein weiterer Faktor hinzu, der die Vergangenheit immer wieder aufwühlte: die Medien.

Nachdem wir aus Berlin weggezogen waren, nahm die Berichterstattung über das Thema, das die Zeitungen inzwischen unter dem Schlagwort »Clan-Kriminalität« verhandelten, rasant zu. Kaum eine Woche verging, in der keine Schlagzeilen über eine der Familien zu Buche schlug, deren Mitglieder und Anführer ich nicht nur von früher kannte, sondern mit denen ich großenteils immer noch befreundet war. Im Zuge dessen war auch meine Position als Oberhaupt der Familie Al-Zein immer wieder Gegenstand von Artikeln und Analysen. Leider nicht immer ohne Grund. Einige Mitglieder der jüngeren Generation meiner Familie entwickelten einen eigenwilligen Stolz auf unseren kriminellen Ruf und mehrten ihn durch eigene krumme Geschäfte, die der Skandalberichterstattung in die Hände spielten. Ich will an dieser Stelle nicht auf die einzelnen Fälle eingehen. Es handelt sich nicht um meine eigenen Taten und, auch wenn es immer mal wieder so dargestellt wurde, habe ich sie nicht in Auftrag gegeben. Damit sind sie kein fester Bestandteil meiner eigenen Geschichte und gehören nicht wirklich hierher. Dass ich indirekt trotzdem von diesen Taten betroffen war und wie ich zu ihnen stehe, will ich an einem Beispiel verdeutlichen.

Eines Tages erfuhr ich aus der Zeitung, dass einer meiner Söhne sich angeblich am Raubüberfall auf eine Spielbank beteiligt hatte. Der Junge hatte alles. Eine schöne Frau, gesunde Kinder, ein eigenes Geschäft, ein gutes Auskommen, den Rückhalt einer starken Familie. Allerdings hatte er auch falsche Freunde, die ihn offensichtlich zu erwähntem Raubüberfall überredeten. Sie müssen das sauber geplant haben, unter strengster Geheimhaltung, ohne dass irgendjemand davon wusste. Wie gesagt: Auch ich erfuhr erst aus der Zeitung davon. Danach war ich stinksauer. Die Aktion war nicht nur falsch, sondern auch unnötig. Weder musste mein Sohn Hunger leiden, noch musste er sich vor seinen Mittätern oder irgendwem sonst beweisen. Er wurde verhaftet, kam in die JVA Plötzensee. Ich griff zum Telefon, rief im Gefängnis an und ließ mich zu dem Beamten durchstellen, der für meinen Sohn zuständig war. Sein Kommentar: »Machen Sie sich keine Sorgen, Herr Al-Zein. Wir werden Ihren Sohn gut behandeln.«

»Ihr müsst ihn nicht gut behandeln«, gab ich zurück. »Der Junge ist nicht mehr mein Sohn. Er hat dumm, fahrlässig und verantwortungslos gehandelt, gebt ihm eine harte Strafe.«

»Herr Al-Zein, Sie sind verrückt?«

Nein, ich war nicht verrückt. Ich war sauer. Drei Monate strafte ich meinen Sohn mit Missachtung, rief ihn nicht im Knast an, schickte ihm kein Paket und keinen Brief, ließ ihn zappeln. Erst danach stellte ich ihn an einem Besuchstag zur Rede: »Du hast das beste Auto, du hast eine tolle Frau, du hast einen eigenen Laden. Warum machst du so einen Mist? Du hast das nicht nötig.«

Er hatte schon vorher gewusst, dass ich so reagieren würde. Mein langes Schweigen hatte ihm genug Gelegenheit gegeben, über sein Verhalten nachzudenken. Er sah ein, dass er einen Fehler gemacht hatte, versprach, eine solche Dummheit nicht wieder zu tun. Ich spürte, dass er es ernst meinte, deshalb gab ich ihm eine zweite Chance. Am Ende lief es auf eine Bewährungsstrafe hinaus. Mal wieder war die Vorverurteilung der Medien schärfer als die Justiz. In diesem Fall ließ ich mich selbst davon blenden. Ob zu Recht oder zu Unrecht ist heute unwichtig. Was zählt, ist die Tatsache, dass mein Sohn sich seitdem eisern an sein Versprechen hielt. Und dass das Vorurteil, alle Clan-Oberhäupter würden ihre eigenen Familienmitglieder für organisierte Kriminalität einspannen, damit widerlegt ist.

Ein weiteres Vorurteil, das sich wie ein roter Faden durch die Darstellung von Clan-Chefs im Allgemeinen und die Berichterstattung über den Paten von Berlin im Speziellen zieht, ist die Gier nach Geld und Luxus. Meist stimmt sie nicht. Was mich betrifft: Ich liebe das Leben, und ich feiere gerne, aber diese Haltung hat nichts mit Prunksucht zu tun. Ich bin dorthin gekommen, wo ich heute stehe, weil ich in der Lage bin, Situationen zu erfassen, kreativ mit ihnen umzugehen, zu improvisieren und zu vermitteln. Wenn mich jemand fragt, ob ich ihm in einer bestimmten Angelegenheit helfen kann, sehe ich mir die Sache an und wäge ab. Respektiere ich das Anliegen und finde einen Zugang, helfe ich. Ein »Dafür bin ich mir zu schade« gibt es bei mir nicht. Es geht immer um die Sache und die Person. Loyalität, Vertrauen und Freundschaft spielen für mich eine viel größere Rolle als Geld. Sie spielen auch eine viel größere Rolle als Herkunft. Deutscher, Vietnamese, Türke, Afrikaner – solche Zuschreibungen sind mir egal. Ich gehe mit Menschen um, nicht mit Nationalitäten. Oder um noch deutlicher zu werden: Ich bin gläubiger Moslem, lebe den Islam, gehe mindestens einmal die Woche in die Moschee, bete auch zu Hause. Mein Glaube, die Ehre meiner Familie, unsere Gesundheit und Freiheit – all das sind Größen in meinem Leben, die mit Geld nicht aufzuwiegen sind.

Auf solchen Grundüberzeugungen basiert auch mein Verständnis von Schuld und Sühne. Wenn man beispielsweise einen Konflikt langfristig beilegen will, muss der Täter seine Schuld eingestehen, sich aufrichtig bei dem Betroffenen entschuldigen und ihn um Verzeihung bitten. Auch ich habe mich in meinem Leben entschuldigt – bei Familienmitgliedern, zu denen ich zu streng war, auch bei Gegnern, die ich zu hart angepackt hatte. Eine Entschuldigung erfährt allerdings erst dann ihre Vollendung, wenn der Geschädigte bereit ist zu verzeihen. Erst dann haben die verschiedenen Parteien ihren Frieden gemacht und können sich wieder hoch erhobenen Hauptes auf der Straße begegnen. Die Ehre ist wiederhergestellt. Eine dauerhafte finanzielle Unterstützung der Familie eines Opfers durch die Täterpartei kann ein zusätzlicher Bestandteil des Versöhnungsprozesses sein, aber er ist immer nur eine Ergänzung. Man spricht dann von Blutgeld. Derartige Vereinbarungen werden an einem bestimmten Ort, zum Beispiel einer Moschee, getroffen wie von einem Gericht. Sie dienen der Absicherung der Hinterbliebenen. Aber das eigene Gewissen allein durch die Zahlung von Geld entlasten zu wollen ist würdelos. Das macht man nicht.

Letztendlich ist das Blutgeld eine Variante der Qisas, des islamischen Wiedervergeltungsprinzips. In den deutschen Medien wird dieses Thema im Zusammenhang mit Clans und dem Ehrgefühl arabischer Familien meist als Blutrache bezeichnet. Dabei geht es in der Regel um die Sühnung einer vorsätzlichen Tötung durch einen Rachemord. Zeitungsberichte vermitteln oft den Eindruck, Blutrache wäre ein unumgängliches Vergeltungsprinzip bei arabischen Leuten. Das stimmt so nicht. Zwar hat die Praktik eine lange Tradition, aber sie unterliegt der Abwägung. Auch hier kann die Bereitschaft der Leidtragenden zur Verzeihung weiteres Blutvergießen verhindern.

Ich maße mir nicht an, das Verhalten anderer zu beurteilen. Jeder handelt im Rahmen seiner Möglichkeiten. Trotzdem bin ich heutzutage der Meinung, dass der Weg des Friedens der beste Weg ist. Dieses Prinzip gebe ich in meiner Familie weiter. Noch immer hat mein Wort Gewicht, noch immer schreite ich ein, wenn es Probleme gibt – egal ob in Nordrhein-Westfalen oder in Berlin. Nicht nur innerhalb meiner eigenen Familie genieße ich Respekt, auch andere Gruppen schätzen meinen Rat. Mit den Miris, Ali-Khans und Remmos haben wir eine Familienunion gegründet. Regelmäßig treffen wir uns, besprechen die Brennpunkte und Konflikte in unseren Kiezen, schreiten ein, um Eskalationen zu verhindern. Solche Zeichen der Geschlossenheit sind heutzutage gerade für junge Leute wichtig. Die Zeiten sind härter geworden. Durch Handys und Internet hat sich vieles verkompliziert. Jeder schreibt in öffentlichen Netzwerken; was er denkt und meint, wird von Tausenden anderer Leute gelesen und kommentiert. Dadurch kochen Streitereien schneller hoch, Massen lassen sich schneller mobilisieren, und am Ende entlädt sich die Aggression auf den Straßen mit doppelter Wucht. Hinzu kommen Actionfilme. Was die jungen Leute dort sehen, wollen sie nachmachen.

Oft hat es einen ähnlichen Effekt, wenn ich aus meinem Leben erzähle. Gerade junge Männer bewundern mich für meinen Weg, interpretieren meine Berichte als Heldengeschichte, wollen so sein wie ich. Bis heute denken viele Leute: »Der Pate hält den Laden zusammen und lebt im Luxus.« Sie sehen nur den starken Mann, die Macht, die kriminelle Energie. Was sie nicht sehen, ist der hohe Preis, den ich für meinen Weg gezahlt habe, dass ich ein hartes Leben hatte, oft im Knast saß und mich gewandelt habe. Dass ich ihnen mit meiner Geschichte genau das Gegenteil sagen will: Schlagt nicht den gleichen Weg ein wie ich, denn das macht euch kaputt. Ihr sollt Mahmoud nicht kopieren. Ihr sollt vernünftige Jobs machen wie meine eigenen Kinder auch. Die arbeiten mit Autos, Immobilien, Dienstleistungen. Das ist was Offizielles. Illegale Geschäfte bringen nichts. Man bezahlt nur hart dafür und geht in den Knast.

Und was habe ich der deutschen Gesamtgesellschaft zu sagen? Vielleicht, dass sie sich ein eigenes Bild machen sollte, statt jedes Schurkenklischee aus der Zeitung für bare Münze zu nehmen. Vielleicht auch, dass sich hinter jeder Medienfigur vom Format des Paten ein Mensch mit Gefühlen, Erfahrungen und einer eigenen Biografie verbirgt. Oder dass der Kampf für das Gute manchmal unbeabsichtigt das Böse hervorbringt. Wer bis hierher gelesen hat, hat das aber sicher längst verstanden.

Eins noch: Ich habe von meinen Jungs in den letzten Jahren viel über die Clan-Serie »4 Blocks« gehört. Gutes wie Schlechtes, Begeisterndes wie Vernichtendes, Anerkennendes wie Enttäuschendes. Geeint wurden die Berichte allerdings alle von einem Urteil: »Da wurde Al-Zein kopiert.«

Anfangs dachte ich, ich müsste mir mal angucken, was die Fernsehleute da aus meinem Leben gemacht haben. Aber dann kam mir etwas anderes in den Sinn: Ist es nicht aufschlussreicher, die Realität zu durchkämmen und das eigene Leben zu hinterfragen, statt sich über einen aufgeblasenen Abklatsch zu ärgern? Die Antwort auf diese Frage ist dieses Buch. Also zum Teufel mit »4 Blocks«. Jetzt redet das Original. Das Original bin ich.